Der unterstützungsbedürftige Erwachsene in Deutschland und Österreich

AF828327

Europäische Hochschulschriften Recht

European University Studies in Law

Publications Universitaires Européennes de Droit

Band/Volume 6691

Carsten Sickinger

Der unterstützungsbedürftige Erwachsene in Deutschland und Österreich

PETER LANG

Bibliografische Information der Deutschen Nationalbibliothek
Die Deutsche Nationalbibliothek verzeichnet diese Publikation in der Deutschen Nationalbibliografie; detaillierte bibliografische Daten sind im Internet über http://dnb.d-nb.de abrufbar.

Zugl.: Köln, Univ., Diss., 2022

D 38
ISSN 0531-7312
ISBN 978-3-631-88467-6 (Print)
E-ISBN 978-3-631-88722-6 (E-PDF)
E-ISBN 978-3-631-88723-3 (EPUB)
DOI 10.3726/b20090

© Peter Lang GmbH
Internationaler Verlag der Wissenschaften
Berlin 2022
Alle Rechte vorbehalten.
Peter Lang – Berlin · Bern · Bruxelles · New York · Oxford · Warszawa · Wien

Das Werk einschließlich aller seiner Teile ist urheberrechtlich geschützt.
Jede Verwertung außerhalb der engen Grenzen des Urheberrechtsgesetzes ist ohne Zustimmung des Verlages unzulässig und strafbar.
Das gilt insbesondere für Vervielfältigungen, Übersetzungen, Mikroverfilmungen und die Einspeicherung und Verarbeitung in elektronischen Systemen.

Diese Publikation wurde begutachtet.

www.peterlang.com

Vorwort

Die vorliegende Arbeit wurde im Wintersemester 2019/2020 von der Rechtswissenschaftlichen Fakultät der Universität zu Köln als Dissertation angenommen. Literatur konnte für die Veröffentlichung im Wesentlichen noch bis Ende Juni 2022 berücksichtigt werden.

Herzlich danken möchte ich meiner Doktormutter Professorin Dr. Dr. h.c. Barbara Dauner-Lieb. Es freut mich sehr, dass sie mir die Chance gegeben hat, bei ihr zu promovieren. Sie hat mich sowohl bei der Themenauswahl als auch bei meinem Weg zur Promotion jederzeit unterstützt.

Frau Professorin Dr. Barbara Grunewald danke ich für die schnelle Erstellung des Zweitgutachtens.

Mein besonderer Dank gilt meiner Familie und meinen Freunden, welche mich durch die Höhen und Tiefen bei der Entstehung dieser Arbeit begleitet haben. Meinen Eltern Birgit Sickinger und Dr. Christian Sickinger, möchte ich dafür danken, dass sie mich immer und in jeder erdenklichen Weise unterstützt und gefördert haben sowie mehrmals die anstrengende Aufgabe des Korrekturlesens auf sich nahmen. Ihnen ist diese Arbeit gewidmet. Darüber hinaus möchte ich meinem Vater besonders dafür danken, dass er jederzeit für eine juristische Diskussion zur Verfügung stand und diese Arbeit mit seinen Gedanken prägte. Ebenso möchte ich Inga Weiberg und Katrin Goy aufrichtig danken. Sie stehen mir in jeder Situation zur Seite und nahmen ebenfalls die Aufgabe des Korrekturlesens auf sich. Ohne die genannten Personen wäre die Entstehung dieser Arbeit nicht möglich gewesen.

Bonn, im Juli 2022
Carsten Sickinger

Inhaltsverzeichnis

Abkürzungsverzeichnis

a.A.	andere Ansicht
a.E.	am Ende
a.F.	alte Fassung
ABGB	Allgemeines bürgerliches Gesetzbuch für Österreich
ÄrzteG	Ärztegesetz
Alt.	Alternative
Anm.	Anmerkung
AnwBL	Anwaltsblatt
Art.	Artikel
AußStrG	Außerstreitgesetz
B-VG	Bundes-Verfassungsgesetz in Österreich
BayObLG	Bayerisches Oberstes Landesgericht
BeckNotarHdb	Beck'sches Notarhandbuch
BeckOK	Beck'scher Online-Kommentar
BeckRS	Beck-Rechtsprechung
BeurkG	Beurkundungsgesetz
BGB	Bürgerliches Gesetzbuch
BGB-E	BGB-Entwurf
BGBI	Bundesgesetzblatt
BGH	Bundesgerichtshof
BlgNR	Beilage(-n) zu den Stenographischen Protokollen des Nationalrates
BNotO	Bundesnotarordnung
BKR	Zeitschrift für Bank- und Kapitalmarktrecht
BMJV	Bundesministerium der Justiz und für Verbraucherschutz
BR-Drucks.	Bundesratsdrucksache
BT-Drucks.	Bundestagsdrucksache
BtBG	Betreuungsbehördengesetz
BtG	Betreuungsgesetz
BtOG	Betreuungsorganisationsgesetz
BtOG-E	BtOG-Entwurf
BtPrax	Betreuungsrechtliche Praxis

BVerfG	Bundesverfassungsgericht
BVerfGE	Entscheidungen des Bundesverfassungerichts
BWNotZ	Zeitschrift für das Notariat in Baden-Württemberg
bzw.	beziehungsweise
DÄ	Deutsches Ärzteblatt
DNotI	Deutsches Notarinstitut
DNotZ	Deutsche Notar-Zeitschrift
DStR	Deutsches Steuerrecht
EF-Z	Zeitschrift für Familien- und Erbrecht
Einf. v.	Einführung von
EntmO	Entmündigungsordnung
ErlRV	Erläuterung zur Regierungsvorlage
ErwSchVG	Erwachsenenschutzvereinsgesetz
f	folgend
ff	folgende
FamFG	Gesetz über das Verfahren in Familiensachen und in Angelegenheiten der freiwilligen Gerichtsbarkeit
FamFG-E	FamFG-Entwurf
FamRB	Familien-Rechtsberater
FamRZ	Zeitschrift für das gesamte Familienrecht
FGG	Gesetz über die Angelegenheiten der freiwilligen Gerichtsbarkeit
FGG-E	FGG-Entwurf
FGPrax	Praxis der freiwilligen Gerichtsbarkeit
Fn.	Fußnote
FPR	Familie Partnerschaft Recht
GBO	Grundbuchordnung
gem.	gemäß
GG	Grundgesetz
GNotKG	Gerichts- und Notarkostengesetz
GO-BT	Geschäftsordnung des Deutschen Bundestages
GP.	Gesetzgebungsperiode
GVG	Gerichtsverfassungsgesetz
HeimG	Heimgesetz
HGB	Handelsgesetzbuch
HKK	Historisch-kritischer Kommentar zum BGB
hrsg.	herausgegeben

i.S.d.	im Sinne des
i.S.v.	im Sinne von
i.V.m.	in Verbindung mit
iFamZ	Interdisziplinäre Zeitschrift für Familienrecht
Jura	Juristische Ausbildung
JurBüro	Das juristische Büro
JuS	Juristische Schulung
JVEG	Justizvergütungs und -entschädigungsgesetz
Kap.	Kapitel
KG	Kammergericht
KV	Kostenverzeichnis
LG	Landgericht
MBO-Ä	(Muster-)Berufsordnung für die in Deutschland tätigen Ärztinnen und Ärzte
MDR	Monatsschrift für Deutsches Recht
MedR	Medizinrecht
MittBayNot	Mitteilungen des Bayerischen Notarvereins, der Notarkasse und der Landesnotarkammer Bayern
MüKo	Münchener Kommentar
NK	Nomos-Kommentar
Nr.	Nummer
NJOZ	Neue Juristische Online-Zeitschrift
NJW	Neue Juristische Wochenschrift
NJW-RR	NJW-Rechtsprechungs-Report
NJWE-FER	NJW-Entscheidungsdienst Familien- und Erbrecht
NO	Notariatsordnung in Österreich
NRW	Nordrhein-Westfalen
NRWO	Nationalrats-Wahlordnung
NVwZ	Neue Zeitschrift für Verwaltungsrecht
NZFam	Neue Zeitschrift für Familienrecht
OLG	Oberlandesgericht
ÖZVV	Österreichisches Zentrales Vertretungsverzeichnis
RdJB	Recht der Jugend und des Bildungswesens
RPflG	Rechtspflegergesetz
PsychKG	Psychisch-Kranken-Gesetz
RDG	Rechtsdepesche für das Gesundheitswesen
Rn.	Randnummer

RNotZ	Rheinische Notar-Zeitschrift
Rpfleger	Der Deutsche Rechtspfleger
S.	Seite
SGB	Sozialgesetzbuch
sog.	sogenannt
StGB	Strafgesetzbuch
SWRÄG	Sachwalterrechts-Änderungsgesetz
TPG	Transplantationsgesetz
u.a.	unter anderem
UN	United Nations (Vereinte Nationen)
UN-BRK	UN-Behindertenrechtskonvention
Urt. v.	Urteil vom
VBVG	Vormünder- und Betreuervergütungsgesetz
VBVG-E	VBVG-Entwurf
VerfG	Verfassungsgericht
vgl.	vergleiche
Vor.	Vorbemerkung
vs.	versus
WM	Wertpapier-Mitteilungen. Zeitschrift für Wirtschafts- und Bankrecht
WTG	Wohn- und Teilhabegesetz
WürzNotarHdb	Würzburger Notarhandbuch
WVK	Wiener Übereinkommen über das Recht der Verträge
z.B.	zum Beispiel
ZEV	Zeitschrift Erbrecht und Vermögensnachfolge
ZPO	Zivilprozessordnung
ZRP	Zeitschrift für Rechtspolitik
ZVR	Zentrales Vorsorgeregister

1. Teil. Einleitung

„Was muss ich jetzt machen?“ Dies ist eine Frage, die häufig von einem Menschen im höheren Alter gestellt wird. Kann er selber noch Entscheidungen treffen oder muss diese eine andere Person für ihn übernehmen? Wie wird gesichert, dass er weiterhin am Rechtsverkehr teilnehmen kann? In welcher Form kann er rechtlich unterstützt werden? Mit diesen und vielen weiteren Fragen müssen sich immer mehr, vor allem ältere Menschen und ihre Familien beschäftigen. In sehr vielen Fällen ist der ausschlaggebende Grund für das Aufkommen dieser Fragen die Krankheit der Demenz, welche in der Arbeit als Beispiel zu Grunde gelegt werden soll. An dieser Krankheit erkrankt weltweit alle drei Sekunden ein Mensch.[1] Unter Demenz wird die dauerhafte Einbuße der Gedächtnis- und Denkfähigkeiten, verbunden mit Beeinträchtigungen der Emotionalität und der Aktivitäten des täglichen Lebens sowie Einschränkungen der Orientierung verstanden, wobei zudem eine Veränderung des Verhaltens auftritt.[2] Ein eigenständig geführtes Leben ist nur eingeschränkt bis gar nicht möglich, sodass der Erwachsene auf Unterstützung angewiesen ist. Nach der 10. Revision der Internationalen Klassifikation psychischer Störungen (ICD-10) kann die Krankheit der Demenz in drei Schweregrade eingeteilt werden.[3] Die häufigste Form der Demenz stellt die Alzheimer-Demenz dar, welche bei etwa zwei Dritteln aller demenzkranken Personen diagnostiziert wird.[4] Bei dieser Krankheit wird im Durchschnitt nach drei Jahren der Diagnose ein mittelschweres und nach weiteren drei Jahren ein schweres Demenzstadium erreicht.[5] Die Alzheimer-Demenz kann zum aktuellen Stand durch Medikamente für ein bis zwei Jahre aufgehalten, aber nicht geheilt werden.[6] Den größten Risikofaktor für diese Erkrankung stellt das Lebensalter dar.[7] So zeigen Untersuchungen, dass die Diagnostik der Demenz mit zunehmendem Lebensalter exponentiell ansteigt und sich mit jedem Lebensjahr das Risiko einer Demenzerkrankung erhöht, sodass über 30

---

1 *Hibbeler*, DÄ 2015, 1470, 1470.

2 *Deutscher Ethikrat*, Demenz und Selbstbestimmung, S. 12; *Wetterling/H. Neubauer/Neubauer*, ZEV 1995, 46, 46.

3 Überblick dazu: *Förstl*, Was ist Demenz, S. 7.

4 *Förstl/Hartmann*, Die Alzheimer-Demenz, S. 48.

5 *Böckmann*, FPR 2004, 648, 649.

6 *Böckmann*, FPR 2004, 648, 650.

7 *Förstl/Hartmann*, Die Alzheimer-Demenz, S. 57; *Böckmann*, FPR 2004, 648, 650.

Prozent der Menschen ab einem Alter von 90 Jahren betroffen sind.[8] Das Lebensalter eines Menschen wird in den nächsten Jahren ebenfalls deutlich ansteigen, sodass erwartet wird, dass im Jahr 2060 ein Mann im Schnitt 84,8 Jahre und eine Frau 88,8 Jahre alt werden wird.[9] Im Hinblick auf die zu erwartenden Fortschritte in der Medizin kann sogar davon ausgegangen werden, dass diese Prognosen in den kommenden Jahren weiter erhöht werden können. Auf Grund des exponentiellen Anstiegs der Erkrankung an Demenz mit den Lebensjahren eines Menschen wird mit dieser zu erwartenden Erhöhung der Lebensdauer jedoch auch ein deutlicher Anstieg der Demenzerkrankungen einhergehen. So wird für Deutschland damit gerechnet, dass sich die Anzahl der an Demenz erkrankten Menschen von aktuell 1,7 Millionen bis zum Jahr 2050 auf über 3 Millionen erhöhen wird.[10]

Auf Grund dieser Entwicklung werden neben den medizinischen Aspekten auch immer mehr juristische Fragen aufkommen, und die Rechte der unterstützungsbedürftigen Erwachsenen werden im Vergleich zu den Kindschaftsrechten immer relevanter und womöglich eines Tages der bedeutendste Teil des Familienrechts sein. So ist z.B. bei der Krankheit der Demenz eine pauschale Beurteilung der Geschäftsfähigkeit nicht möglich und allein diese Beurteilung birgt schon einige Probleme.[11] Grundsätzlich müsste bei jedem Rechtsgeschäft überprüft werden, ob der erkrankte Erwachsene noch in der Lage ist, dieses Geschäft vorzunehmen. Ist dies nicht der Fall, wäre das abgeschlossene Rechtsgeschäft unwirksam. Die Teilnahme eines an Demenz erkrankten bzw. unterstützungsbedürftigen Erwachsenen am Rechtsverkehr bietet sowohl für ihn selbst, als auch für den Rechtsverkehr große Herausforderungen und eine Vielzahl an juristischen Problemen und Fragestellungen.

Lösungen für diese bestehenden und aufkommenden juristischen Probleme soll in Österreich das Erwachsenenschutzrecht bieten. Erwachsenenschutzrecht meint dabei die Regelungen, die die Fürsorge und den Schutz eines Erwachsenen, welcher hilfsbedürftig ist und rechtliche Unterstützung benötigt, zum Gegenstand haben. Dieses Erwachsenenschutzrecht wurde in Österreich durch

---

8 *Prange*, Selbstbestimmung bei Wachkoma und Demenz, 69, 75; *Spernath*, MittBayNot 2012, 449, 449; *Klockgether*, Biologie und Klinik der Demenz, 25, 25.

9 https://de.statista.com/statistik/daten/studie/273406/umfrage/entwicklung-der-lebenserwartung-bei-geburt--in-deutschland-nach-geschlecht/ (zuletzt aufgerufen am 23.09.2019).

10 https://www.bundesgesundheitsministerium.de/themen/pflege/online-ratgeber-demenz/zukunftswerkstatt-demenz.html (zuletzt aufgerufen am 23.09.2019).

11 *Klockgether*, Biologie und Klinik der Demenz, 25, 29.

das 2. Erwachsenenschutz-Gesetz zum 01.07.2018 grundlegend überarbeitet und bietet nun ein viersäuliges System zur Unterstützung eines Erwachsenen. Nach diesem besteht die Möglichkeit für den Erwachsenen eine Vorsorgevollmacht zu erteilen (§§ 260 ff. ABGB) oder einen gewählten Erwachsenenvertreter zu bestimmen (§§ 264 ff. ABGB). Zudem kann im Wege der gesetzlichen Erwachsenenvertretung ein naher Verwandter als Vertreter für den Erwachsenen bestimmt (§§ 268 ff. ABGB) oder ein gerichtlicher Erwachsenenvertreter vom Gericht bestellt werden (§§ 271 ff. ABGB). Das österreichische Erwachsenenschutzrecht bietet somit umfassende Möglichkeiten zur rechtlichen Unterstützung eines Erwachsenen und soll im Wege dieser Arbeit kompakt und übersichtlich dargestellt werden.

In Deutschland hingegen existiert kein solches spezielles Erwachsenenschutzrecht. Eine rechtliche Unterstützung kann im Wege einer Vorsorgevollmacht, welche keine spezielle, sondern eine allgemeine Vollmacht gem. §§ 164 ff. BGB darstellt, oder durch die Bestellung eines Betreuers gem. §§ 1896 ff. BGB erfolgen. Dieses in Deutschland bestehende System zur rechtlichen Unterstützung eines Erwachsenen soll in der Arbeit übersichtlich dargestellt und es soll untersucht werden, ob es den bestehenden und aufkommenden rechtlichen Herausforderungen durch Krankheiten, wie der oben dargestellten Demenz genügt. Soweit bislang in der Literatur Stellung dazu genommen wurde, geschah dies meistens nur mit eingeschränktem Blick auf Deutschland und einzelne Bereiche, wie z.B. der Betreuung. Die Untersuchungen in dieser Arbeit sollen hingegen im Hinblick auf das Erwachsenenschutzrecht in Österreich geschehen und es soll herausgearbeitet werden, ob dieses Impulse für den deutschen Gesetzgeber bietet. Es sollen möglichst umfassend die Möglichkeiten der Unterstützung eines Erwachsenen und deren Verfahren in Deutschland und Österreich untersucht werden, wobei der Schwerpunkt auf den Rechtsgeschäften eines unterstützungsbedürftigen Erwachsenen liegen soll. Ziel der Untersuchungen ist es, erforderliche Gesetzesänderungen an den deutschen Regelungen herauszuarbeiten und festzustellen, welche Rechtsinstitute einem unterstützungsbedürftigen Erwachsenen im rechtsgeschäftlichen Bereich bestmöglich dienen, indem sie vor allem seine Selbstbestimmung, Entscheidungsfreiheit und Autonomie wahren, zugleich aber auch einen Einklang mit den Belangen des Rechtsverkehrs schaffen.

2. Teil. Gang der Untersuchung

Für den Vergleich des österreichischen Erwachsenenschutzrechts mit den deutschen Regelungen sowie die Herausarbeitung der Frage, ob die Rechtslage in Österreich Impulse für den deutschen Gesetzgeber bietet, ist ein Blick auf die Historie der beiden Erwachsenenschutzrechte sinnvoll. Aus diesem Grund wird im ersten Teil der Untersuchung zunächst kurz die historische Entwicklung dargestellt.

Im zweiten Teil der Untersuchung soll ein besonderes Augenmerk auf die UN-BRK gelegt werden, wobei sich auf Art. 12 UN-BRK beschränkt wird, da dieser die für das Erwachsenenschutzrecht in Österreich und die Regelungen im deutschen Recht maßgebenden Bestimmungen enthält. Nach einer kurzen Darstellung des Inhalts von Art. 12 UN-BRK in Abschnitt A) soll in Abschnitt B) geprüft werden, welche Auswirkungen die UN-BRK auf die nationalen Erwachsenenschutzrechte hat und ob diese mit der UN-BRK vereinbar sind.

Der dritte Teil befasst sich mit dem unterstützungsbedürftigen Erwachsenen, wobei in Abschnitt A) zunächst herausgearbeitet werden soll, wann ein erwachsener Mensch unterstützungsbedürftig ist, da grundsätzlich mit Volljährigkeit keine Unterstützung notwendig ist. In Abschnitt B) sollen anschließend die Rechtsinstitute dargestellt werden, welche die Gesetzgeber in Österreich und Deutschland zur Unterstützung gewählt haben.

Zunächst wird dabei in Teil I eine Übersicht über das Erwachsenenschutzrecht in Österreich seit dem 2. Erwachsenenschutz-Gesetz gegeben. Es sollen die Voraussetzungen, die rechtlichen Rahmenbedingungen und die Besonderheiten der vier Vertretungsformen dargestellt werden. Die Reihenfolge soll dabei mit Blick auf den Subsidiaritätsgrundsatz festgesetzt werden, sodass mit der Darstellung der Vorsorgevollmacht in Abschnitt 1 begonnen wird, gefolgt von der gewählten Erwachsenenvertretung in Abschnitt 2 und der gesetzlichen Erwachsenenvertretung in Abschnitt 3. Die gerichtliche Erwachsenenvertretung wird als subsidiäre Vertretungsform in Abschnitt 4 als letztes dargestellt.

Im Anschluss daran werden in Teil II die deutschen Regelungen zur Unterstützung eines Erwachsenen ausführlich beschrieben und es soll herausgearbeitet werden, ob diese für den umfassenden Schutz eines Erwachsenden ausreichend sind oder ob sie, mit Blick auf die österreichische Rechtslage, vom Gesetzgeber überarbeitet werden sollten. Begonnen wird in Abschnitt 1 ebenfalls mit dem Rechtsinstitut der Vorsorgevollmacht. Dabei soll zunächst die aktuelle Ausgestaltung der Vorsorgevollmacht dargestellt und untersucht werden, ob diese dem

Erwachsenenschutzrecht genügt. Daraufhin soll geprüft werden, ob ein neues Rechtsinstitut der echten Vorsorgevollmacht eingeführt und wie dieses neue Rechtsinstitut ausgestaltet werden könnte.

In Abschnitt 2 wird dann geprüft, ob ein Rechtsinstitut, das der gewählten Erwachsenenvertretung entspricht, in Deutschland eingeführt werden sollte.

Abschnitt 3 wird die gesetzliche Erwachsenenvertretung zum Thema haben. Zunächst soll herausgearbeitet werden, ob ein entsprechendes oder vergleichbares Rechtsinstitut im BGB statuiert ist. Dabei wird sich zeigen, dass ein Rechtsinstitut der gesetzlichen Vertretung durch Angehörige im BGB nicht geregelt ist, sodass im Folgenden untersucht wird, ob ein solches vom deutschen Gesetzgeber vorgesehen werden sollte. Dabei soll zunächst herausgearbeitet werden, ob überhaupt das Bedürfnis für ein solches Rechtsinstitut besteht. Im Weiteren sollen dann die inhaltlichen Bedenken dargestellt und insbesondere untersucht werden, ob die Einführung einer gesetzlichen Vertretung durch nächste Angehörige mit dem BGB, der UN-BRK und dem GG vereinbar ist.

In Abschnitt 4 wird zuletzt das Rechtsinstitut der Betreuung dargestellt und kritisch betrachtet. Hierzu wird zunächst das materielle Betreuungsrecht untersucht werden. Es sollen dafür die Voraussetzungen einer Betreuerbestellung dargestellt und kritisch beurteilt werden, wobei ein Schwerpunkt vor allem die Auswahl des Betreuers und deren Kriterien sein sollen. Im Folgenden wird dann das Verfahren für die Bestellung eines Betreuers als auch für die Bestellung eines gerichtlichen Erwachsenenvertreters betrachtet und es soll geprüft werden, ob und welche Änderungen im deutschen Betreuungsverfahren sinnvoll sind.

Im vierten Teil der Untersuchung wird dann zusammenfassend dargestellt, welche Anpassungen der Regelungen zur rechtlichen Unterstützung eines Erwachsenen dem deutschen Gesetzgeber anzuraten sind.

Nach Einreichung der Arbeit wurde ein neuer Gesetzentwurf zu grundlegenden Überarbeitung des Betreuungsrechts vorgelegt. Im fünften Teil der Untersuchung wird ein kurzer Ausblick auf diesen Gesetzentwurf gegeben und untersucht, welche Auswirkungen dieser auf die vorangegangen Untersuchungen hat.

3. Teil. Historischer Rückblick

A. Deutschland

Schon das römische Recht kannte Formen des Erwachsenenschutzes, nämlich die Fürsorge für psychisch Kranke (cura furiosi) und für Verschwender (cura prodigi), die im Zwölftafelgesetz angeordnet war.[12] Das germanische Stammesrecht sah das Rechtsinstitut der sog. „Munt“ vor, welches ein umfassendes Schutzverhältnis für Personen und ihr Vermögen darstellte, wenn sich der Betroffene nicht selbst verteidigen konnte.[13] Dabei verwaltete der Vormund nicht nur das Vermögen des Betroffenen, sondern hatte auch ein Nutzungsrecht an diesem und die Pflicht, den Betroffenen zu vertreten.[14] Wer keinem solchen Muntverband angehörte, unterstand dem Schutz des Königs.[15] Daraus entwickelte sich im Folgenden der Gedanke, dass die Vormundschaft ein vom Staat verliehenes Amt und eine öffentliche Aufgabe darstellt, wobei der Vormund behördlich zu bestellen und zu überwachen war.[16] Dies führte zu der Regelung im Preußischen Allgemeinen Landrecht von 1794, welche vorsah, dass Menschen, die nicht mehr selbst für sich sorgen konnten, unter der besonderen Aufsicht und Vorsorge des Staates standen und dass für „Wahn- und Blödsinnige“ eine Vormundschaft angeordnet werden musste, wobei der Vormund ein Bevollmächtigter des Staats war.[17] Dieses Rechtsinstitut der Vormundschaft wurde durch die Preußische Vormundschaftsordnung vom 05.07.1875 modifiziert, in dem die Unterscheidung zwischen der Vormundschaft (eine umfassende Vertretung in allen Angelegenheiten) und der Pflegschaft (eine Vertretung für einzelne oder einen bestimmten Kreis von Angelegenheiten) eingeführt und bestimmt wurde, dass der Vormund nicht mehr als Bevollmächtigter des Staats galt, sondern als Stellvertreter des Betroffenen.[18] Der Vormund stand jedoch unter der Aufsicht des Vormundschaftsgerichts oder des Familienrats.[19] Dieses System der

12 BT-Drucks. 11/4528, S. 44; *Thier*, Entmündigung, Betreuung und Handlungsfähigkeit: Rechtshistorische Perspektiven, 75, 78 f.

13 BT-Drucks. 11/4528, S. 44.

14 *Sorg*, Geschichtliche Entwicklung des Betreuungsrechts, S. 1.

15 BT-Drucks. 11/4528, S. 44.

16 *Sorg*, Geschichtliche Entwicklung des Betreuungsrechts S. 1.

17 *Dieckmann*, ZRP 2002, 425, 428; HKK-BGB-*A. Roth*, §§ 1896–1921 BGB Rn. 12.

18 *Sorg*, Geschichtliche Entwicklung des Betreuungsrechts, S. 1.

19 BT-Drucks. 11/4528, S. 45.

Vormundschaft war Ende des 19. Jahrhunderts in den deutschen Ländern überwiegend verbreitetet.[20] In der reichseinheitlichen Zivilprozessordnung wurde im Jahr 1879 das Entmündigungsverfahren für Geisteskranke und Verschwender in den §§ 593–627 geregelt.[21]

Im Folgenden trat am 01.01.1900 das BGB mit dem Entmündigungs-, Vormundschafts- und Pflegschaftsrecht in Kraft. Dabei wurde das Verfahren für die Entmündigung aus der reichseinheitlichen Zivilprozessordnung übernommen.[22] Die Entmündigung wurde gem. § 6 BGB a.F., wie auch zuvor, bei Geisteskrankheit und Verschwendung sowie neuerdings auch bei Geistesschwäche und Trunksucht angeordnet, wobei gem. § 1896 BGB a.F. in diesen Fällen ein Vormund bestellt wurde.[23] Voraussetzung für die Entmündigung auf Grund einer Geisteskrankheit oder Geistesschwäche war gem. § 6 I 1 BGB a.F. zudem, dass der Betroffene seine Angelegenheiten nicht selbst besorgen konnte. Als Rechtsfolge trat gem. § 104 Nr. 3 BGB a.F. bei der Entmündigung auf Grund einer Geisteskrankheit die Geschäftsunfähigkeit und gem. § 114 BGB a.F. bei allen sonstigen Entmündigungen die beschränkte Geschäftsfähigkeit ein.[24] Unter den Begriff der Geisteskrankheit wurden größtenteils Wahnvorstellungen subsumiert, wobei eine Geistesschwäche schon bei einer leichteren Form eines psychischen Defekts angenommen wurde.[25] Jedoch waren die medizinischen Begriffe der Geisteskrankheit und der Geistesschwäche von nachrangiger Relevanz, sodass das Gericht nicht an das Gutachten eines Sachverständigen gebunden war, sondern frei entscheiden konnte, ob eine Geisteskrankheit oder -schwäche vorlag.[26] Die Überwachung des Vormundes oblag, wie auch zuvor, den Gerichten als Obervormund.[27]

Zudem wurde im BGB das Rechtsinstitut der Gebrechlichkeitspflege geregelt, wobei dieses Rechtsinstitut als Ergänzung zur der Entmündigung und Vormundschaft gesehen wurde.[28] Gem. § 1910 BGB a.F. konnte ein Volljähriger mit

---

20 *Dieckmann*, ZRP 2002, 425, 428.

21 *T. Schmidt,* Die Entmündigung von den Anfängen des BGB bis zu ihrer Ablösung durch das Institut der Betreuung, S. 45.

22 BT-Drucks. 11/4528, S. 45.

23 *Sorg,* Geschichtliche Entwicklung des Betreuungsrechts, S. 2.

24 *Sorg,* Geschichtliche Entwicklung des Betreuungsrechts, S. 2.

25 *T. Schmidt,* Die Entmündigung von den Anfängen des BGB bis zu ihrer Ablösung durch das Institut der Betreuung, S. 153 f.

26 *T. Schmidt,* Die Entmündigung von den Anfängen des BGB bis zu ihrer Ablösung durch das Institut der Betreuung, S. 153, 184.

27 *Dieckmann*, ZRP 2002, 425, 428.

28 BT-Drucks. 11/4528, S. 46.

seiner Einwilligung einen Gebrechlichkeitspfleger erhalten, wenn er nicht unter Vormundschaft stand und entweder auf Grund körperlicher Defizite alle Angelegenheiten oder auf Grund geistiger und körperliche Defizite einzelne oder einen Kreis von Aufgaben nicht besorgen konnte.[29] Die Gebrechlichkeitspflege hatte im Gegensatz zur Vormundschaft keine Auswirkung auf die Geschäftsfähigkeit des Betroffenen.[30] Allerdings konnte bei einer schon nicht mehr vorhandenen Geschäftsfähigkeit eine Gebrechlichkeitspflegschaft gegen den Willen des Betroffenen angeordnet werden, wobei von den Gerichten dafür die Einholung eines Sachverständigengutachtens und die persönliche Anhörung des Betroffenen als Voraussetzungen geschaffen wurden.[31] Die Pflegschaft konnte, wie schon in der Preußischen Vormundschaftsordnung geregelt, nur einzelne oder einen bestimmten Kreis von Aufgaben umfassen.[32] In der Praxis stellte die Gebrechlichkeitspflege das dominante Rechtsinstitut dar, da z.B. bei der Übertragung der gesamten Vermögenssorge auf den Vormund oder Pfleger kaum ein Unterschied zwischen der Vormundschaft und der Gebrechlichkeitspflege bestand, bis auf die Auswirkung auf die Geschäftsfähigkeit, welche bei der Gebrechlichkeitspflege bestehen blieb.[33]

Im Jahr 1975 wurde als weiterer Entmündigungsgrund die Rauschgiftsucht in § 6 I 3 BGB a.F. eingeführt.[34] Ansonsten blieben die Regelungen bis zum 01.01.1992 größtenteils unverändert bestehen.[35]

Am 01.02.1989 veröffentlichte die Bundesregierung einen Gesetzesbeschluss zur Änderung der bestehenden Regelungen (BT-Drucks. 11/4528). Nach intensiver Befassung des Rechtsausschusses des Bundestages nahm der Bundestag am 25.04.1990 den Gesetzentwurf zur Reform des Rechts der Vormundschaft und Pflegschaft für Volljährige (Betreuungsgesetz – BtG) an, welchem der Bundesrat am 01.06.1990 zustimmte.[36] Das Betreuungsgesetz trat am 01.01.1992 in Kraft. Kern des Gesetzes stellte die Ersetzung der Vormundschaft und Gebrechlichkeitspflege durch das Rechtsinstitut der Betreuung sowie die Abschaffung der

---

29 *Sorg*, Geschichtliche Entwicklung des Betreuungsrechts, S. 2.

30 BT-Drucks. 11/4528, S. 46.

31 *Sorg*, Geschichtliche Entwicklung des Betreuungsrechts, S. 2 f.

32 BT-Drucks. 11/4528, S. 46.

33 *Sorg*, Geschichtliche Entwicklung des Betreuungsrechts, S. 3; BT-Drucks. 11/4528 S. 46.

34 *T. Schmidt*, Die Entmündigung von den Anfängen des BGB bis zu ihrer Ablösung durch das Institut der Betreuung, S. 119.

35 Ausführlich zu der Entwicklung des der Rechte bis zu der Einführung des BtGs: HKK-BGB-*A. Roth*, §§ 1896–1921 BGB Rn. 7 ff.

36 *Schwab*, FamRZ 1990, 681, 681.

Entmündigung und ihrer Auswirkungen auf die Geschäftsfähigkeit des Betroffenen dar.[37] Zudem wurden die Tatbestände der Trunksucht und des Rauschgiftskonsums entfernt.[38]

Durch die Betreuungsrechtsänderungsgesetze in den Jahren 1999, 2005 und 2009 wurden im Folgenden einige weitere Anpassungen am materiellen Recht vorgenommen sowie im Jahr 2009 durch das Gesetz zur Reform des Verfahrens in Familiensachen und in den Angelegenheiten der freiwilligen Gerichtsbarkeit (FGG-RG) bei dem einschlägigen Verfahren.[39]

B. Österreich

In Österreich wurde am 01.07.1811 das ABGB eingeführt, welches Regelungen zum Erwachsenenschutz enthielt und am 01.01.1812 in Kraft trat. Nach § 269 ABGB a.F. musste für eine Person, welche ihre Angelegenheiten und Rechte selbst nicht wahrnehmen konnte, ein Kurator oder Sachwalter bestellt werden. Der Kurator wurde dabei gem. § 270 ABGB a.F. unter anderem für Personen, die dem „Wahn- oder Blödsinn verfallen" waren, für erklärte Verschwender oder teilweise auch für Taubstumme bestellt. Für die Bestellung eines Kurators für einen „Wahn- oder Blödsinnigen" war gem. § 273 S. 1 ABGB a.F. Voraussetzung, dass der Betroffene nach Untersuchung durch einen Arzt gerichtlich als „wahn- oder blödsinnig" erklärt wurde. Rechtsfolge der Bestellung eines Kurators war gem. § 865 S. 1 ABGB a.F. die Beschränkung der Geschäftsfähigkeit.

I. Entmündigungsordnung im Jahr 1916

Durch die Entmündigungsordnung wurde im Jahr 1916 ein Zweisäulenmodell im Erwachsenenschutzrecht eingeführt. Die erste Säule stellte die volle Entmündigung mit dem Eintritt der Geschäftsunfähigkeit des Betroffenen dar, wobei für diesen ein Kurator bestellt wurde.[40] Voraussetzung für die volle Entmündigung war gem. § 1 I EntmO, dass der Betroffene auf Grund einer Geisteskrankheit oder -schwäche unfähig war, seine eigene Angelegenheiten zu besorgen. Die zweite Säule stellte die beschränkte Entmündigung mit einer Beschränkung der Geschäftsfähigkeit des Betroffenen dar, wobei für diesen ein Beistand bestellt

---

37 *Schwab*, FamRZ 1990, 681, 682; ausführlich: *Cypionka*, NJW 1992, 207, 207 ff.

38 *Thier*, Entmündigung, Betreuung und Handlungsfähigkeit: Rechtshistorische Perspektiven, 75, 78.

39 Ausführlich dazu: MüKo-*Schwab*, § 1896 BGB Rn. 22 ff.

40 *Schauer*, iFamZ 2017, 148, 148

wurde.[41] Voraussetzung für die beschränkte Entmündigung war gem. § 1 II EntmO, dass der Betroffene zwar nicht außer Stande war seine eigenen Angelegenheiten zu besorgen, aber auf Grund einer Geisteskrankheit oder -schwäche zur Besorgung von diesen der Hilfe eines Beistands bedurfte.

II. Sachwalterrecht im Jahr 1984

Am 01.07.1984 trat in Österreich das Sachwalterrecht in Kraft, durch welches die volle und die beschränkte Entmündigung abgeschafft wurden und das Rechtsinstitut der Sachwalterschaft eingeführt wurde.[42] Voraussetzung für die Sachwalterschaft war gem. § 268 I ABGB a.F., dass der Betroffene an einer psychischen Krankheit leidet oder geistig behindert ist und nicht mehr in der Lage ist, alle oder einzelne seiner Angelegenheiten ohne Gefahr eines Nachteils für sich selbst zu besorgen. Der Umfang der Sachwalterschaft konnte gem. § 273 ABGB a.F. einzelne Angelegenheiten, einen Kreis von Angelegenheiten oder alle Angelegenheiten umfassen.[43] Die bedeutendste Rechtsfolge der Bestellung eines Sachwalters war gem. § 280 ABGB a.F. die Beschränkung der Geschäftsfähigkeit des Betroffenen ipso iure für den Wirkungskreis der Sachwalterschaft.[44] Als Sachwalter wurde für den Betroffenen gem. § 279 ABGB a.F. eine ihm nahestehende Person, eine vom Sachwalterverein ausgewählte Person oder im Falle von erforderlicher Rechtskenntnis ein Notar oder Rechtsanwalt bestellt.[45] Bei dem Verfahren zur Bestellung eines Sachwalters war ein obligatorisches Sachverständigengutachten über den gesundheitlichen Zustand des Betroffenen einzuholen.[46]

Im Jahr 2006 erfolgte dann eine große Reform des Erwachsenenschutzes durch das Sachwalterrechts-Änderungsgesetz (SWRÄG). Dabei blieben die Regelungen zum Sachwalterrecht unverändert. Allerdings wurde das Einsäulenmodell der Sachwalterschaft durch ein Dreisäulenmodell ersetzt, indem zwei weitere Rechtsinstitute für den Erwachsenenschutz gesetzlich statuiert wurden: Die Vorsorgevollmacht und die gesetzliche Vertretung durch nächste Angehörige.[47]

---

41 *Schauer*, iFamZ 2017, 148, 148.
42 *Damrau*, FamRZ 1984, 236, 236.
43 BT-Drucks. 11/4528, S. 47.
44 *Ganner*, Stand und Perspektiven des Erwachsenenschutzes in rechtsvergleichender Sicht, 41, 49.
45 BT-Drucks. 11/4528, S. 47.
46 BT-Drucks. 11/4528, S. 47.
47 *Schauer*, iFamZ 2017, 148, 148.

Zudem wurde die Möglichkeit des Verfassens einer Sachwalterverfügung gesetzlich statuiert und das sog. Clearing als neue Aufgabe für die Sachwaltervereine eingeführt.[48] Bei dem sog. Clearing erforschte der Sachwalterverein durch Kontakt mit dem Betroffenen und dessen Umfeld, ob eine Sachwalterschaft durch eine Vorsorgevollmacht oder Angehörigenvertretung verhindert werden kann bzw., wenn dies nicht der Fall war, in welchem Umfang die Sachwalterschaft bestehen soll und ob ein Angehöriger des Betroffenen oder eine ihm sonst nahestehende Person als Sachwalter bestellt werden kann.[49]

III. 2. Erwachsenenschutz-Gesetz im Jahr 2018

Im Folgenden wurde am 30.03.2017 im Nationalrat und am 06.04.2017 im Bundesrat das 2. Erwachsenenschutz-Gesetz beschlossen, welches am 01.07.2018 in Kraft trat.[50] Ziel dieses Gesetzes ist es, die Selbstbestimmung der betroffenen Erwachsenen stärker zu schützen, wozu insbesondere mit der gewählten Erwachsenenvertretung eine weitere Säule der Unterstützung eingeführt sowie die Sachwalterschaft abgeschafft und durch die gerichtliche Erwachsenenvertretung ersetzt wurde.[51]

48 *Schauer*, iFamZ 2015, 97, 97.

49 *Fritz*, iFamZ 2014, 62, 63.

50 *Barth*, iFamZ 2017, 73, 73.

51 Umfassende Ausführungen zu den Regelungen des 2. Erwachsenenschutz-Gesetzes erfolgen ab S. 24.

4. Teil. Die UN-Behindertenrechtskonvention

Ein entscheidender Tag für das Erwachsenenschutzrecht in Österreich und die Regelungen in Deutschland ist der 13.12.2006, an welchem von der Generalversammlung der Vereinten Nationen das Übereinkommen zum Schutz der Rechte von Menschen mit Behinderungen und sein Fakultativprotokoll angenommen wurden, welche am 03.05.2008 in Kraft traten. Der Sinn und Zweck dieses Übereinkommens wird in Art. 1 I der sog. UN-Behindertenrechtskonvention (UN-BRK) niedergelegt: *Zweck dieses Übereinkommens ist es, den vollen und gleichberechtigten Genuss aller Menschenrechte und Grundfreiheiten durch alle Menschen mit Behinderungen zu fördern, zu schützen und zu gewährleisten und die Achtung der ihnen innewohnenden Würde zu fördern.* Es sollen somit keine speziellen Rechte für behinderte Menschen geschaffen werden, sondern statuiert werden, dass die universalen Menschenrechte auch Menschen mit Behinderungen in vollem Umfang zustehen. Der Begriff der Behinderung wird in Art. 1 II UN-BRK legal definiert: *Zu den Menschen mit Behinderungen zählen Menschen, die langfristige körperliche, seelische, geistige oder Sinnesbeeinträchtigungen haben, welche sie in Wechselwirkung mit verschiedenen Barrieren an der vollen, wirksamen und gleichberechtigten Teilhabe an der Gesellschaft hindern können.* Somit ist nicht nur das objektive Defizit des Betroffenen entscheidend, sondern vor allem wie die Gesellschaft auf die Behinderung reagiert und den Betroffenen behandelt.[52]

Mit der UN-BRK wird ein ganzeinheitlicher Menschenrechtsschutz angestrebt, indem staatliche Achtungs-, Schutz-, und Gewährleistungspflichten statuiert werden und die Konvention zudem Ziel- und Förderpflichten sowie Empfehlungen für die staatliche und internationale Behindertenpolitik enthält.[53] Das Fakultätsprogramm beinhaltet ein spezielles internationales Beschwerdeverfahren, welches nach Ausschöpfung aller innerstaatlichen Rechtmittel von Personen in Anspruch genommen werden kann, deren Rechte nach der UN-BRK verletzt wurden.[54]

---

52 *Olzen/Uzunovic,* Die Auswirkungen der UN-Behindertenrechtskonvention auf die Unterbringung und Zwangsbehandlung nach § 1906 BGB und §§ 10 ff. PsychKG NRW, S. 2.

53 *Degener*, RdJB 2009, 200, 203.

54 *Aichele,* Die UN-Behindertenrechtskonvention und ihr Fakultativprotokoll, S. 7.

Sowohl Deutschland als auch Österreich unterzeichneten das Übereinkommen am 30.03.2007.[55] Jedoch ist zu beachten, dass es sich bei dem Übereinkommen und dem Fakultativprotokoll um völkerrechtliche Verträge i.S.v. Art. 2 Ia WVK handelt.[56] Diese entfalten regelmäßig keine unmittelbaren Rechte und Pflichten auf der nationalen Ebene, sondern es bedarf der Zustimmung der nationalen Gesetzes- und Verordnungsgebung.[57]

In Deutschland ist in Art. 59 II 1 GG geregelt, dass der Vertrag der Zustimmung in der Form eines Bundesgesetzes bedarf, wobei dieses Gesetz zugleich den Bundespräsidenten zur Ratifikation des Vertrages ermächtigt.[58] Die „Ratifikation ist das feierliche Versprechen, den völkerrechtlichen Vertrag als bindend anzusehen und seine innerstaatliche Einhaltung zu gewährleisten."[59] Nach dem erforderlichen Austausch der Ratifikationsurkunden wird der völkerrechtliche Vertrag wirksam und der Inhalt ist bindend.[60]

In Österreich ist für den Abschluss eines völkerrechtlichen Vertrags ebenfalls ein Akt der Legislative erforderlich, indem Art. 50 Bundes-Verfassungsgesetz (B-VG) vorschreibt, dass es der Genehmigung des Nationalrats oder der Bundesversammlung und des Nationalrats bedarf.[61] Zudem wird in Österreich ebenso gem. Art. 65 I B-VG der Vertrag durch den Bundespräsidenten ratifiziert. Die erforderliche Ratifizierung erfolgte in Österreich am 26.09.2008 ohne Vorbehalt und ohne interpretative Erklärung und die Ratifikationsurkunde wurde am selben Tag hinterlegt, sodass die UN-BRK gem. Art. 45 II UN-BRK einen Monat später am 26.10.2008 für Österreich in Kraft trat.[62] Allerdings wurde die UN-BRK vom österreichischen Nationalrat unter Erfüllungsbedarf ratifiziert, sodass die UN-BRK keine subjektiven Rechte begründen und von den Gerichten nicht unmittelbar anzuwenden ist, sondern es weiterer Transformationsgesetze bedarf um dem Übereinkommen innerstaatliche Wirkung zu verleihen.[63]

---

55 *Degener*, RdJB 2009, 200, 211; *Universität Innsbruck*, Gutachten über die aus dem UN-Übereinkommen über die Rechte von Menschen mit Behinderungen erwachsenden Verpflichtungen Österreichs, S. 10.

56 *Universität Innsbruck*, Gutachten über die aus dem UN-Übereinkommen über die Rechte von Menschen mit Behinderungen erwachsenden Verpflichtungen Österreichs, S. 17.

57 *Ipsen/Kaufhold/Wischmeyer*, Staatsrecht I, § 21 Rn. 3 f.

58 *Morlok/Michael*, Staatsorganisationsrecht, § 10 Rn. 593.

59 *Gröpl*, Staatsrecht I, § 14 Rn. 817.

60 *Morlok/Michael*, Staatsorganisationsrecht, § 10 Rn. 593.

61 *Eschbach*, Die Ratifizierungsprozesse in den EU-Mitgliedstaaten, S. 27.

62 *Ganner/Barth*, BtPrax 2010, 204, 205.

63 *Lamplmayr*, iFamZ 2016, 158, 158.

In Deutschland entwarf die Bundesregierung am 08.11.2008 einen Entwurf für eine Ratifizierung, welcher am 21.12.2008 veröffentlicht wurde, wobei sowohl das Übereinkommen als auch das Fakultativprotokoll vorbehaltslos und ohne Interpretationsmöglichkeit ratifiziert wurden.[64] Somit bedarf es für die innerstaatliche Wirkung keines Transformationsgesetzes und die UN-BRK hat gem. Art. 59 II 1 GG den Rang eines Bundesgesetzes.[65] Die Vorschriften der UN-BRK sind selbstvollziehend („self-executing") und somit unmittelbar anwendbar, wenn sie inhaltlich hinreichend bestimmt sind.[66] Die UN-BRK trat am 26.03.2009 für Deutschland in Kraft.[67]

A. Inhalt der UN-BRK

Maßgeblich für die Regelungen zur rechtlichen Unterstützung eines Erwachsenen in Deutschland und Österreich ist Art. 12 UN-BRK. In dessen Absatz 1 wird zunächst das Recht auf Anerkennung als Rechtsperson statuiert, welches in Art. 12 II UN-BRK konkretisiert wird, indem die Rechts- und Handlungsfähigkeit gewährleistet wird. Dabei ist es Ziel der Vorschriften, dass behinderte Menschen nicht nur überhaupt als Rechtspersonen anerkannt werden, sondern dass diese Anerkennung in gleichem Umfang und in gleicher Weise wie bei Menschen ohne Behinderung erfolgt.[68] Den Mitgliedsstaaten wird der Auftrag erteilt, Menschen mit Behinderungen als Subjekte mit Selbstbestimmung wahrzunehmen und nicht als Rechtssubjekt der Fürsorge.[69] Art. 12 UN-BRK stellt somit sowohl ein Freiheits- als auch ein Gleichheitsrecht dar.[70]

Jedoch wird diese Statuierung der Rechts- und Handlungsfähigkeit bei behinderten Menschen grundsätzlich ohne Wirkung bleiben, da die Betroffenen auf Grund ihrer Behinderung nicht fähig sind, diese Rechte wahrzunehmen. Aus diesem Grund schreibt Art. 12 III UN-BRK vor, dass die Vertragsstaaten geeignete Maßnahmen schaffen müssen, *um Menschen mit Behinderungen Zugang zu der Unterstützung zu verschaffen, die sie bei der Ausübung ihrer Rechts- und Handlungsfähigkeit gegebenenfalls benötigen.* Art. 12 III UN-BRK enthält dabei die für das Erwachsenenschutzrecht maßgebliche Verpflichtung, dass eine

64 *Degener*, RdJB 2009, 200, 211 f.
65 Weiterführend dazu: *Aichele*, AnwBl 2011, 727, 729 f.
66 Sachs-*Streinz*, Art. 59 GG Rn. 68.
67 *Aichele*, AnwBl 2011, 727, 727.
68 *V. Lipp*, FamRZ 2017, 4, 5.
69 *R. Müller*, iFamZ 2017, 327, 331.
70 *V. Lipp*, FamRZ 2012, 669, 672.

unterstützende Entscheidungsfindung („supported decision-making") vorliegen muss.[71] Dadurch wurde von dem „substitute decision-making" Abstand genommen, bei welchem eine andere Person anstelle des Betroffenen handelt und dessen Wille und Vorstellungen unbeachtlich sind.[72] Es muss somit nach Art. 12 III UN-BRK eine gemeinsame Entscheidungsfindung mit dem Betroffenen vorliegen, bei dem der Wille des Betroffenen immer das zentrale Motiv der Entscheidung darstellen muss.[73] Ziel ist immer eine Selbstbestimmung des Betroffenen und keine Fremdbestimmung. Eine einheitliche Definition der „supported decision-making" gibt es allerdings nicht. Jedoch kann für eine unterstützende Entscheidungsfindung auf vier Merkmale abgestellt werden:[74]

1. Die rechtliche Handlungsfähigkeit des Betroffenen darf nicht beeinträchtigt werden
2. Die Unterstützungsbeziehung ist freiwillig und kann jederzeit von dem Betroffenen beendet werden
3. Der Betroffene wirkt aktiv an der Entscheidungsfindung mit
4. Die getroffenen Entscheidungen sind rechtlich verbindlich und durchsetzbar.

Zudem besteht Einigkeit darüber, dass der Fokus auf die Qualität des Prozesses der unterstützenden Entscheidungsfindung gelegt werden soll.[75] Von der „supported decision-making" ist dabei nicht nur die Unterstützung in tatsächlicher Sicht, sondern vor allem die Unterstützung in rechtlicher Sicht umfasst.[76]

Bei der Erfüllung ihrer Verpflichtung aus Art. 12 III UN-BRK sind die Mitgliedstaaten frei und können unterschiedliche Einrichtungen und Systeme wählen, solange diese der Erreichung des oben dargestellte Ziels von Art. 12 III UN-BRK dienen.[77]

Die Verpflichtung der Mitgliedstaaten aus Art. 12 III UN-BRK wird in Art. 12 IV UN-BRK weiter konkretisiert. Von besonderer Bedeutung ist dabei die Verpflichtung, effektive Schutzmechanismen zu schaffen, um Missbräuche zu verhindern und die Qualität der Unterstützung zu sichern. Bei der Auswahl

71 *Mayrhofer*, iFamZ 2014, 64, 64.
72 *V. Lipp*, FamRZ 2017, 4, 6.
73 *Schulze*, iFamZ 2011, 269, 270.
74 Nach *Mayrhofer*, iFamZ 2014, 64, 65.
75 *Buchner*, iFamZ 2011, 266, 267.
76 *V. Lipp*, FamRZ 2017, 4, 6.
77 *V. Lipp*, FamRZ 2012, 669, 673.

und Ausgestaltung dieser Schutzmechanismen sind die Mitgliedstaaten, wie bei Art. 12 III UN-BRK, frei.[78]

B. Vereinbarkeit des österreichischen und deutschen Rechts mit der UN-BRK

Sowohl in Österreich, als auch in Deutschland stellte sich nach Inkrafttreten der UN-BRK die Frage nach der Vereinbarkeit der Regelungen zur rechtlichen Unterstützung eines Erwachsenen mit Art. 12 UN-BRK.

I. Österreich

1. Empfehlung des UN-Komitees an Österreich

Am 02. und 03.09.2013 musste sich das österreichische Sachwalterrecht, im Wege einer Staatenprüfung, der Prüfung der Vereinbarkeit mit der UN-BRK durch das UN-Komitee über die Rechte von Menschen mit Behinderung unterziehen.[79] In seinem abschließenden Bericht[80] kritisierte das Komitee entschieden das Sachwalterrecht und hielt es für unvereinbar mit der UN-BRK. Insbesondere der automatische Verlust der Geschäftsfähigkeit bei der Bestellung eines Sachwalters, der Umfang der Vertretungsmacht des Sachwalters und die unbeschränkte Dauer der Sachwalterschaft wurden deutlich kritisiert. Das UN-Komitee empfahl Österreich deshalb unter anderem in Nr. 28 des Berichts, die fremdbestimmte Entscheidungsfindung bei der Sachwalterschaft durch eine unterstützende Entscheidungsfindung zu ersetzen. Zudem sollte Österreich Unternehmungen treffen, welche sicherstellen, dass für Menschen mit Behinderungen eine unterstützende Entscheidungsfindung möglich ist und kein Sachwalter bestellt wird. Diese Ansicht der Unvereinbarkeit des Sachwalterrechts mit der UN-BRK wurde ebenso von vielen Stimmen in der Literatur vertreten.[81] Zudem forderten auch

78 *Schmahl*, Grund- und menschenrechtliche Anforderungen an den Erwachsenenschutz, 11, 23.

79 *Barth*, Vom Sachwalterrecht zum Erwachsenenschutz – Was ändert sich durch das 2. Erwachsenenschutz-Gesetz?, 28, 29.

80 Abrufbar unter: https://tbinternet.ohchr.org/_layouts/treatybodyexternal/Download.aspx?symbolno=CRPD%2fC%2fAUT%2fCO%2f1&Lang=en (zuletzt geprüft am 23.09.2019).

81 So z.B. *Buchner*, iFamZ 2011, 266, 268; *R. Müller*, iFamZ 2013, 241, 245; *Schauer*, iFamZ 2011, 258, 266.

Organisationen zur Vertretung der Interessen der Betroffenen mit Blick auf die UN-BRK eine Anpassung des Erwachsenenschutzrechts.[82]

2. Folgen für Österreich: Das 2. Erwachsenenschutz-Gesetz

Auf Grund dieser Kritik an dem geltenden Erwachsenenschutzrecht entschloss sich das Bundesministerium für Verfassung, Reformen, Deregulierung und Justiz eine umfassende Überarbeitung und Änderung des Sachwalterrechts vorzunehmen. Ziel der Gesetzesänderung war es, die Selbstbestimmung der Betroffenen zu stärken und die vorliegende Fremdbestimmung bei der Sachwalterschaft zu verhindern. Dazu sollte unter anderem eine strikte Subsidiarität der Stellvertretung gelten, indem diese durch andere Arten der Unterstützung entbehrlich gemacht werden sollte.[83] Des Weiteren sollte der Sachwalterschaft wieder ihre eigentliche Funktion als reines Vertretungskonzept zukommen, was sich schon in der Ersetzung des Begriffs „Sachwalter" durch die Bezeichnung als „Erwachsenenvertreter" zeigt.[84] Die bedeutsamste Prinzipienänderung sollte bei der Geschäftsfähigkeit erfolgen, welche nun bei keiner Vertretungsform ex lege entzogen wird.[85]

a) Der Gesetzgebungsprozess

Das Reformprojekt des Erwachsenenschutzrechts in Österreich begann im Dezember 2013 mit einer Fachtagung in Salzburg, an welcher neben Experten auch Bürger teilnahmen, die von der Sachwalterschaft betroffen waren, sind oder es noch sein könnten.[86] Daraufhin arbeiteten verschiedene Arbeitsgruppen an dem Reformprozess, wobei an einigen Arbeitsgruppen alle interessierten Bürger teilnehmen konnten, sodass nicht nur Experten und Fachkräfte an dem Reformprozess mitwirkten.[87] Dieser Reformprozess wurde parallel von einem Forschungsprojekt der Universität Innsbruck begleitet, dessen Rückmeldungen in den Prozess eingebunden wurden.[88] Am 01.03.2014 startete dann,

---

82 *Schauer*, iFamZ 2015, 97, 99.

83 *Barth*, iFamZ 2017, 143, 143.

84 *Fritz*, iFamZ 2016, 293, 294.

85 *Fritz*, iFamZ 2016, 293, 294.

86 *Barth,* Vom Sachwalterrecht zum Erwachsenenschutz – Was ändert sich durch das 2. Erwachsenenschutz-Gesetz?, 28, 30.

87 *Barth,* Vom Sachwalterrecht zum Erwachsenenschutz – Was ändert sich durch das 2. Erwachsenenschutz-Gesetz?, 28, 30; Ausführlich zu der Arbeit der Arbeitsgruppen: *Lamplmayr*, iFamZ 2016, 158, 160 ff.

88 *Lamplmayr*, iFamZ 2016, 158, 158.

nach einiger Vorbereitung, das Modellprojekt „Unterstützung zur Selbstbestimmung"[89], in welchem die Sachwaltervereine an 18 Gerichtsstandorten eine besonders umfangreiche Abklärungstätigkeit erprobten, wenn sie mit einem Clearing beauftragt wurden.[90]

Mitte Juli 2016 wurde ein erster Gesetzentwurf als Begutachtungsentwurf der Öffentlichkeit vorgestellt.[91] Zu diesem Begutachtungsentwurf gingen rund 200 Stellungnahmen ein, wobei viele Anregungen diskutiert und aufgenommen wurden.[92] Der im Herbst 2016 erstellte endgültige Entwurf des 2. Erwachsenenschutz-Gesetzes wurde dann im Januar 2017 im Ministerrat beschlossen.[93] Im Weiteren wurde das Gesetz am 30.03.2017 im Nationalrat und am 06.04.2017 im Bundesrat beschlossen, wobei die Beschlüsse einstimmig ausfielen.[94] Am 25.04.2017 wurde das 2. Erwachsenenschutz-Gesetz im BGBI I 2017/59 bekannt gemacht.

b) *Problematisches Inkrafttreten*

Trotz der einstimmigen Beschlüsse stieß das 2. Erwachsenenschutz-Gesetz zunächst auf Widerstand in der Regierung. Grund dafür waren die Kosten des Gesetzes, welche nach Angaben der Regierung auf Grund einer Budgetknappheit des Bundes nicht getragen werden könnten, weswegen die Regierung das Inkrafttreten des Gesetzes um zwei Jahre verschieben wollte.[95] Diese Pläne wurden sowohl von der Volksanwaltschaft, als auch von den Behindertenvertretern stark kritisiert. Wohl auch auf Grund dieser breiten Kritik gab die Regierung letztendlich doch die Finanzierungszusage, sodass das 2. Erwachsenenschutz-Gesetz am 01.07.2018 in Kraft treten konnte.[96]

---

89 Ausführlich zu dem Modellprojekt: *Fritz*, iFamZ 2014, 62; *Hammerschick/Mayrhofer*, iFamZ 2016, 92.

90 *Barth,* Vom Sachwalterrecht zum Erwachsenenschutz – Was ändert sich durch das 2. Erwachsenenschutz-Gesetz?, 28, 31.

91 *Fritz*, iFamZ 2016, 293, 293.

92 *Barth,* Vom Sachwalterrecht zum Erwachsenenschutz – Was ändert sich durch das 2. Erwachsenenschutz-Gesetz?, 28, 31.

93 *Barth,* Vom Sachwalterrecht zum Erwachsenenschutz – Was ändert sich durch das 2. Erwachsenenschutz-Gesetz?, 28, 31.

94 *Barth*, iFamZ 2017, 73, 73.

95 https://www.vienna.at/erwachsenenschutzgesetz-regierung-plant-verschiebung-aus-kostengruenden/5674956 (zuletzt aufgerufen am 23.09.2019).

96 https://www.sn.at/politik/innenpolitik/doch-finanzierungszusage-fuer-erwachsenenschutz-24845566 (zuletzt aufgerufen am 23.09.2019).

II. Deutschland

In ihrem ersten Staatsbericht zur UN-BRK im Jahr 2011 vertrat die Bundesregierung die Ansicht, dass die deutschen Regelungen zu der Vorsorgevollmacht und der Betreuung mit der UN-BRK vereinbar seien.[97] Im Jahr 2015 musste sich Deutschland dann allerdings einer Staatenprüfung zur Vereinbarkeit der aktuellen Gesetzeslage mit der UN-BRK durch das UN-Komitee unterziehen. Im März 2015 veröffentlichte die Monitoring-Stelle zur UN-BRK ihren Parallelbericht an das UN-Komitee anlässlich dieser ersten Staatenprüfung Deutschlands.[98] Die Monitoring-Stelle regt dabei in Nr. 83 des Berichts an, dass Deutschland Recht und Praxis des Rechtsinstituts der Betreuung einer systematischen Prüfung unterziehen solle, um die Formen der unterstützenden Entscheidungen zu stärken und weiterzuentwickeln. Am 13.05.2015 veröffentlichte das UN-Komitee im Folgenden seinen finalen Abschlussbericht zu der ersten Staatenprüfung Deutschlands.[99] In diesem bemängelt der Ausschuss unter anderem, dass das Rechtsinstitut der Betreuung nicht mit der UN-BRK vereinbar sei (Nr. 25 des Berichts), da dieses als gesetzliche Vertretungsform keine „supported decision-making" beinhalte und empfiehlt Deutschland, die Betreuung und alle weiteren Formen der ersetzenden Entscheidungen durch ein System der unterstützenden Entscheidungen zu ersetzen (Nr. 26a des Berichts). Diese Empfehlung gab der Ausschuss ebenso zuvor anderen Ländern bei deren Staatenprüfungen, z.B. Tunesien und Spanien.[100] Allerdings ist diese Ansicht der Unvereinbarkeit jeder gesetzlichen Vertretungsform mit Art. 12 UN-BRK abzulehnen. Wie oben dargestellt sind die Mitgliedstaaten frei in der Erfüllung ihrer Verpflichtung aus Art. 12 UN-BRK. Der Artikel enthält keine Vorgaben mit welchen Maßnahmen die Ausübung der Rechts- und Handlungsfähigkeit sichergestellt werden soll. Die Maßnahmen müssen gem. Art. 12 IV UN-BRK nur den Willen des Betroffen beachten, verhältnismäßig sein und regelmäßig

---

97 Bericht abrufbar unter: https://www.bmas.de/SharedDocs/Downloads/DE/staatenbericht-2011.pdf?__blob=publicationFile (zuletzt aufgerufen am 23.09.2019).

98 Bericht abrufbar unter: https://www.institut-fuer-menschenrechte.de/publikationen/show/parallelbericht-an-den-un-fachausschuss-fuer-die-rechte-von-menschen-mit-behinderungen/ (zuletzt aufgerufen: 23.09.2019).

99 Bericht abrufbar unter: https://www.institut-fuer-menschenrechte.de/publikationen/show/concluding-observations-on-the-initial-report-of-germany-1/ (zuletzt aufgerufen: 23.09.2019).

100 *Schmahl,* Grund- und menschenrechtliche Anforderungen an den Erwachsenenschutz, 11, 13.

überprüft werden.[101] Modelle der gesetzlichen Vertretungsmacht widersprechen diesen Vorgaben nicht a priori. Auch wird die Vertretung in vielen Fällen bei Menschen mit Behinderung unverzichtbar sein, da die Betroffenen ihre Rechts- und Handlungsfähigkeit nicht selbst ausüben können.[102] Zur Ausübung der Handlungsfähigkeit müssen Entscheidungen getroffen werden, wozu es allerdings der geistigen Fähigkeit und einer Äußerungsfähigkeit bedarf, damit eine Wahrnehmung und Umsetzung des Willens des Betroffenen möglich ist.[103] Viele Betroffene werden diese Fähigkeiten nicht mehr besitzen, sodass sie ihren rechtlichen Willen nicht durchsetzen können. In diesen Fällen genügt eine einfache Unterstützung durch einen Dritten nicht, da für die rechtliche Unterstützung immer eine gewisse Ausübung der Handlungsfähigkeit durch den Betroffenen vorliegen muss, an welche der Dritte die Unterstützung anknüpfen kann, da ansonsten keine Hilfe zur Selbstbestimmung geleistet werden kann.[104] Somit ist ein rechtlicher Vertreter zur Erfüllung des Willens notwendig, da der Betroffene ansonsten nicht mehr am rechtlichen Leben teilnehmen könnte. Das Rechtsinstitut der Betreuung verstößt auf Grund dessen nicht von vornherein gegen Art. 12 UN-BRK, nur weil es eine rechtliche Vertretungsform ist.

---

101 *Schauer*, iFamZ 2011, 258, 260.

102 So auch: *Schauer*, iFamZ 2011, 258, 260; *V. Lipp*, BtPrax 2010, 263, 266.

103 *Ganner*, Stand und Perspektiven des Erwachsenenschutzes in rechtsvergleichender Sicht, 41, 47.

104 *Schmahl*, Grund- und menschenrechtliche Anforderungen an den Erwachsenenschutz, 11, 22.

5. Teil. Der unterstützungsbedürftige Erwachsene

A. Die Notwendigkeit der Unterstützung

Nach den Ausführungen zu der historischen Entwicklung stellt sich die Frage, in welchen Fällen das Erwachsenenschutzrecht in Österreich und die Regelungen in Deutschland einschlägig sind, denn grundsätzlich ist ein Erwachsener nicht auf Unterstützung angewiesen. Ab dem 18. Lebensjahr ist jeder Mensch in Deutschland und Österreich voll geschäftsfähig, wobei das Gesetz grundsätzlich alle Menschen als geschäftsfähig ansieht.[105] Die Geschäftsfähigkeit ist dabei die Fähigkeit, Rechtsgeschäfte selbst vollwirksam vornehmen zu können.[106] In Österreich ist die Geschäftsfähigkeit seit dem 2. Erwachsenenschutz-Gesetz in § 865 I 1 ABGB legal definiert. Danach versteht man unter Geschäftsfähigkeit in Österreich die Fähigkeit einer Person, sich durch eigenes rechtsgeschäftliches Handeln zu berechtigen und zu verpflichten. Die Geschäftsfähigkeit ist dabei, wie in Deutschland auch, ein Unterfall der Handlungsfähigkeit.[107] Die Handlungsfähigkeit wiederum ist die Fähigkeit rechtlich bedeutsame Handlungen wirksam vornehmen zu können,[108] bzw. in Österreich gem. § 24 I 1 ABGB die Fähigkeit, sich im jeweiligen rechtlichen Zusammenhang durch eigenes Handeln zu berechtigen und zu verpflichten.

Allerdings liegt dieser Idealfall der vollen Geschäftsfähigkeit nicht immer vor. Gem. § 104 Nr. 2 BGB ist geschäftsunfähig, wer sich in einem die freie Willensbestimmung ausschließenden Zustand krankhafter Störung der Geistestätigkeit befindet, sofern nicht der Zustand seiner Natur nach nur vorübergehend ist. Die Willenserklärung eines Geschäftsunfähigen ist gem. § 105 I BGB nichtig. Damit ein Geschäftsunfähiger jedoch nicht vollkommen vom Rechtsverkehr ausgeschlossen wird und an diesem trotzdem teilnehmen kann, muss er rechtlich unterstützt werden.

Zudem ist es, wie in § 1896 I 1 BGB vorausgesetzt, möglich, dass ein Erwachsener auf Grund einer psychischen Krankheit (wie z.B. der oben dargestellten Krankheit der Demenz) oder einer körperlichen, geistigen oder seelischen

105 Grüneberg-*Ellenberger*, Einf. v. § 104 BGB Rn. 2.

106 Erman-*H.-F. Müller*, Vor. § 104 BGB Rn. 1.

107 Palandt-*Ellenberger*, Einf. v. § 104 BGB Rn. 1; *Parapatitis/Perner*, iFamZ 2017, 160

108 *Neuner*, Allgemeiner Teil des Bürgerlichen Rechts, § 12 Rn. 1.

Behinderung nicht mehr in der Lage ist, seine Angelegenheiten ganz oder teilweise zu besorgen, ohne, dass er zwingend geschäftsunfähig sein muss. Auch in diesen Fällen ist der betroffene Erwachsene auf Unterstützung angewiesen. In Österreich ist die Unterstützung von volljährigen Personen, die aufgrund einer psychischen Krankheit oder einer vergleichbaren Beeinträchtigung in ihrer Entscheidungsfähigkeit eingeschränkt sind, in § 239 I ABGB ausdrücklich angeordnet. Unter der psychischen Krankheit werden in Österreich vor allem körperlich begründete oder endogene Psychosen verstanden.[109] Eine vergleichbare Beeinträchtigung liegt bei einer geistigen Behinderung vor.[110]

Der zentrale Begriff für das Erwachsenenschutzrecht ist in Österreich nicht die „Geschäftsfähigkeit", sondern gem. § 239 I ABGB vor allem die „Entscheidungsfähigkeit". Unter dieser ist gem. § 24 II ABGB die Fähigkeit zu verstehen, die Bedeutung und die Folgen des Handelns im jeweiligen Zusammenhang zu verstehen, seinen Willen danach zu bestimmen und sich entsprechend zu verhalten, wobei diese Fähigkeit bei Volljährigen vermutet wird.[111] Der Begriff der Entscheidungsfähigkeit ersetzt dabei die vorher geltenden Begriffe der Einsichts- und Urteilsfähigkeit, welche vorher in der Lehre und der Rechtsprechung uneinheitlich verwendet wurden.[112]

Alles in allem ist ein Erwachsener in Deutschland somit unterstützungsbedürftig, wenn er geschäftsunfähig oder auf Grund einer psychischen Krankheit bzw. einer körperlichen, geistigen oder seelischen Behinderung nicht mehr in der Lage ist, seine Angelegenheiten selbst zu besorgen bzw. in Österreich wenn er in seiner Entscheidungsfähigkeit eingeschränkt ist oder diese verliert.

Im Falle einer solchen Unterstützungsbedürftigkeit bestehen verschiedene Möglichkeiten dieser gerecht zu werden, von welchen Österreich und Deutschland in unterschiedlicher Form im Gesetz Gebrauch machen.

---

109 *Barth*, Vom Sachwalterrecht zum Erwachsenenschutz – Was ändert sich durch das 2. Erwachsenenschutz-Gesetz?, 28, 33 Fn. 11.

110 *Barth*, Vom Sachwalterrecht zum Erwachsenenschutz – Was ändert sich durch das 2. Erwachsenenschutz-Gesetz?, 28, 33.

111 *Schauer*, iFamZ 2017, 148, 149.

112 *Fritz*, iFamZ 2016, 293, 294.

B. Unterstützungsformen

I. Österreich

In Österreich hat sich der Gesetzgeber im Wege des 2. Erwachsenenschutz-Gesetzes für ein viersäuliges System der rechtlichen Unterstützung eines Erwachsenen entschieden. Neben der Vorsorgevollmacht (§§ 260 ff. ABGB) und der gerichtlichen Erwachsenenvertretung (§§ 271 ff. ABGB), dem Pendant zu der Betreuung in Deutschland, besteht noch die Möglichkeit der gewählten Erwachsenenvertretung (§§ 264 ff. ABGB) und der gesetzlichen Erwachsenenvertretung (§§ 268 ff. ABGB). Die Reihenfolge der Reglungen im Gesetz drückt dabei die Subsidiarität der jeweils nachfolgenden Unterstützungsform aus.[113]

1. Die Vorsorgevollmacht

Die erste Säule des Erwachsenenschutzrechts stellt in Österreich die Vorsorgevollmacht dar. Diese ist in § 260 ABGB ausdrücklich definiert. Dort heißt es in Satz 1:

> *Die Vorsorgevollmacht ist eine Vollmacht, die nach ihrem Inhalt dann wirksam werden soll, wenn der Vollmachtgeber die zur Besorgung der anvertrauten Angelegenheiten erforderliche Entscheidungsfähigkeit verliert.*

Somit ist die Vorsorgevollmacht in Österreich ein spezieller Vollmachts-Typus, der nach den §§ 260 ff. ABGB behandelt wird.

In einer solchen Vorsorgevollmacht kann ein Erwachsener bestimmen, wer ihn im Falle seines Verlusts der Entscheidungsfähigkeit rechtlich vertreten soll und welche Aufgabenkreise von der Vertretung erfasst sein sollen. Auf Grund dieser Vorsorgevollmacht kann der Bevollmächtigte den Vollmachtgeber in den von diesen bestimmten Aufgabenkreisen vertreten. Liegt eine Vorsorgevollmacht des betroffenen Erwachsenen vor, darf auf Grund des Subsidiaritätsgrundsatzes, für den von der Vollmacht erfassten Aufgabenkreis kein Erwachsenenvertreter tätig werden.[114]

a) Voraussetzung beim Betroffenen

Primäre Voraussetzung für die wirksame Erstellung einer Vorsorgevollmacht ist, dass der Vollmachtgeber bei Erteilung der Vollmacht in seiner Entscheidungsfähigkeit nicht beschränkt ist. Nur in diesem Fall ist die erteilte Vorsorgevollmacht

---

113 *Ferrari/Guggenberger*, FamRZ 2017, 1468, 1469.

114 *Ferrari*, iFamZ 2018, 287, 295.

wirksam. Ist der Betroffene in seiner Entscheidungsfähigkeit eingeschränkt, besteht für ihn nur die Möglichkeit der gewählten Erwachsenenvertretung.

b) Die Form

Damit die Vorsorgevollmacht wirksam wird, müssen zudem bestimmte Formvoraussetzungen erfüllt sein. Seit dem 2. Erwachsenenschutz-Gesetz wird eine mündliche oder privatschriftliche Vorsorgevollmacht schon per Gesetz nicht akzeptiert. Gem. § 262 I ABGB muss die Vorsorgevollmacht vor einem Notar, einem Rechtsanwalt oder einem Erwachsenenschutzverein (§ 1 ErwSchVG) höchstpersönlich und schriftlich errichtet werden. Die beurkundende Person hat die Mitwirkung an der Erstellung der Vorsorgevollmacht gem. § 263 II ABGB abzulehnen, wenn begründete Zweifel an der Entscheidungsfähigkeit des erwachsenen Vollmachtgebers bestehen. Es kann dabei die Vorlage eines ärztlichen Zeugnisses verlangt werden. Somit besteht in Österreich eine Kontrollpflicht der beurkundenden Person und es gibt bei der Vorlage einer Vorsorgevollmacht grundsätzlich keine Zweifel an der Entscheidungsfähigkeit eines Erwachsenen bei Erteilung der Vollmacht. Zudem haben der Notar, Rechtsanwalt oder der Mitarbeiter des Erwachsenenschutzvereins gem. § 263 II ABGB die Pflicht, bei Zweifeln an der Eignung des Bevollmächtigten die Errichtung der Vorsorgevollmacht abzulehnen. Somit erfolgt bei Errichtung der Vorsorgevollmacht auch eine Prüfung der Eignung des Bevollmächtigten, welche dem Schutz des Vollmachtgebers im hohen Maße dient. Für einen Ausschluss der Eignung gelten dabei in Österreich die allgemeinen Ausschlussgründe des § 243 ABGB.[115]

Weitere Rechtssicherheit ergibt sich für den Vollmachtgeber und den Rechtsverkehr aus der Verpflichtung der beratenden und beurkundenden Person gem. § 262 II 2 ABGB, die Belehrung und Aufklärung des Betroffenen i.S.v. § 262 II 1 ABGB in der Vollmachtsurkunde zu dokumentieren.[116] Sinn und Zweck der neuen Regelung in § 262 I ABGB war es unter anderem, dass die Überforderung der Bevölkerung bei der Erstellung einer Vorsorgevollmacht unter Verwendung von Formularen oder Mustern aus dem Internet oder sonstigen Quellen verhindert bzw. beseitigt wird.[117] Auf Grund der Beteiligung eines Notars, Rechtsanwalts oder Erwachsenenschutzvereins wird gewährleistet, dass eine wirksame Vorsorgevollmacht verfasst wird.

---

115 *Ferrari*, iFamZ 2018, 287, 290.

116 *Ferrari*, iFamZ 2018, 287, 289.

117 ErlRV 1461 BlgNR XXV. GP. S. 36.

c) *Die Eintragung im Register*

Neben der obligatorischen Beurkundung durch einen Notar, Rechtsanwalt oder Erwachsenenschutzverein ist gem. § 263 I 1 ABGB Voraussetzung für die Wirksamkeit der Vorsorgevollmacht, dass diese in das Österreichische Vertretungsverzeichnis (ÖZVV) eingetragen wird. Diese Eintragung erfolgt durch einen Notar, einen Rechtsanwalt oder einen Erwachsenenschutzverein. Dabei müssen die eintragende Person und die bei der Erstellung mitwirkende Person nicht identisch sein.[118] Die Eintragung hat allerdings zunächst nur die Wirksamkeit der Vorsorgevollmacht zur Folge, bedeutet aber noch nicht, dass der Bevollmächtigte den Vollmachtgeber bereits sofort wirksam vertreten kann.

d) *Zeitpunkt der Möglichkeit der wirksamen Vertretung*

Der Bevollmächtigte kann den Vollmachtgeber erst dann wirksam vertreten, wenn zusätzlich zu der Eintragung der Vorsorgevollmacht selbst auch die Eintragung des Vorsorgefalls in das ÖZVV erfolgt ist. Dies ist für die Vertretungsbefugnis des Bevollmächtigten gem. § 263 I 1 ABGB zwingend erforderlich. Vor Eintritt und Eintragung des Vorsorgefalls kann der Bevollmächtigte den Vollmachtgeber nicht vertreten, sondern der Vollmachtgeber kann die Rechtsgeschäfte selbst wirksam abschließen. Der Vorsorgefall meint gem. § 239 I ABGB den Verlust der Entscheidungsfähigkeit oder deren Einschränkung. Dabei hat die Eintragung des Vorsorgefalls nicht nur deklaratorische, sondern gem. § 245 I ABGB konstitutive Wirkung.[119] Dies bedeutet, dass, entgegen des missverständlichen Wortlauts in § 260 S. 1 ABGB, der Inhalt der Vorsorgevollmacht nicht schon mit Eintritt der Unterstützungsbedürftigkeit wirksam wird, sondern erst mit Eintragung des Vorsorgefalls.[120] Gem. § 140h V 1 NO hat der Bevollmächtigte das Vorliegen der Voraussetzungen der Vorsorgevollmacht und den Eintritt des Vorsorgefalls zu beweisen, wobei nach § 140h V 2 NO ein entsprechendes ärztliches Zeugnis erforderlich ist, welches attestiert, dass der Vollmachtgeber auf Grund einer psychischen Krankheit oder vergleichbaren Beeinträchtigung in seiner Entscheidungsfähigkeit eingeschränkt ist und auf Grund dessen die von der Vorsorgevollmacht umfassten Angelegenheiten nicht mehr selbst besorgen kann.[121] Ein ärztliches Zeugnis, welches nur das Vorliegen einer psychischen

118 *Schauer*, iFamZ 2017, 148, 151.
119 *Ferrari*, iFamZ 2018, 287, 292.
120 *Schauer*, iFamZ 2017, 148, 151.
121 ErlRV 1461 BlgNR XXV. GP. S. 37.

Erkrankung bestätigt, ist nicht ausreichend.[122] Es muss attestiert werden, dass der Vollmachtgeber die betroffenen Angelegenheiten nicht mehr selbst besorgen kann. Weist der Bevollmächtigte den Eintritt des Vorsorgefalls nach und wird dieser Eintritt und der Bevollmächtigte daraufhin als Bevollmächtigter in das ÖZVV eingetragen, ist das ÖZVV gem. § 140h VI 1 NO verpflichtet, dem Bevollmächtigten eine Bestätigung der Eintragung zu übermitteln, welche gem. § 140 VI 2 NO eine Übersicht über die Rechten und Pflichten enthalten muss, die sich aus der Vorsorgevollmacht ergeben. Erst durch Erhalt dieser Bestätigung kann der Bevollmächtigte den Betroffenen wirksam vertreten. Der Nachweis über die bestehende Vertretungsmacht auf Grund der Vorsorgevollmacht im Rechtsverkehr gelingt nur durch die erhaltene Bestätigung. Nach Eintritt des Vorsorgefalls und Wirksamwerden der Vorsorgevollmacht kann der Vollmachtgeber für die betroffenen Aufgabenkreise nicht mehr selbst handeln, sondern muss durch den Vorsorgebevollmächtigten vertreten werden.

e) *Inhalt und Umfang*

Grundsätzlich kann der Vollmachtgeber in Österreich dem Bevollmächtigten durch die Vorsorgevollmacht gem. § 261 ABGB einzelne oder bestimmte Arten von Angelegenheiten im Fall des Verlusts seiner Entscheidungsfähigkeit übertragen. Somit kann eine Spezial- oder Gattungsvollmacht erteilt werden. Die Gattungen müssen bei einer Gattungsvollmacht immer klar bezeichnet sein, wobei sich an § 269 ABGB orientiert werden kann, welcher die möglichen Wirkungsbereiche eines gesetzlichen Erwachsenenvertreters vorschreibt.[123] Zum Schutz des Vollmachtgebers ist, im Gegensatz zu anderweitigen Vollmachten, die Erteilung der Vorsorgevollmacht als Generalvollmacht nach dem Wortlaut des § 261 ABGB nicht möglich. Dies wird damit begründet, dass für den Vollmachtgeber immer transparent sein soll, welche Angelegenheiten die Vorsorgevollmacht umfasst.[124] Das Gesetz macht ansonsten keine Vorgaben zu dem Inhalt einer Vorsorgevollmacht, sodass der Vollmachtgeber frei ist, welche Angelegenheiten er im Wege der Vorsorgevollmacht überträgt.

f) *Auswahl des Bevollmächtigten*

Durch die Vorsorgevollmacht kann eine einzelne Person oder können mehrere Personen bevollmächtigt werden. Hierbei ist der Vollmachtgeber bei der

122 *Ferrari*, iFamZ 2018, 287, 292.
123 *Ferrari*, iFamZ 2018, 287, 288.
124 *Schauer*, iFamZ 2017, 148, 150.

Bevollmächtigung mehrerer Personen in der Ausgestaltung der Vertretungsmachten frei, sodass er eine ausschließliche Gesamtvertretung, aber auch eine Einzelvertretung anordnen kann, wobei es bei einer solchen möglich ist, dass die Vertretungsmachten der einzelnen Bevollmächtigten konkurrieren oder sich gegenseitig ausschließen.[125]

Bei der Auswahl des Bevollmächtigten sind die Ausschlussgründe des § 243 I ABGB zu beachten. Danach darf nicht zum Vertreter ernannt werden, wer schutzberechtigt i.S.v. § 21 I ABGB ist, wie z.B. Minderjährige (§ 243 I Nr. 1 ABGB), wer nicht geeignet erscheint die Vertretung zum Wohl des Vollmachtgebers auszuüben, z.B. auf Grund eines strafgerichtlichen Urteils (§ 243 I Nr. 2 ABGB) oder wer in einem Abhängigkeitsverhältnis oder in einer vergleichbar engen Beziehung zu einer Einrichtung steht, in der sich der Vollmachtgeber aufhält oder von der dieser betreut wird (§ 243 I Nr. 3 ABGB). Zudem darf der Bevollmächtigte gem. § 243 II 2 nicht schon insgesamt 15 Vorsorgevollmachten und Erwachsenenvertretungen übernommen haben, ausgenommen der Erwachsenenschutzvereine und gem. § 243 II 3 ABGB der Notare sowie Rechtsanwälte, die auf der Liste von zur Übernahme von Vorsorgevollmachten und gerichtlichen Erwachsenenvertretungen besonderes geeigneten Rechtsanwälten oder Notaren stehen.

g) *Gerichtliche Kontrolle*

Der Bevollmächtigte unterliegt gem. § 254 ABGB bei Entscheidungen über bestimmte medizinische Aspekte, wenn zwischen Vollmachtgeber und Bevollmächtigten Uneinigkeit besteht sowie gem. § 255 II ABGB bei der Sterilisation und gem. § 257 IV ABGB bei der dauerhaften Verlegung des Wohnorts ins Ausland einer gerichtlichen Kontrolle. Ansonsten kann er ohne Kontrolle frei handeln. Der Vorsorgebevollmächtigte unterliegt insbesondere nicht der gerichtlichen Kontrolle gem. § 259 I, II ABGB.

h) *Dauer der Vertretungsbefugnis*

Grundsätzlich ist die Vorsorgevollmacht auf unbestimmte Zeit wirksam. Sie wird nur in den Fällen des § 246 I Nr. 1–3 ABGB unwirksam. Die Vorsorgevollmacht endet mit dem Tod des Bevollmächtigten oder des Vollmachtgebers (§ 246 I Nr. 1 ABGB). Somit ist die Vorsorgevollmacht nicht postmortal, sodass sie nicht über den Tod des Vollmachtgebers hinaus besteht. Des Weiteren führen

---

125 *Schauer*, iFamZ 2017, 148, 150.

die Aufhebung durch gerichtliche Entscheidung (§ 246 I Nr. 2 ABGB) sowie der Widerruf durch den Vollmachtgeber und der Wegfall des Vorsorgefalls (§ 246 I Nr. 3 ABGB) zur Unwirksamkeit der Vorsorgevollmacht. Der Widerruf und der Wegfall des Widerrufs sind dabei, ebenso wie die Vorsorgevollmacht selbst, in das ÖZVV einzutragen. Die Vertretungsmacht bleibt gem. § 245 IV ABGB bestehen, wenn der Vollmachtgeber seine Handlungsfähigkeit wiedererlangt oder diese nie verloren hat.[126]

2. Die gewählte Erwachsenenvertretung

Durch das 2. Erwachsenenschutz-Gesetz wurde in Österreich ein völlig neuartiges Rechtsinstitut als zweite Säule der Unterstützung von Erwachsenen geschaffen: Die gewählte Erwachsenenvertretung. Diese ist in den §§ 264 ff. ABGB geregelt.

a) Voraussetzungen

Voraussetzung für die gewählte Erwachsenenvertretung ist gem. § 264 ABGB, dass *eine volljährige Person ihre Angelegenheiten aufgrund einer psychischen Krankheit oder einer vergleichbaren Beeinträchtigung ihrer Entscheidungsfähigkeit nicht für sich selbst besorgen kann, dafür keinen Vertreter hat und eine Vorsorgevollmacht nicht mehr errichten kann, aber noch fähig ist, die Bedeutung und Folgen einer Bevollmächtigung in Grundzügen zu verstehen, ihren Willen danach zu bestimmen und sich entsprechend zu verhalten.* Obligatorisch ist eine stark reduzierte Entscheidungsfähigkeit und somit auch eingeschränkte Handlungsfähigkeit bzw. Geschäftsfähigkeit, bei der aber noch der Wille und Wunsch ausgedrückt werden können, dass man einer bestimmten Person Vertrauen schenkt und diese Person bestimmte Angelegenheiten erledigen soll.[127] In diesem Fall kann der Betroffene eine oder mehrere ihm nahestehende Personen als Erwachsenenvertreter zur Besorgung seiner Angelegenheiten auswählen. Als nahestehende Personen kommen dabei nicht nur Angehörige in Betracht, sondern auch Freunde und Nachbarn, zu denen ein Vertrauensverhältnis besteht.[128] Abgeschlossen wird die gewählte Erwachsenenvertretung gem. § 265 I ABGB zwischen dem Betroffenen und dem gewählten Erwachsenenvertreter als eine Vereinbarung i.S.v. § 1002 ABGB, in welcher festgelegt wird, welche

126 *Schauer*, iFamZ 2017, 148, 151.
127 *Schauer*, iFamZ 2017, 148, 152.
128 ErlRV 1461 BlgNR XXV. GP. S. 39.

Aufgabenkreise von der Vertretungsbefugnis erfasst sein sollen. Dabei kann die Vertretungsbefugnis bei der gewählten Erwachsenenvertretung gem. § 265 III ABGB genau wie bei der Vorsorgevollmacht einzelne oder Arten von Angelegenheiten umfassen. Ebenso wie die Vorsorgevollmacht ist die Vereinbarung gem. § 266 I ABGB höchstpersönlich und schriftlich vor einem Notar, einem Rechtsanwalt oder einem Erwachsenenschutzverein zu errichten, wobei diese sich gem. § 267 II ABGB von dem Vorliegen der Voraussetzungen der gewählten Erwachsenenvertretung überzeugen und gem. § 266 II ABGB den Betroffenen sowie den Erwachsenenvertreter belehren müssen.

Des Weiteren ist die Vereinbarung über die gewählte Erwachsenenvertretung gem. § 267 I ABGB in das ÖZVV einzutragen, wobei diese gem. § 245 II ABGB erst mit dieser Eintragung Wirksamkeit erlangt. Der gewählte Erwachsenenvertreter kann, wie auch der Vorsorgebevollmächtigte erst nach Eintragung der Vertretungsmacht und des Vorsorgefalls in das ÖZVV und dem Erhalt der durch das ÖZVV ausgestellten Bescheinigung wirksam für den Betroffenen handeln. Bei der Eintragung des Vorsorgefalls ist, wie bei der Vorsorgevollmacht, gem. § 140h V NO ein ärztliches Zeugnis vorzulegen, welches die stark reduzierte Entscheidungsfähigkeit bescheinigt.[129] Alles in allem stellt die gewählte Erwachsenenvertretung somit eine „Vorsorgevollmacht light" dar, da sie es dem Erwachsenen ermöglicht, auch noch bei verminderter Entscheidungsfähigkeit seine Angelegenheiten an von ihm ausgewählte Personen übertragen zu können.

b) *Inhalt und Umfang*

Die Regelungen zu dem möglichen Inhalt und Umfang der gewählten Erwachsenenvertretung sowie der Auswahl des Vertreters entsprechen gem. § 264 ABGB und § 265 III ABGB den Regelungen zu der Vorsorgevollmacht, sodass auf die Ausführungen dazu verwiesen werden kann.

c) *Besonderheiten*

Gegenüber der Vorsorgevollmacht enthält die gewählte Erwachsenenvertretung allerdings zwei Besonderheiten, welche in § 265 II ABGB statuiert sind. Nach § 265 II 1 ABGB kann vereinbart werden, dass der Erwachsenenvertreter nur im Einvernehmen mit der vertretenen Person Rechtshandlungen vornehmen kann, sog. „Co-Decision". Der Betroffenen kann somit die grundsätzlich umfassende und alleinige Vertretungsbefugnis des Erwachsenenvertreters einschränken,

---

129 ErlRV 1461 BlgNR XXV. GP. S. 40.

indem er bestimmt, dass für die Wirksamkeit von Rechtsgeschäften des Erwachsenenvertreters, welcher dieser für ihn abschließt, seine Einwilligung erforderlich ist.[130] Willigt der Betroffene nicht ein, kann das Rechtsgeschäft vom gewählten Erwachsenenvertreter nicht vorgenommen werden. Ist der gewählte Erwachsenenvertreter der Ansicht, dass dies dem Wohl des Betroffenen widerspricht, muss er als gerichtlicher Erwachsenenvertreter[131] bestellt werden, um das Rechtsgeschäft abschließen zu können.[132] Für eine wirksame Einwilligung ist es nicht Voraussetzung, dass der Vertretene für die betroffene Angelegenheit noch entscheidungsfähig ist, sondern es genügt, wenn er in irgendeiner Weise zu erkennen gibt, dass er mit der Handlung des gewählten Erwachsenenvertreters einverstanden ist.[133] Wie der Nachweis darüber im Rechtsverkehr erbracht werden soll, wird vom Gesetz nicht vorgegeben, sodass der Vertretene und der Erwachsenenvertreter dies selbst entscheiden müssen. So ist es denkbar, dass der Erwachsenenvertreter die Einwilligung des Vertretenen schriftlich nachweist.[134]

Ebenso kann nach § 265 II 2 ABGB vereinbart werden, dass Rechtshandlungen der vertretenen Person nur wirksam werden, wenn der Erwachsenenvertreter sie genehmigt. Die vertretene Person kann somit selbst einen Genehmigungsvorbehalt i.S.v. § 242 II ABGB[135] vereinbaren, was eine Ausnahme von dem Grundsatz darstellt, dass im Vertretungsrecht eine Selbstbeschränkung unzulässig ist.[136]

d) Gerichtliche Kontrolle

Der gewählte Erwachsenenvertreter kann, wie auch der Vorsorgebevollmächtigte, bei Entscheidungen über bestimmte medizinische Aspekte, bei welchen zwischen dem gewähltem Erwachsenenvertreter und Betroffenen Uneinigkeit besteht und bei der Sterilisation gem. §§ 254, 255 ABGB, nur mit der Genehmigung des Gerichts handeln.

Eine Genehmigung muss auch eingeholt werden, wenn gem. § 257 III ABGB der Wohnort des Betroffenen dauerhaft geändert werden soll oder gem. § 258 IV 1 ABGB, wenn Handlungen in Vermögensangelegenheiten getätigt werden sollen, welche nicht zum ordentlichen Wirtschaftsbetrieb gehören.

---

130 ErlRV 1461 BlgNR XXV. GP. S. 39.
131 Siehe ausführlich zum gerichtlichen Erwachsenenvertreter S. 38 ff.
132 ErlRV 1461 BlgNR XXV. GP. S. 39.
133 ErlRV 1461 BlgNR XXV. GP. S. 39.
134 ErlRV 1461 BlgNR XXV. GP. S. 39.
135 Siehe dazu S. 42.
136 ErlRV 1461 BlgNR XXV. GP. S. 39.

Zudem unterliegt er bei seiner Tätigkeit einer eingeschränkten gerichtlichen Kontrolle gem. § 259 ABGB.[137] Er hat gem. § 259 I 1 ABGB einmal im Jahr dem Gericht einen „Lebenssituationsbericht" zu erstatten, in dem er über die Häufigkeit und Gestaltung des Kontakts mit dem Vertretenen berichtet, den aktuellen Wohnort des Vertretenen angibt sowie über das geistige und körperliche Wohlbefinden und die im vergangenen Jahr besorgten und im kommenden Jahr zu besorgenden Angelegenheiten Bericht erstattet. Zudem ist er gem. § 259 II 1 ABGB dem Gericht gegenüber rechnungslegungspflichtig, wenn seine Vertretungsbefugnis die Verwaltung des Vermögens oder des Einkommens der vertretenen Person umfasst.[138] Des Weiteren ist er gem. § 259 III ABGB verpflichtet das nach § 140h V NO erforderliche ärztliche Zeugnis zu verwahren und auf Verlangen dem Gericht vorzulegen.

e) *Dauer der Vertretungsbefugnis*

Grundsätzlich gilt die Vertretungsbefugnis für unbegrenzte Zeit. Allerdings kann sie durch Eintragung des Widerrufs oder der Kündigung in das ÖZVV gem. § 246 I 1 Nr. 4 ABGB zum Erlöschen gebracht werden. Dabei genügt es gem. § 246 I 2 ABGB für den Widerruf des Vertretenen, dass dieser zu erkennen gibt, dass er nicht mehr vertreten werden möchte, wobei es nicht darauf ankommen soll, dass dieser eine Vertretung generell ablehnt, sondern darauf, dass er nicht mehr von dem Vertreter vertreten werden möchte.[139] Zudem erlischt die Vertretungsbefugnis gem. § 246 I 1 Nr. 1 ABGB durch den Tod des Vertretenen oder des Vertreters sowie gem. § 246 I 1 Nr. 2 ABGB durch gerichtliche Entscheidung.

3. *Die gesetzliche Erwachsenenvertretung*

Die dritte Stufe der Unterstützung von Erwachsenen stellt in Österreich die gesetzliche Erwachsenenvertretung dar. Diese ist in den §§ 268 ff. ABGB geregelt und entspricht grundsätzlich der zuvor in den §§ 284b ff. ABGB a.F. geltenden Vertretung durch die nächsten Angehörigen.[140]

---

137 *Schweighofer*, EF-Z 2017, 196, 197.

138 *Barth,* Vom Sachwalterrecht zum Erwachsenenschutz – Was ändert sich durch das 2. Erwachsenenschutz-Gesetz?, 28, 42.

139 *Schauer*, iFamZ 2017, 148, 157.

140 *Fritz*, iFamZ 2016, 293, 294.

a) *Voraussetzungen*

Für die Erteilung der Vertretungsmacht ist keine Vereinbarung zwischen dem betroffenen Erwachsenen und dem Vertreter notwendig, sondern die Voraussetzungen ergeben sich unmittelbar aus dem Gesetz.[141] Nach § 268 I ABGB ist die gesetzliche Erwachsenenvertretung zulässig, wenn eine volljährige Person die in § 269 ABGB aufgeführten Angelegenheiten *aufgrund einer psychischen Krankheit oder vergleichbaren Beeinträchtigung ihrer Entscheidungsfähigkeit nicht ohne die Gefahr eines Nachteils für sich selbst besorgen kann* (§ 268 I Nr. 1 ABGB), *dafür keinen Vertreter hat* (§ 268 I Nr. 2 ABGB), *einen solchen auch nicht mehr wählen kann oder will* (§ 268 I Nr. 2 ABGB) *und der gesetzlichen Erwachsenenvertretung nicht vorab widersprochen hat und dies im Österreichischen Zentralen Vertretungsregister registriert wurde* (§ 268 I Nr. 4 ABGB). In diesem Fall kann der betroffene Erwachsene durch einen oder mehrere nächste Angehörige vertreten werden. Als nächste Angehörige gelten gem. § 268 II ABGB, wie nach alter Rechtslage in § 284c I ABGB a.F., Eltern, Großeltern, volljährige Kinder und Enkelkinder, der Ehegatte oder eingetragene Partner und der Lebensgefährte, wenn dieser mindestens drei Jahre im gemeinsamen Haushalt lebt. Neu geregelt wurde, dass auch Geschwister, Nichten und Neffen als nächste Angehörige gelten sowie dass volljährige Personen, die in einer Erwachsenenvertreter-Verfügung gem. § 244 ABGB vom Betroffenen bezeichnet wurden, mit nächsten Angehörigen gleichgestellt sind.[142] Dabei gibt es keine Hierarchie zwischen den Angehörigen, sodass sie sich gleichrangig gegenüber stehen und niemand den gesetzlichen Vorzug bei der Auswahl als Erwachsenenvertreter erfährt.[143]

Wie auch bei den vorherigen Rechtsinstituten ist gem. § 270 ABGB die Beteiligung eines Notars, eines Rechtsanwalts oder eines Erwachsenenschutzvereins zwingend erforderlich, wobei diese sich gem. § 270 II ABGB von dem Vorliegen der Voraussetzungen der gesetzlichen Erwachsenenvertretung überzeugen und gem. § 270 III ABGB den Betroffenen sowie den Erwachsenenvertreter belehren müssen.

b) *Entstehungszeitpunkt*

Eine weitere gesetzliche Änderung wurde bei dem Entstehungszeitpunkt der gesetzlichen Erwachsenenvertretung vorgenommen. Diese entsteht nicht mehr ex lege mit Vorliegen der Voraussetzungen, sondern gem. § 245 II ABGB erst

---

141 *Ferrari/Guggenberger*, FamRZ 2017, 1468, 1470.
142 ErlRV 1461 BlgNR XXV. GP. S. 41.
143 ErlRV 1461 BlgNR XXV. GP. S. 41.

mir ihrer Registrierung im ÖZVV.[144] Dadurch soll verhindert werden, dass die gesetzliche Erwachsenenvertretung zu einem Pflichtamt wird und ein gewisser Zwang auf die nächsten Angehörigen ausgeübt wird.[145] Die Eintragung der gesetzlichen Erwachsenenvertretung kann gem. § 270 I ABGB nur durch einen Notar, einen Rechtsanwalt oder einen Erwachsenenschutzverein vorgenommen werden. Für die Registrierung im ÖZVV und das Eintragungsverfahren gelten gem. § 270 ABGB sowie § 140h V und VI NO grundsätzlich dieselben Grundsätze wie bei der Vorsorgevollmacht und der gewählten Erwachsenenvertretung. Der nächste Angehörige kann somit erst nach Eintritt des Vorsorgefalls und Nachweis von diesem als gesetzlicher Erwachsenenvertreter eingetragen werden. Der Nachweis über die Vertretungsmacht auf Grund der gesetzlichen Erwachsenenvertretung gelingt, wie bei den vorherigen Rechtsinstituten, durch die erhaltene Bescheinigung über die Eintragung.

Da jeder nächste Angehörige zur Eintragung als gesetzlicher Erwachsenenvertreter in das ÖZVV berechtigt ist und das Gesetz keine Hierarchie zwischen den Angehörigen vorschreibt, ist die Eintragung immer in zeitlicher Reihenfolge vorzunehmen, sodass derjenige, der als erstes den Antrag zur Eintragung stellt als gesetzlicher Erwachsenenvertreter einzutragen ist.[146] Die Familie soll grundsätzlich selbst entscheiden, welcher Angehörige für welchen Aufgabenkreis gesetzlicher Erwachsenenvertreter des Betroffenen sein soll.[147] Bestehen familiäre Konflikte über eine vorgenommene Eintragung oder die Frage, wer gesetzlicher Erwachsenenvertreter sein soll, kann das Pflegschaftsgericht verständigt werden, welches darüber entscheidet, ob der bereits eingetragene Angehörige weiterhin gesetzlicher Erwachsenenvertreter bleiben soll oder ob die Bestellung eines gerichtlichen Erwachsenenvertreters notwendig ist.[148] Es ist zudem, wie sich aus § 268 I ABGB ergibt, möglich, dass mehrere Angehörige als gesetzliche Erwachsenenvertreter eingetragen werden und im Rechtsverkehr für den Betroffenen handeln können. Die Angehörigen können dabei für den selben Kreis an Angelegenheiten als auch für verschiedene einzelne Angelegenheiten eine Vertretungsmacht erhalten. Entstehen bei der Vertretung des Betroffenen durch mehrere gesetzliche Erwachsenenvertreter Streitigkeiten, ist, wie auch

144 *Ferrari/Guggenberger*, FamRZ 2017, 1468, 1470.
145 *Schweighofer*, EF-Z 2017, 196, 197.
146 ErlRV 1461 BlgNR XXV. GP. S. 95.
147 ErlRV 1461 BlgNR XXV. GP. S. 41.
148 ErlRV 1461 BlgNR XXV. GP. S. 95.

bei Streitigkeiten über die Auswahl des Vertreters, das Pflegschaftsgericht zu verständigen.

c) *Umfang der Vertretungsbefugnis*

Ebenso wurde der Umfang der Vertretungsmacht neu geregelt, wobei der Katalog der Rechtshandlungen, die von der Vertretungsmacht umfasst, sind in § 269 I ABGB deutlich erweitert wurde. Besondere Bedeutung erlangt dabei § 269 I Nr. 8 ABGBG, welcher als Auffangtatbestand für den Abschluss von Rechtsgeschäften dient, die nicht in den Nr. 4–6 genannt sind.[149]

d) *Gerichtliche Kontrolle*

Damit ein Missbrauch dieser sehr weit gefassten Vertretungsmacht verhindert werden kann, untersteht auch der gesetzliche Erwachsenenvertreter neuerdings einer eingeschränkten gerichtlichen Kontrolle gem. § 259 ABGB. Dabei gelten die gleichen Grundsätze wie bei der gewählten Erwachsenenvertretung, wobei die nächsten Angehörigen gem. § 135 I AußStrG von der Rechnungslegungspflicht aus § 259 II 1 ABGB befreit sind, es sei denn, das Gericht ordnet diese aus besonderen Gründen an. Für den gesetzlichen Erwachsenenvertreter besteht gem. § 135 III AußStrG die Verpflichtung, Rechnungen und ähnliche Belege über die Verwaltung von nennenswertem Vermögen bis zum Ende der Vermögensverwaltung aufzubewahren und das Gericht über den Erwerb einer unbeweglichen Sache oder die Überschreitung eines Wertes von 15.000 Euro zu informieren.

Der gesetzliche Erwachsenenvertreter kann zudem, wie auch der Vorsorgebevollmächtigte und der gewählte Erwachsenenvertreter, bei Entscheidungen über bestimmte medizinische Aspekte, bei welchen zwischen dem gewähltem Erwachsenenvertreter und Betroffenen Uneinigkeit besteht und bei der Sterilisation gem. §§ 254, 255 ABGB, nur mit der Genehmigung des Gerichts handeln. Eine Genehmigung muss auch eingeholt werden, wenn gem. § 257 III ABGB der Wohnort des Betroffenen dauerhaft geändert wird oder gem. § 258 IV 1 ABGB, wenn Handlungen in Vermögensangelegenheiten getätigt werden, welche nicht zum ordentlichen Wirtschaftsbetrieb gehören.

149 *Schauer*, iFamZ 2017, 148, 153.

e) *Dauer der Vertretungsbefugnis*

Die Vertretungsbefugnis ist gem. § 246 I 1 Nr. 5 a.E. ABGB auf die Dauer von drei Jahren begrenzt, wenn sie nicht vorher erneuert wird. Durch diese Regelung soll eine Überprüfung der Erforderlichkeit der gesetzlichen Erwachsenenvertretung in regelmäßigen Abständen gewährleistet werden.[150] Des Weiteren besteht gem. § 246 I 1 Nr. 5 ABGB die Möglichkeit, die Vertretungsbefugnis mit Eintragung des Widerspruchs des Vertretenen oder des Vertreters in das ÖZVV zum Erlöschen zu bringen. Dabei gelten die gleichen Grundsätze wie bei der gewählten Erwachsenenvertretung. Zudem erlischt die Vertretungsbefugnis gem. § 246 I 1 Nr. 1 ABGB durch den Tod des Vertretenen oder des Vertreters sowie gem. § 246 I 1 Nr. 2 ABGB durch gerichtliche Entscheidung.

4. *Die gerichtliche Erwachsenenvertretung*

Die vierte und letzte Säule im Erwachsenenschutzrecht stellt in Österreich die in den §§ 271 ff. ABGB geregelte gerichtliche Erwachsenenvertretung dar. Diese ist gem. § 271 Nr. 2–4 ABGB subsidiär zu den anderen Rechtsformen des Erwachsenenschutzrechts, sodass ein gerichtlicher Erwachsenenvertreter nur bestellt werden darf, wenn keine andere Vertretungsart in Betracht kommt.

a) *Voraussetzungen beim Betroffenen*

Neben der Einhaltung des Subsidiaritätsgrundsatzes ist es gem. § 271 Nr. 1 ABGB Voraussetzung, dass der volljährige Betroffene aufgrund einer psychischen Krankheit oder einer vergleichbaren Beeinträchtigung seiner Entscheidungsfähigkeit seine Angelegenheiten nicht ohne Gefahr eines Nachteils für sich selbst besorgen kann. Unter einer vergleichbaren Beeinträchtigung ist die „geistige Behinderung“ zu verstehen.[151]

b) *Umfang der Vertretungsbefugnis*

Der mögliche Umfang der gerichtlichen Erwachsenenvertretung ist in § 272 ABGB geregelt. Nach Absatz 1 darf die gerichtliche Erwachsenenvertretung nur einzelne oder bestimmte Arten von gegenwärtig zu besorgenden und bestimmt zu bezeichnenden Angelegenheiten als Aufgabenkreis umfassen. Eine generelle gerichtliche Erwachsenenvertretung in allen Angelegenheiten ist nicht zulässig.

---

150 *Schauer*, iFamZ 2017, 148, 157.

151 *Barth*, Vom Sachwalterrecht zum Erwachsenenschutz – Was ändert sich durch das 2. Erwachsenenschutz-Gesetz?, 28, 33.

Anders war dies noch bei der früheren Sachwalterschaft, bei der 54 % der Sachwalter für alle Angelegenheiten bestellt wurden.[152] Dies ist unter anderem die Folge der UN-BRK, welche die Selbstbestimmung des Betroffenen stärken möchte, welche bei einer gerichtlichen Erwachsenenvertretung für alle Angelegenheiten nicht vorliegen soll.[153] Auch die Bestellung eines gerichtlichen Erwachsenenvertreters für alle zukünftig zu besorgenden Angelegenheiten ist ausgeschlossen, da die Angelegenheiten gegenwärtig zu besorgen und konkret bestimmt sein müssen, sodass die abstrakte Möglichkeit der zukünftigen Unterstützungsbedürftigkeit für eine Bestellung nicht ausreicht.[154] In der Vergangenheit haben sich in Österreich fünf Aufgabenkreise herausgebildet, welche von einer Sachwalterschaft erfasst sein konnten:[155]

1. Verwaltung von Vermögen, Einkommen und Verbindlichkeiten
2. Vertretung gegenüber Gerichten, Behörden und Sozialversicherungsträgern
3. Abschluss von Rechtsgeschäften
4. Vertretung in medizinischen Angelegenheiten
5. Entscheidung über die dauerhafte Wohnortveränderung.

In der Praxis wurden diese fünf Aufgabenkreise meistens als nebeneinander zu besorgende Aufgabenkreise bestimmt, sodass im Grunde eine Bestellung für alle Angelegenheiten vorlag.[156] Auf Grund der nun in § 272 I ABGB verlangten Konkretheit, können diese fünf weitgefassten Aufgabenkreise wohl nicht mehr ohne weitere Konkretisierung zur Bezeichnung des Tätigkeitsbereichs des gesetzlichen Erwachsenenvertreters dienen, sondern die Vertretungstätigkeiten müssen konkreter bezeichnet und können nur im Bedarfsfall zusammen gefasst werden.[157] Rechtsfolge wird es sein, dass es mehr Verfahren geben wird, welche eine Erweiterung des Aufgabenkreises einer bestehenden Betreuung zum Gegenstand haben werden.[158] Auf Grund dessen wurde das Erweiterungsverfahren im Rahmen des 2. Erwachsenenschutz-Gesetzes in § 128 AußStrG deutlich vereinfacht.[159]

---

152 *Schauer*, iFamZ 2017, 148, 154; *R. Müller*, iFamZ 2017, 327, 327.
153 *R. Müller*, iFamZ 2017, 327, 330.
154 ErlRV 1461 BlgNR XXV. GP. S. 43.
155 *R. Müller*, iFamZ 2017, 327, 330.
156 *R. Müller*, iFamZ 2017, 327, 330.
157 *Krammer*, iFamZ 2018, 13, 15.
158 ErlRV 1461 BlgNR XXV. GP. S. 43.
159 ErlRV 1461 BlgNR XXV. GP. S. 43.

c) *Die Auswahl des gerichtlichen Erwachsenenvertreters*

Die Auswahl des gerichtlichen Erwachsenenvertreters richtet sich nach den §§ 273–275 ABGB. Zudem gelten die Ausschlussgründe des § 243 I ABGB. Nach § 273 I ABGB sind für die Auswahl die Bedürfnisse und Wünsche des Betroffenen, die Eignung des Erwachsenenvertreters und die zu besorgenden Angelegenheiten entscheidend. Bei der Auswahl des Erwachsenenvertreters besteht gem. § 274 ABGB ein Stufenaufbau. Liegt schon eine Vertretung des Betroffenen vor, aber wird der betroffene Aufgabenkreis von dieser Vertretung nicht umfasst, soll gem. § 274 I ABGB die Person als gerichtlicher Erwachsenenvertreter bestellt werden, die aus der Vorsorgevollmacht oder der Vereinbarung einer gewählten Erwachsenenvertretung hervorgeht. Zudem ist vorrangig die Person zu bestellen, die in einer Erwachsenenvertreter-Verfügung benannt wurde. In einer solchen kann der Betroffene gem. § 244 I 1 ABGB angeben, welche Person im Falle seiner Unterstützungsbedürftigkeit als Erwachsenenvertreter tätig oder nicht tätig werden soll. Für das Verfassen einer Erwachsenenvertreter-Verfügung gelten die gleichen Grundsätze und Voraussetzungen wie für die gewählte Erwachsenenvertretung.

Liegt keine solche vom Betroffenen ausgewählte Person vor, soll gem. § 274 II ABGB eine dem Betroffenen nahestehende und für die Aufgaben geeignete Person als gerichtlicher Erwachsenenvertreter bestellt werden. Ist auch eine solche Person nicht vorhanden, soll gem. § 274 III ABGB ein Erwachsenenschutzverein als gerichtlicher Betreuer bestellt werden. Dies kommt gem. § 274 V ABGB vor allem in Betracht, wenn nicht unbedingt Rechtskenntnisse, sondern sonstige besondere Anforderungen für die Erwachsenenvertretung erforderlich sind. Sowohl bei § 274 II ABGB, als auch bei § 274 III ABGB ist die Zustimmung des Betroffenen erforderlich.

Auf der letzten Stufe soll dann gem. § 274 IV ABGB ein Notar bzw. Notariatskandidat, ein Rechtsanwalt bzw. Rechtsanwaltsanwärter oder eine andere geeignete Person, welche zustimmt, als gesetzlicher Erwachsenenvertreter bestellt werden. Vor dem 2. Erwachsenenschutz-Gesetz bildeten die Rechtsanwälte die zweitgrößte Gruppe an Sachwaltern.[160] Ein Notar oder ein Rechtsanwalt soll gem. § 274 V ABGB vor allem dann bestellt werden, wenn für die Besorgung der Angelegenheiten vor allem Rechtskenntnisse erforderlich sind. Zudem ist bei deren Bestellung § 275 ABGB zu beachten. Danach können Notare bzw. Notariatskandidaten und Rechtsanwälte bzw. Rechtsanwaltsanwärter nur gegen

160 *Hohenauer-Hlebaina*, iFamZ 2012, 291, 291.

ihren Willen als Erwachsenenvertreter bestellt werden, wenn sie in der Liste von zur Übernahme von Vorsorgevollmachten und gerichtlichen Erwachsenenvertretung besonders geeigneten Notaren oder Rechtsanwälten eingetragen sind. Zudem ist eine Ablehnung als gesetzlicher Erwachsenenvertreter grundsätzlich nicht möglich, wenn die Besorgung der Angelegenheiten vor allem Rechtskenntnisse voraussetzt, weil in diesem Fall davon ausgegangen wird, dass die Übernahme der Angelegenheiten als „officium nobile" (Ehrenpflicht) erfolgt.[161] Eine Ablehnung ist nach § 275 ABGB nur möglich, wenn für die Besorgung der Angelegenheiten nicht vorwiegend Rechtskenntnisse erforderlich sind (§ 275 I Nr. 1 ABGB), der vom Gericht gewünschte Erwachsenenvertreter nachweist, dass ein auf der Liste von zur Übernahme von Vorsorgevollmachten und gerichtlichen Erwachsenenvertretung besonders geeigneten Notaren oder Rechtsanwälten eingetragene Person mit der Übernahme der gesetzlichen Erwachsenenvertretung einverstanden ist (§ 275 I Nr. 2 ABGB) oder besondere Unzumutbarkeitsgründe vorliegen (§ 275 I Nr. 3 ABGB). Die Ablehnungsgründe der Nummern 2 und 3 gelten auch für den Fall, dass vor allem Rechtskenntnisse erforderlich sind.[162]

Bei der Auswahl des gerichtlichen Erwachsenenvertreters ist zudem § 234 II 2 ABGB zu beachten, welcher vorschreibt, dass Einzelpersonen nicht mehr als 15 Erwachsenenvertretungen oder Vorsorgevollmachten übernehmen dürfen. Dabei ist der Umfang der einzelnen Vertretungen irrelevant, sodass auch bei 15 Vertretungen mit sehr geringem Umfang keine weitere Vertretung übernommen werden darf.[163] Ausgenommen von diesem absoluten Ausschlussgrund sind gem. § 234 II 2 ABGB die Erwachsenenschutzvereine und gem. § 234 II 3 ABGB Notare und Rechtsanwälte, die in der Liste zur Übernahme von Vorsorgevollmachten und gerichtlichen Erwachsenenvertretungen besonders geeigneten Rechtsanwälten oder Notaren eingetragen sind.

d) Rechtsfolgen der Bestellung

Bestellt das Gericht den gerichtlichen Erwachsenenvertreter, vertritt dieser den Betroffenen gem. § 240 I 2 ABGB im Rechtsverkehr. Zur Zeit des Sachwalterschaftsrechts hatte dies gem. § 280 ABGB a.F. zur Folge, dass der Betroffene seine Handlungsfähigkeit bzw. Geschäftsfähigkeit für die dem Sachwalter übertragenen Aufgabenkreise ipso iure verlor. Nach dem durch das 2.

---

161 ErlRV 1461 BlgNR XXV. GP. S. 46.
162 ErlRV 1461 BlgNR XXV. GP. S. 46.
163 *Schauer*, iFamZ 2017, 148, 155.

Erwachsenenschutz-Gesetz eingeführten § 242 I ABGB hat die Bestellung eines Erwachsenenvertreters keine Auswirkungen auf die Handlungsfähigkeit und auch keine Auswirkungen auf die Geschäftsfähigkeit, da diese ein Unterfall ersterer ist.[164]

e) *Gerichtliche Kontrolle*

Der gerichtliche Erwachsenenvertreter unterliegt, zum Schutz des Betroffenen, gem. § 259 ABGB den gleichen Kontrollstandards wie der gewählte und der gesetzliche Erwachsenenvertreter.[165] Der gerichtliche Erwachsenenvertreter kann zudem, wie auch der Vorsorgebevollmächtigte und der gewählte bzw. gesetzliche Erwachsenenvertreter, bei Entscheidungen über bestimmte medizinische Aspekte, bei welchen zwischen dem gewähltem Erwachsenenvertreter und Betroffenen Uneinigkeit besteht und bei der Sterilisation gem. §§ 254, 255 ABGB, nur mit der Genehmigung des Gerichts handeln. Eine Genehmigung muss auch eingeholt werden, wenn gem. § 257 III ABGB der Wohnort des Betroffenen dauerhaft geändert werden soll oder gem. § 258 IV 1 ABGB, wenn Handlungen in Vermögensangelegenheiten getätigt werden sollen, welche nicht zum ordentlichen Wirtschaftsbetrieb gehören.

Nach § 242 II 1 ABGB können die Gerichte zudem seit dem 2. Erwachsenenschutz-Gesetz, zur Abwendung einer ernstlichen und erheblichen Gefahr von dem Betroffenen, einen Genehmigungsvorbehalt anordnen, sodass die Wirksamkeit bestimmter rechtsgeschäftlicher Handlungen oder Verfahrenshandlungen der vertretenen Person von der Genehmigung des Erwachsenenvertreters oder sogar des Gerichts abhängig sind. Wurde ein solcher Genehmigungsvorbehalt für bestimmte Bereiche durch das Gericht angeordnet, so sind die Handlungen des Betroffenen in diesen Bereichen zunächst schwebend unwirksam und müssen nachträglich genehmigt werden.[166] Die Anordnung des Genehmigungsvorbehalts muss nicht unmittelbar bei der Bestellung des Erwachsenenvertreters vorliegen, sondern kann auch nachträglich erfolgen.[167]

Der Genehmigungsvorbehalt in Österreich ist an das Rechtsinstitut des Einwilligungsvorbehalts aus § 1903 BGB angelehnt.[168]

---

164 *Parapatitis/Perner*, iFamZ 2017, 160, 162.

165 Es kann vollumfänglich auf die obigen Ausführungen zur Kontrolle des gesetzlichen Erwachsenenvertreters verwiesen werden.

166 ErlRV 1461 BlgNR XXV. GP. S. 21.

167 *Fritz*, iFamZ 2017, 177, 180.

168 ErlRV 1461 BlgNR XXV. GP. S. 21.

f) Dauer der Vertretungsbefugnis

Die gerichtliche Erwachsenenvertretung erlischt gem. § 246 I Nr. 6 ABGB nach drei Jahren, wobei eine Erneuerung der Erwachsenenvertretung möglich ist. Durch diese Bestimmung soll gewährleistet werden, dass die Erforderlichkeit der gerichtlichen Erwachsenenvertretung in regelmäßigen Abständen der Kontrolle durch die Gerichte unterliegt.[169]

Des Weiteren endet die gerichtliche Erwachsenenvertretung, wenn ein Gericht diese aufhebt. Nach § 246 III Nr. 3 ABGB ist sie aufzuheben, wenn die übertragenen Angelegenheiten erledigt oder die Voraussetzungen für die Bestellung des Erwachsenenvertreters nach § 271 ABGB weggefallen sind. Sind nur für gewisse Angelegenheiten die Voraussetzungen weggefallen, so wird nur für diese Angelegenheiten die Erwachsenenvertretung aufgehoben. Sinn und Zweck dieser Regelung ist es, die Vertretung nur solange bestehen zu lassen, wie sie auch wirklich nötig ist, um so das Selbstbestimmungsrecht des Betroffenen zu stärken, indem er wieder selbstständig am Rechtsverkehr teilnehmen kann.[170] Diese Möglichkeit der Aufhebung der Erwachsenenvertretung korrespondiert somit mir der Beendigung der Erwachsenenvertretung ipso iure nach drei Jahren gem. § 246 I Nr. 6 ABGB.

Stirbt der gerichtliche Erwachsenenvertreter, erlischt seine Vertretungsmacht. Die generelle Bestellung des Erwachsenenvertreters endet auf Grund dessen allerdings nicht, sondern die Gerichte haben gem. § 246 III 2 ABGB einen neuen Erwachsenenvertreter zu bestellen.

II. Deutschland

Der Gesetzgeber in Deutschland hat sich bei der Form der Unterstützung für ein zweisäuliges System entschieden. Die erste Säule stellt dabei die als Vorsorgevollmacht ausgestaltete Vollmacht dar. Diese zweite Säule stellt die Betreuung gem. §§ 1896 ff. BGB dar, welche gem. § 1896 II BGB subsidiär zu einer Vollmacht ist.

1. Die Vorsorgevollmacht

Die Vorsorgevollmacht greift am geringsten in die Autonomie des Betroffenen ein, sodass sie, wie in Österreich, das primäre Rechtsinstitut zur Vertretung eines Erwachsenen sein muss.

169 *Schauer*, iFamZ 2017, 148, 157.
170 ErlRV 1461 BlgNR XXV. GP. S. 26.

a) *Die Vorsorgevollmacht nach aktueller Rechtslage*

In Deutschland ist die Vorsorgevollmacht im Gesetz nicht legal definiert.[171] In § 1901c S. 2 BGB wird sie nur beschrieben als Schriftstück, in welchem der Betroffene eine andere Person mit der Wahrnehmung seiner Angelegenheiten bevollmächtigt hat. Wie auch in Österreich, kann ein Erwachsener in der Vollmacht bestimmen, wer ihn, im Falle seiner Unterstützungsbedürftigkeit wirksam vertreten und welche Aufgabenkreise die Vertretung umfassen soll. Eine mögliche Definition der Vorsorgevollmacht wäre: Eine Vorsorgevollmacht ist eine Vollmacht, die zielgerichtet einer bestimmten Person erteilt wird, um für den Fall eigener künftiger Hilflosigkeit bzw. Unterstützungsbedürftigkeit vorzusorgen, sodass die spätere Anordnung einer Betreuung erheblich eingeschränkt ist oder sich erübrigt.[172] Denn gem. § 1896 II BGB ist die Betreuung nicht erforderlich, *soweit die Angelegenheiten des Volljährigen durch einen Bevollmächtigten, der nicht zu den in § 1897 Abs. 3 BGB bezeichneten Personen gehört, oder durch andere Hilfen, bei denen kein gesetzlicher Vertreter bestellt wird, ebenso gut wie durch einen Betreuer besorgt werden können.* Ziel und Zweck einer jeden als Vorsorgevollmacht ausgestalteten Vollmacht ist es daher, die Bestellung eines Betreuers zu vermeiden. Der Name Vorsorgevollmacht ist dabei irreführend, denn die Vorsorge ist nur der Anlass für die Verfassung der Vollmacht, wobei gehofft wird, dass dieser Vorsorgefall niemals eintritt.[173]

Die Vorsorgevollmacht ist nach aktueller Rechtslage kein eigener Vollmachts-Typus, sondern nach dem gewöhnlichen Recht der Vollmacht in den §§ 164 ff. BGB zu behandeln. Es gibt keine spezifischen gesetzlichen Regelungen für Inhalt und Form einer Vorsorgevollmacht, sodass diese im BGB an sich nicht wirklich vorgesehen ist. Die Vorsorgevollmacht ist nur eine einfache Vollmacht, welche auch für den Vorsorgefall gelten soll.

aa) *Die Form*

In Deutschland sind für die Form einer Vorsorgevollmacht die allgemeinen Vorschriften des BGB maßgeblich, sodass diese gem. § 167 II BGB grundsätzlich keiner bestimmten Form bedarf.[174] Nur in Ausnahmefällen, wie z.B. in § 21 GBO

---

171 *Ramser*, Grenzüberschreitende Vorsorgevollmachten in Europa im Licht des Haager Übereinkommens über den internationalen Schutz von Erwachsenen vom 13. Januar 2000, S. 17.

172 *Walter*, Die Vorsorgevollmacht, S. 2.

173 *W. Zimmermann*, BKR 2007, 226. 226.

174 Bienwald/Sonnenfeld/Harm/Bienwald-*W. Bienwald*, § 1896 Rn. 94.

bei Grundstücksgeschäften, in § 1904 V 2 BGB bei der Einwilligung in lebensgefährliche Maßnahmen und in § 1906 V 1 BGB bei der Einwilligung in die Unterbringung ist eine bestimmte Form der Vollmacht gesetzlich vorgeschrieben.

(1) Die mündlich erteilte Vorsorgevollmacht

Grundsätzlich ist es in Deutschland sogar möglich eine Vorsorgevollmacht ausschließlich mündlich zu erteilen.[175] Eine nur mündlich erteilte Vorsorgevollmacht ist jedoch im Rechtsverkehr kaum nachweisbar. Diesen Nachweis wird der Geschäftsgegner aber regelmäßig verlangen, da er sonst nicht sicher sein kann, dass überhaupt eine wirksame Vollmacht vorliegt und der vermeintlich Bevollmächtigte zum Abschluss des Rechtsgeschäfts berechtigt ist. Eine mündlich erteilte Vollmacht führt somit zu großer Rechtsunsicherheit. Diese soll aber durch das Erteilen einer solchen Vorsorgevollmacht verhindert werden. Sinn und Zweck einer Vollmacht für den Fall der Unterstützungsbedürftigkeit soll es sein, dass der betroffene Erwachsene im Zeitpunkt der Erteilung der Vollmacht die Sicherheit besitzt, dass im Falle seiner späteren Unterstützungsbedürftigkeit seine Angelegenheiten seinem Willen und seinen Bedürfnissen gerecht werdend, besorgt werden. Zudem ist es Zweck der Vorsorgevollmacht, dass die Bestellung eines Betreuers verhindert wird. Nach dem Erforderlichkeitsgrundsatz in § 1896 II 1 BGB darf eine Betreuung nicht angeordnet werden, soweit die Angelegenheiten des Betroffenen durch einen Bevollmächtigten ebenso gut wie durch einen Betreuer besorgt werden können. Bei einer mündlichen Vollmacht wird der Bevollmächtigte aber das Rechtsgeschäft, mangels möglichem Nachweises der Existenz der Vollmacht, überhaupt nicht abschließen und somit die Angelegenheiten des unterstützungsbedürftigen Erwachsenen schon gar nicht besorgen können. Somit wäre die Bestellung eines Betreuers notwendig. Eine mündliche Vorsorgevollmacht widerspricht somit klar dem Sinn und Zweck einer solchen. Aus diesem Grund ist von der mündlichen Erteilung einer als Vorsorgevollmacht ausgestalteten Vollmacht abzuraten.

(2) Die schriftlich erteilte Vorsorgevollmacht

Des Weiteren besteht auch die Möglichkeit die Vorsorgevollmacht schriftlich zu erteilen, wozu im Internet verschiedene Muster zur Verfügung stehen, wie z.B. auf der Internetseite des BMJV.[176] Auch ist es möglich die Vorsorgevollmacht

---

175 *M. Winkler,* Vorsorgeverfügungen, S. 37.

176 https://www.bmjv.de/SharedDocs/Downloads/DE/Service/Formulare/Vorsorgevollmacht.pdf?__blob=publicationFile&v=19 (zuletzt aufgerufen am 23.09.2019).

notariell beurkunden zu lassen, wozu jedem Vollmachtgeber zu raten ist.[177]

bb) Die Eintragung im Register

Wie in Österreich, besteht auch in Deutschland ein zentrales Register für die Eintragung einer Vorsorgevollmacht. Dies ist das Zentrale Vorsorgeregister (ZVR). In Deutschland sind knapp 4.395.510 (Stand 03.09.2019) Vorsorgevollmachten im ZVR eingetragen, wobei die Anzahl der Eintragungen kontinuierlich ansteigt.[178] Die Eintragung der Vorsorgevollmacht ist in Deutschland allerdings nicht verpflichtend, sondern nur eine bestehende freiwillige Möglichkeit für den Vollmachtgeber, wie sich aus § 78a BNotO ergibt.[179] Der Notar ist gem. § 20a BeurkG verpflichtet, im Rahmen der Beurkundung auf die Möglichkeit der Eintragung hinzuweisen. Die Eintragung erfolgt dabei entweder durch den Vollmachtgeber selbst oder durch einen von ihm gewählten Vertreter, wie den die Vollmacht beurkundenden Notar, einen Rechtsanwalt, einen Betreuungsverein oder eine Betreuungsbehörde.[180]

Für jedes Betreuungsgericht besteht gem. § 78b I 1 BNotO die Möglichkeit eine Anfrage beim ZVR zu stellen und so überprüfen zu können, ob eine mögliche Betreuerbestellung verhindert werden kann.[181] Auf Grund der elektronischen Führung des ZVRs ist dabei eine schnelle Online-Abfrage möglich.[182] Einsehbar ist für das Gericht vor allem, welche Aufgabenkreise die Vorsorgevollmacht umfasst.[183] Durch diese schnelle und unkomplizierte Abfrage beim ZVR erlangt das Gericht Rechtssicherheit über das mögliche Vorliegen einer Vorsorgevollmacht und die somit vorliegende Erforderlichkeit einer Betreuerbestellung für den konkreten Aufgabenkreis.

177 Zu den Gründen siehe S. 65 ff.

178 https://www.vorsorgeregister.de/fileadmin/user_upload_zvr/Dokumente/Statistiken_ZVR/2019-Statistik-ZVR.pdf (zuletzt aufgerufen am 23.09 2019).

179 *W. Zimmermann*, NJW 2014, 1573, 1575.

180 *Kropp*, FPR 2012, 9, 11; Schippel/Bracker-*Görk*, § 78a BNotO Rn. 16.

181 *W. Zimmermann*, NJW 2014, 1573 1575.

182 *M. Winkler*, Vorsorgeverfügungen, S. 15.

183 *W. Zimmermann*, Vorsorgevollmacht, Betreuungsverfügung, Patientenverfügung, Rn. 219.

cc) Der Wirksamkeitszeitpunkt

Auf Grund der Tatsache, dass die Vorsorgevollmacht aktuell keinen eigenen Vollmachts-Typus darstellt, sind die allgemeinen Regeln in den §§ 164 ff. BGB anwendbar, sodass die Vollmacht grundsätzlich mit ihrer Erstellung Wirksamkeit erlangt. Bei einer notariellen Beurkundung erhält der Bevollmächtigte regelmäßig sofort nach der Beurkundung eine Ausfertigung der Vorsorgevollmacht und kann sogleich gem. § 164 BGB für den Vollmachtgeber handeln.[184] Der Vollmachtgeber möchte aber oftmals, dass die als Vorsorgevollmacht ausgestaltete Vollmacht, ihrem Sinn entsprechend, erst zum Zeitpunkt seiner Unterstützungsbedürftigkeit verwendet wird und verwendet werden kann. Durch die sofortige Wirksamkeit entsteht ein hohes Missbrauchsrisiko, welches vor allem vorliegt, wenn einer Person außerhalb der Familie eine Vorsorgevollmacht erteilt wird.[185] Auf Grund dessen ist zu untersuchen, ob ein Anknüpfen der Wirksamkeit der Vorsorgevollmacht an die Unterstützungsbedürftigkeit des Bevollmächtigten bei der aktuellen Behandlung als allgemeine Vollmacht zu erreichen ist.

(1) Aufschiebend bedingte Vollmacht

Bei der aktuellen Rechtslage im BGB wäre es überlegenswert, die Wirksamkeit der Vorsorgevollmacht für den Zeitpunkt der Unterstützungsbedürftigkeit zu bestimmen, indem die Vollmacht gem. § 158 I BGB aufschiebend bedingt wird. Bei der Erteilung einer Vollmacht handelt es sich um ein einseitiges Rechtsgeschäft, welche grundsätzlich bedingungsfeindlich sind.[186] Eine Ausnahme von diesem Grundsatz gilt allerdings bei Vollmachten, welche auch bedingt erteilt werden können.[187] Durch die Erteilung der Vollmacht unter einer aufschiebenden Bedingung wäre gewährleistet, dass die Vollmacht erst zum Zeitpunkt der Unterstützungsbedürftigkeit wirksam wird und der Bevollmächtigte erst ab diesem Zeitpunkt den Vollmachtgeber vertreten kann. In diesem Fall würde tatsächlich eine reine Vorsorgevollmacht vorliegen. Eine aufschiebende Bedingung scheint somit die Ideallösung zur Verhinderung von Missbräuchen zu sein. Jedoch führt sie in der Praxis zu erheblichen Problemen.

---

184 *G. Müller*, DNotZ 1997, 100, 103.

185 *W. Zimmermann*, Vorsorgevollmacht, Betreuungsverfügung, Patientenverfügung, Rn. 58.

186 *Leipold*, BGB I: Einführung und Allgemeiner Teil, § 29 Rn. 14.

187 MüKo-*Schubert*, § 167 BGB Rn. 6.

(a) Gegenstand der Bedingung

Bei einer aufschiebenden Bedingung gem. § 158 I BGB hängt die Wirksamkeit des Rechtsgeschäfts von einem ungewissen, zukünftigen Ereignis ab.[188] Fraglich ist bei einer als Vorsorgevollmacht ausgestalteten Vollmacht aber schon, was dieses Ereignis darstellt. Vorgeschlagen werden die Geschäftsunfähigkeit, die Handlungsunfähigkeit und die Betreuungsbedürftigkeit des Vollmachtgebers bzw. der Eintritt des Vorsorgefalls.[189]

(aa) Anknüpfung an die Geschäftsunfähigkeit

Die erste Möglichkeit wäre, die Wirksamkeit der Vollmacht von dem Eintritt der Geschäftsunfähigkeit abhängig zu machen. Ab dem Eintritt der Geschäftsunfähigkeit wäre die Vorsorgevollmacht wirksam und der Bevollmächtigte könnte den Vollmachtgeber im Rechtsverkehr vertreten. Die Geschäftsunfähigkeit ist im BGB in § 104 Nr. 2 BGB ausdrücklich geregelt, sodass die Kriterien für diese feststehen. Allerdings ist der Tatbestand von § 104 Nr. 2 BGB, gerade in dem Merkmal des „Ausschlusses der freien Willensbestimmung", sehr weit und unklar gefasst, sodass verschiedene Gutachter oder Ärzte zu unterschiedlichen Ergebnissen bzgl. der Geschäftsunfähigkeit gelangen könnten.[190] Dies geht zum Einem zu Lasten des betroffenen Erwachsenen, da nicht klar ist, ob er vertreten werden kann oder ein Betreuer bestellt werden muss und zum Anderen zu Lasten des Bevollmächtigten, da für diesen die Gefahr besteht, dass er ohne Vertretungsmacht handelt und gem. § 179 BGB in Anspruch genommen werden kann. Des Weiteren erscheint fraglich, wer die Geschäftsunfähigkeit feststellen soll. Die Feststellung durch einen Hausarzt wird nicht die Glaubwürdigkeit erhalten, wie die Feststellung durch einen Facharzt für Psychiatrie.[191] Zudem handelt es sich bei dem Merkmal der Geschäftsunfähigkeit nicht um einen rein medizinischen Zustand, sondern es ist eine juristische Einordnung erforderlich.[192] Es ist festzustellen, ob der Betroffene in seinem Zustand noch die Fähigkeit besitzt, Rechtsgeschäfte wirksam vorzunehmen. Diese Feststellung kann aber grundsätzlich nur ein Richter bzw. ein Sachverständiger treffen. Das OLG Köln entschied, dass

188 *Brox/Walker,* Allgemeiner Teil des BGB, § 21 Rn. 10.

189 *W. Zimmermann,* Vorsorgevollmacht, Betreuungsverfügung, Patientenverfügung, Rn. 59.

190 *G. Müller,* DNotZ 1997, 100, 106.

191 *Walter,* Die Vorsorgevollmacht, S. 74.

192 *Tschersich,* Die Definition des vermögensrechtlichen Missbrauchs von General- und Vorsorgevollmachten, S. 34.

im Falle einer Grundbucheintragung die Vorlage eines ärztlichen Attests nicht ausreiche und die Feststellung eines Sachverständigen erforderlich sei.[193] Auch wenn diese Entscheidung den besonderen Fall der Grundbucheintragung betraf, wird die Rechtsprechung auch in sonstigen Fällen strenge Voraussetzungen an die Wirksamkeit der Vollmacht stellen und ein Sachverständigengutachten verlangen, sodass die Feststellung der Geschäftsunfähigkeit einige Zeit und einigen Aufwand erfordert, was nicht im Sinne des Vollmachtgebers sein wird.[194] Eine weitere Problematik stellt die sog. „partielle Geschäftsfähigkeit" dar. Bei dieser betrifft die Geschäftsunfähigkeit nur bestimmte Geschäftskreise und ist auf diese beschränkt.[195] Wird beim Vollmachtgeber eine partielle Geschäftsunfähigkeit festgestellt, erscheint problematisch, ob die Bedingung für die Vollmacht (die Geschäftsunfähigkeit) schon eingetreten ist und die Vorsorgevollmacht somit insgesamt wirksam ist. Nimmt man eine Teilwirksamkeit der Vorsorgevollmacht an, kann es zudem zu Zweifeln kommen, ob ein mögliches Vertretergeschäft vom Umfang der Vorsorgevollmacht erfasst ist oder ob der Vollmachtgeber dieses noch selbst vornehmen kann, weil die Geschäftsunfähigkeit dieses nicht betrifft.[196] Auch eine Feststellung dazu würde einigen zeitlichen Aufwand erfordern, was wiederrum nicht im Sinne des Vollmachtgebers sein wird. Eine weitere Problematik könnte sich aus den Voraussetzungen für die Betreuerbestellung gem. § 1896 I 1 BGB ergeben. Danach wird für einen Erwachsenen ein Betreuer bestellt, wenn dieser auf Grund einer psychischen Krankheit oder einer körperlichen, geistigen oder seelischen Behinderung seine Angelegenheiten ganz oder teilweise nicht besorgen kann. Die Voraussetzungen der Betreuung sind somit nicht identisch mit der Geschäftsunfähigkeit und nicht vom Vorliegen dieser abhängig. Dies könnte dazu führen, dass für einen unterstützungsbedürftigen Erwachsenen, bei dem die Voraussetzungen des § 1896 I 1 BGB gegeben sind, trotz der Erteilung einer Vorsorgevollmacht ein Betreuer bestellt werden muss, bis er geschäftsunfähig wird und die Bedingung für das Wirksamwerden der Vorsorgevollmacht zweifelsfrei eingetreten ist.[197] Somit könnte die Vorsorgevollmacht ihren Zweck, die Verhinderung der Betreuung, nicht voll erfüllen.

193 OLG Köln, FGPrax 2007, 102, 103.

194 *Tschersich,* Die Definition des vermögensrechtlichen Missbrauchs von General- und Vorsorgevollmachten, S. 34.

195 *Medicus/Petersen,* Allgemeiner Teil des BGB, Rn. 542.

196 *G. Müller,* DNotZ 1997, 100, 106.

197 *G. Müller,* DNotZ 1997, 100, 107

Allerdings wurde durch das zweite Betreuungsänderungsgesetz der Absatz 1a für den § 1896 BGB eingeführt, welcher besagt, dass gegen den freien Willen des unterstützungsbedürftigen Erwachsenen kein Betreuer bestellt werden darf. Sinn und Zweck des Absatzes 1a war es, Voraussetzungen für die Betreuung zu schaffen, welche sich an der Definition der Geschäftsunfähigkeit in § 104 Nr. 2 BGB orientieren, sodass der Begriff der freien Willensbestimmung im Sinne von § 104 Nr. 2 BGB und von § 1896 Ia BGB im Kern deckungsgleich sein soll.[198] Mit dem freien Willen muss dabei der von der Krankheit unbeeinflusste Wille gemeint sein.[199] Die entscheidenden Kriterien für die freie Willensbestimmung sind nach BGH die Einsichtsfähigkeit des Erwachsenen und dessen Fähigkeit, nach dieser Einsicht zu handeln.[200] Einsichtsfähigkeit meint, dass der Erwachsene die im Grundsatz für und gegen die Betreuerbestellung sprechenden Gesichtspunkte erkennt und diese gegeneinander abwägen kann.[201] Entscheidend ist, dass der Betroffene den Grund, die Tragweite und die Bedeutung einer Betreuung intellektuell erfassen kann und versteht, dass ein gesetzlicher Vertreter bestellt werden soll, welcher eigenständige Entscheidungen in dem ihm übertragenen Aufgabenkreis treffen kann.[202] Der Begriff der Einsichtsfähigkeit in Deutschland ist somit mit dem Begriff der Entscheidungsfähigkeit in Österreich vergleichbar, welcher gem. § 24 II ABGB ebenfalls voraussetzt, dass der Erwachsene die nötige Einsicht besitzt, die Gesichtspunkte der konkreten Entscheidung zu verstehen und daraufhin einen eigenen Willen zu bilden und sich nach diesem Willen zu verhalten.[203] Allerdings sind die Voraussetzungen für die Betreuerbestellung nicht identisch mit der Geschäftsunfähigkeit. Bei der Geschäftsunfähigkeit muss immer noch zusätzlich geprüft werden, ob der Erwachsene trotz seiner gesundheitlichen Defizite eine wirksame Willenserklärung abgeben oder annehmen kann, um am Rechtsverkehr teilnehmen zu können.[204] Zudem hat die Bestellung eines Betreuers keine Auswirkungen auf die Geschäftsfähigkeit des unterstützungsbedürftigen Erwachsenen.[205] Es wären ein Zirkelschluss, wenn die Geschäftsunfähigkeit Voraussetzung für die Betreuung

198 Jurgeleit-*Jurgeleit*, § 1896 BGB Rn. 132.
199 Damrau/Zimmermann-*Damrau/W. Zimmermann*, § 1896 BGB Rn. 43.
200 BGH, NJW-RR 2016, 643, 643.
201 BGH, NJW-RR 2016, 643, 643.
202 Staudinger-*W. Bienwald*, § 1896 BGB Rn. 37.
203 *Parapatitis/Perner*, iFamZ 2017, 160, 161.
204 *Leenen/Häublein*, BGB Allgemeiner Teil: Rechtsgeschäftslehre, Kap. 1 Rn. 12; *Wedemann*, Jura 2010, 587, 587.
205 *G. Müller*, Betreuung und Geschäftsfähigkeit, S. 49 f.

wäre, diese die Geschäftsfähigkeit aber wiederrum nicht beeinflusst. Somit ist die Geschäftsunfähigkeit keine Voraussetzung für die Betreuerbestellung.[206] Alles in allem stellt sich das Anknüpfen der Bedingung an die Geschäftsunfähigkeit bei einer Vollmacht somit als nicht geeignet dar, den Wirksamkeitszeitpunkt auf einen späteren Zeitpunkt als die notarielle Beurkundung zu verschieben.

(bb) Anknüpfung an die Handlungsunfähigkeit

Das Anknüpfen an die Handlungsunfähigkeit stellt sich ebenfalls als ungeeignet dar, weil dieser Begriff im BGB keine Erwähnung findet und schon nicht eindeutig klar ist, was damit gemeint ist.[207]

(cc) Anknüpfung an Eintritt der Betreuungsbedürftigkeit

Allerdings könnte die Bedingung an den Eintritt der Betreuungsbedürftigkeit angeknüpft werden. Diese ist in den §§ 1896 I 1, 1896 Ia BGB ausdrücklich geregelt. Es würde so ein einheitliches System zwischen der Vorsorgevollmacht und der Betreuung bestehen. Somit käme die Anknüpfung an diese Ereignisse grundsätzlich für die aufschiebende Bedingung einer Vollmacht in Betracht.

(b) Die Beweisbarkeit des Bedingungseintritts

Diese Möglichkeit der Erteilung einer Vollmacht unter einer aufschiebenden Bedingung führt allerdings zu einer weiteren Problematik: Die Beweisbarkeit im Rechtsverkehr. Der Bevollmächtigte erhält nach der notariellen Beurkundung eine Ausfertigung der Vollmacht, unabhängig davon, ob diese aufschiebend bedingt ist oder nicht. Nimmt er nun ein Rechtsgeschäft vor, stellt sich die Problematik, wie dem Geschäftspartner bewiesen werden soll, dass die Bedingung eingetreten ist. Es könnte verlangt werden, dass der Geschäftspartner den Vollmachtgeber aufsucht, um sich selbst vom Bedingungseintritt zu überzeugen oder, dass der Bedingungseintritt durch ein Sachverständigengutachten nachgewiesen wird.[208] Diese Möglichkeit ist allerdings abwegig und in der Praxis kaum umsetzbar. Von einem Geschäftspartner kann schon nicht verlangt werden, dass dieser den Aufwand betreiben muss, sich selbst vom Bedingungseintritt zu überzeugen. Zudem wird es sich bei diesem im Zweifel um einen juristischen und medizinischen Laien handeln, sodass dieser nicht einschätzen kann, ob die

206 Grüneberg-*Götz*, § 1896 BGB Rn. 13.

207 *W. Zimmermann*, Vorsorgevollmacht, Betreuungsverfügung, Patientenverfügung, Rn. 61.

208 *W. Zimmermann*, BKR 2007, 226, 227.

Bedingung eingetreten ist. Die erste Variante würde somit dazu führen, dass der Geschäftspartner das Geschäft nicht abschließen wird und die Angelegenheiten des Vollmachtgebers nicht besorgt werden können. Gegen die zweite Variante spricht, dass der Geschäftspartner im Zweifel nicht abschätzen kann, ob das Sachverständigengutachten ordnungsgemäß ist und ob sich aus diesem tatsächlich ergibt, dass der Bedingungseintritt erfolgt ist. Das Risiko, dass es sich bei dem Gutachten um eine Fälschung handelt, würde alleine der Geschäftspartner tragen, sodass dieser im Zweifel vom Abschluss des Geschäfts Abstand nehmen wird.[209] Zudem erscheint auch bei der Feststellung des Eintritts des Vorsorgefalls fraglich, von welchem Arzt diese Feststellung getroffen werden soll und ob ein Arzt den Eintritt des Vorsorgefalls überhaupt alleine feststellen kann.

Ein Nachweis des Bedingungseintritts ist somit so gut wie nicht möglich und eine Vollmacht unter einer aufschiebenden Bedingung in der Praxis kaum verwendbar.[210] Zudem kann der Nachweis des Bedingungseintritts meistens nicht in der Form des § 12 HGB oder § 29 GBO geführt werden, sodass der Vertreter solche Angelegenheiten nicht erledigen kann.[211] Auf Grund der Nachweisschwierigkeiten ist der Ausschluss der Betreuung durch die Vorsorgevollmacht gem. § 1896 I 2 BGB nicht gegeben, da der bedingt Bevollmächtigte nicht ebenso gut zur Besorgung der Angelegenheiten geeignet ist wie ein Betreuer, sodass der Sinn und Zweck einer Vorsorgevollmacht nicht erreicht wird und ein Betreuer bestellt werden muss.[212]

(c) Zwischenergebnis

Somit führt die Möglichkeit der Erteilung einer Vollmacht unter einer aufschiebenden Bedingung zu Rechtsunsicherheiten im Rechtsverkehr und widerspricht dem Sinn und Zweck einer als Vorsorgevollmacht ausgestalteten Vollmacht und der Beurkundung, welche diese Rechtssicherheit schaffen soll. Die Möglichkeit der Erteilung der Vollmacht unter einer aufschiebenden Bedingung ist nicht geeignet, den Wirksamkeitszeitpunkt der Vollmacht an einen späteren Zeitpunkt als den der notariellen Beurkundung zu verlagern.

---

209 *Milzer*, NJW 2003, 1836, 1836 Fn. 5.

210 WürzNotarHdB-*G. Müller*, Teil 3 Kap. 3 Rn. 50.

211 OLG Köln, ZEV 2007, 592, 593 ff.; BeckNotarHdb-*Reetz*, F Rn. 172.

212 So auch: KG, FamRZ 2010, 835, 836; WürzNotarHdB-*G. Müller*, Teil 3 Kap. 3 Rn. 54.

(2) Weisung zur Aushändigung an den Notar

Als weitere Möglichkeit wird vorgeschlagen, dass nach der notariellen Beurkundung die Vollmachtsurkunde weder an den Vollmachtgeber, noch an den Bevollmächtigten ausgehändigt wird, sondern beim Notar verbleibt und dieser angewiesen wird, die Vollmachtsurkunde nur an den Bevollmächtigten herauszugeben, wenn dieser eine ärztliche Bescheinigung über den Bedingungseintritt vorweist, sodass die Vorsorgevollmacht erst dann wirksam wird.[213] Der Vorteil an dieser Variante wäre, dass keine Rechtsunsicherheit bestünde, da die Vollmacht selbst keine Bedingung enthält und der Geschäftspartner so von der Wirksamkeit der Vorsorgevollmacht ausgehen könnte.[214]

Diese Möglichkeit stellt sich dennoch ebenfalls als ungeeignet dar. Die Unterstützungsbedürftigkeit tritt in vielen Fällen erst nach Jahren ein. In dieser Zeit kann es allerdings dazu kommen, dass der Notar im Ruhestand oder umgezogen ist. Auch wenn der Rechtsnachfolger eines Notars problemlos festgestellt werden kann, kann es dennoch zu Schwierigkeiten kommen, die Vollmachtsurkunde zu erhalten.[215] In diesem Fall müsste (zumindest vorübergehend) ein Betreuer bestellt werden, bis der Bevollmächtigte die Vollmachtsurkunde erhält. Zudem können bei der Prüfung der Aushändigungsvoraussetzungen Schwierigkeiten für den Notar auftreten, z.B. wenn sich der Eintritt der Voraussetzungen aus den ärztlichen Gutachten nicht klar ergibt.[216] Die Nachweisschwierigkeiten bezüglich des Eintritts des Vorsorgefalls werden in diesem Fall nur auf den Notar verlagert.[217] Diesem ist allerdings nicht zuzumuten, zu überprüfen, ob die Bedingung tatsächlich eingetreten ist. Des Weiteren führt diese Konstellation zu rechtlichen Problemen, wenn der Vollmachtgeber die Weisung zur Aushändigung widerruft und zu Problemen der Haftung des Notares, wenn dieser die Vollmachtsurkunde dem Bevollmächtigten auf Weisung zu früh aushändigt.[218] Somit führt auch diese Konstellation zur Rechtsunsicherheit.

---

213 *Bühler*, BWNotZ 1990, 1, 3 f.

214 *G. Müller*, DNotZ 1997, 100, 110.

215 MüKo-*Schwab*, § 1896 BGB Rn. 57.

216 WürzNotarHdB-*G. Müller*, Teil 3 Kap. 3 Rn. 58.

217 BeckNotarHdb-*Reetz*, F Rn. 174.

218 *W. Zimmermann*, Vorsorgevollmacht, Betreuungsverfügung, Patientenverfügung, Rn. 65.

(3) *Interne Weisung an den Bevollmächtigten*

Als weitere Möglichkeit kommt die unbedingte Vollmachtserteilung mit einer internen Weisung in Betracht. Dabei wird der Bevollmächtigte durch interne Weisung angewiesen, erst bei Eintritt der Unterstützungsbedürftigkeit von der Vollmacht Gebrauch zu machen. Der Vorteil dieser Konstruktion ist, dass der Bevollmächtigte bei Eintritt der Unterstützungsbedürftigkeit schnell und ohne Komplikationen für den Betroffenen handeln kann.[219] Allerdings stellt die interne Weisung keine Beschränkung im Außenverhältnis dar. Der Bevollmächtigte kann auch schon vorher für den Vollmachtgeber handeln und diesen durch Geschäftsabschlüsse gegenüber Dritten verpflichten, sodass kein Schutz vor einem Missbrauch besteht.

(4) *Zwischenergebnis*

Bei der aktuellen Behandlung der Vorsorgevollmacht als normale Vollmacht i.S.v. § 164 BGB ist es somit nicht ausreichend möglich, die Wirksamkeit der Vollmacht vom Eintritt der Unterstützungsbedürftigkeit abhängig zu machen. Somit existiert in Deutschland keine echte Vorsorgevollmacht.

dd) Der Umfang der Vertretungsmacht

Bei der Gestaltung des Umfangs der Vorsorgevollmacht ist der Vollmachtgeber grundsätzlich frei. Er kann eine Einzel-, Spezial-, oder Generalvollmacht erteilen.[220] Fraglich ist, ob eine Generalvollmacht, wie in Österreich, unzulässig sein sollte. Dem ist zuzustimmen, wenn die Vollmacht Formulierungen wie z.B. „die Erteilung der Vollmacht für alle persönlichen Angelegenheiten" enthält. In diesem Fall ist weder für den Vollmachtgeber, den Bevollmächtigten, noch für die Gerichte erkennbar, welche Aufgabenkreise speziell von der Vorsorgevollmacht umfasst sind. Es muss immer sichergestellt werden, dass das vom Vollmachtgeber in der Vergangenheit Erklärte das tatsächlich Gewollte darstellt.[221] Bei einer solch allgemeinen Formulierung wird dem Vollmachtgeber aber schon gar nicht klar sein, was er damit erklärt.

Eine generelle Ablehnung der Gestaltung einer Vorsorgevollmacht als Generalvollmacht ist allerdings nicht vorzunehmen, da gerade diese Ablehnung dem Schutz des Vollmachtgebers widersprechen würde. Sinn und Zweck einer als

---

219 *Keilbach*, FamRZ 2003, 969, 681.
220 Bienwald/Sonnenfeld/Harm/Bienwald-*W. Bienwald*, § 1896 Rn. 103.
221 *Seibl*, NJW 2016, 3277, 3278.

Vorsorgevollmacht ausgestalteten Vollmacht ist es, dass der Vollmachtgeber selbst bestimmen kann, wer ihn im Fall seiner Unterstützungsbedürftigkeit im Rechtsverkehr vertreten soll, um so die Bestellung eines Betreuers zu verhindern. Dies kann vor allem erreicht werden, wenn die Vollmacht alle denkbaren Aufgabenkreise abdeckt, welches gerade durch die Generalvollmacht erreicht wird. Wird der Inhalt der Vollmacht begrenzt, kann der Fall eintreten, dass ein bestimmter Aufgabenkreis, für welchen der Vollmachtgeber unterstützungsbedürftig wird, nicht von der Vollmacht umfasst ist. Folge ist, dass für diesen Aufgabenkreis gem. § 1896 II BGB ein Betreuer bestellt werden muss, was zu einem Nebeneinander von Bevollmächtigtem und Betreuer führen würde, wodurch es zu Kompetenzschwierigkeiten zwischen beiden kommen könnte und so Rechtsunsicherheit entstehen würde.[222] Somit würde ein generelles Ablehnen der Möglichkeit einer Generalvollmacht zum Nachteil des Vollmachtgebers führen.

Allerdings muss der Inhalt einer Vorsorgevollmacht immer genau bestimmt sein. Es muss sich aus der Vollmacht klar ergeben, welche Aufgabenkreise von der Vertretungsmacht umfasst sind, da dies ansonsten zu problematischen Kompetenzfragen führen kann, welche sich vor allem bei Aspekten der Gesundheitsfürsorge stellen.[223]

Ansonsten kann der Vollmachtgeber frei entscheiden, welche Angelegenheiten und Aufgabenkreise von der Vorsorgevollmacht erfasst sein sollen. Anzuraten ist allerdings, dass die als Vorsorgevollmacht ausgestaltete Vollmacht die Aufgabenkreise umfasst, für welche eine Betreuung angeordnet werden könnte, sodass die Vollmacht auf jeden Fall für den vermögensrechtlichen und gesundheitlichen Bereich sowie den Bereich der Aufenthaltsbestimmung erteilt werden sollte.[224]

Von der Vertretungsmacht können allerdings richtigerweise sowohl in Deutschland, als auch in Österreich nie höchstpersönliche Rechtsgeschäfte umfasst sein.[225]

---

222 *Tschersich,* Die Definition des vermögensrechtlichen Missbrauchs von General- und Vorsorgevollmachten, S. 46.

223 Siehe dazu z.B. BGH, NJW 2016, 3297.

224 So auch: *Brauer,* Autonomie und Familie, S. 56.

225 *Barth,* Vom Sachwalterrecht zum Erwachsenenschutz – Was ändert sich durch das 2. Erwachsenenschutz-Gesetz?, 28, 43; *Grziwotz,* FamRB 2012, 352, 355.

ee) *Die Person des Bevollmächtigten*

Bei der Auswahl des Bevollmächtigten ist der Vollmachtgeber grundsätzlich frei. Er kann die Vollmacht einer natürlichen sowie einer juristischen Person in Form eines Betreuungsvereins erteilen.[226] Allerdings ist § 1896 II 2 BGB zu beachten, welcher auf § 1897 III BGB verweist. Diese Paragraphen stellen das Pendant zu der österreichischen Regelung in § 243 I Nr. 3 ABGB dar. Nach §§ 1896 II 2, 1897 III BGB darf einer Person, welche *zu einer Anstalt, einem Heim oder einer sonstigen Einrichtung, in welcher der Volljährige untergebracht ist oder wohnt, in einem Abhängigkeitsverhältnis oder in einer anderen engen Beziehung steht*, keine Vollmacht erteilt werden.[227] Fraglich ist, wie es sich auf die Wirksamkeit der Vorsorgevollmacht auswirkt, wenn der Vollmachtgeber eine solche vom Gesetz ausgeschlossene Person bevollmächtigt. In Österreich führt ein solcher Verstoß gegen § 243 I ABGB zur Unwirksamkeit der Vorsorgevollmacht.[228] Für die Unwirksamkeit der Vorsorgevollmacht als Rechtsfolge in Deutschland müsste es sich bei den §§ 1896 II 2, 1897 III BGB um ein gesetzliches Verbot i.S.v. § 134 BGB handeln. Nach der überwiegenden Ansicht in der Literatur sei dies abzulehnen und die als Vorsorgevollmacht ausgestaltete Vollmacht in diesem Fall wirksam.[229] Dabei wird vor allem auf den Wortlaut abgestellt, nach welchem ein gesetzliches Verbot nicht klar genug formuliert sei.[230] § 1897 III BGB stelle durch die Formulierung „darf nicht bestellt werden" ein klares Verbot an die Gerichte dar, eine in § 1897 III BGB bezeichnete Person als Betreuer zu bestellen. § 1896 II 2 BGB hingegen stelle nur auf die Erforderlichkeit der Betreuung ab und ordne an, dass eine Betreuung nicht erforderlich sei, wenn eine Vollmacht vorliege, welche keine in § 1897 III BGB bezeichnete Person bevollmächtige. Im Umkehrschluss bedeute dies, dass, wenn eine Vorsorgevollmacht zugunsten einer solchen Person vorliegt, eine Betreuung erforderlich sein könnte. Dies müsse allerdings von den Gerichten im Einzelfall geprüft werden. §§ 1896 II 2, 1897 III BGB solle den Gerichten somit in einem solchen Fall nur die Gelegenheit bieten,

---

226 *W. Zimmermann*, Vorsorgevollmacht, Betreuungsverfügung, Patientenverfügung, Rn. 137.

227 Ausführungen zu den Rechtsfolgen eines Verstoßes gegen diese Vorschriften erfolgen später.

228 *Ferrari*, iFamZ 2018, 287, 291.

229 *Grziwotz*, FamRB 2012, 352, 356; *Locher*, FamRB 2004, 30, 34; *Walter*, FamRZ 1999, 685, 688; Grüneberg-*Götz*, Einf. v. § 1896 BGB Rn. 5; Bamberger/Roth-*G. Müller*, § 1897 BGB Rn. 13.

230 *G. Müller/Renner*, Betreuungsrecht und Vorsorgeverfügungen in der Praxis, Rn. 266.

die Erforderlichkeit der Bestellung eines Betreuers einzelfallabhängig und unabhängig von Regelvorgaben des Gesetzes zu überprüfen.[231] Der gesetzlich statuierte Subsidiaritätsgrundsatz der Betreuung gegenüber der Vorsorgevollmacht solle in diesem Fall nicht gelten, wenn keine besonderen Umstände, wie z.B. ein Vertrauensverhältnis bestünden.[232] Auf Grund der möglichen Interessenkollision wird in den meisten Fällen ein Betreuer oder zumindest Kontrollbetreuer gem. § 1896 III BGB bestellt werden müssen.[233]

Gegen diese Ansicht muss jedoch eingewendet werden, dass bei einem Betreuungsverfahren das Gericht immer einzelfallabhängig entscheidet. Eine solche ausdrückliche Regelung für diesen speziellen Fall wäre somit nicht erforderlich gewesen. Auch erscheint es widersprüchlich, die Wirksamkeit einer solchen Vorsorgevollmacht anzuerkennen, wenn in den meisten Fällen eine Betreuung angeordnet werden wird, bei welcher der Betreuer die Vollmacht widerrufen kann und sehr wahrscheinlich auch wird. Das gleichzeitige Bestehen einer Vollmacht und einer Betreuung sollte des Weiteren möglichst verhindert werden, da dies Schwierigkeiten bei der Abgrenzung der Aufgabenkreise zur Folge haben kann, welche wiederrum die gewollte Vertretung des Betroffenen erschweren.

Zudem muss beachtet werden, dass bei der oben dargestellten Ansicht die Möglichkeit besteht, dass die in § 1897 III BGB benannten Personen das Verbot aus § 1897 III BGB umgehen können, indem sie sich eine Vorsorgevollmacht erteilen lassen und so dennoch den Betroffenen vertreten können. Die Erteilung einer Vorsorgevollmacht ist dabei sogar noch attraktiver gegenüber der Bestellung als Betreuer, da keine Beteiligung des Gerichts erforderlich ist und der Umfang der Vorsorgevollmacht grundsätzlich frei gewählt werden kann. Es kann nicht im Sinne des Gesetzgebers sein, dass der Betroffene bei der weitreichenderen Vertretungsform in Gestalt der als Vorsorgevollmacht ausgestalteten Vollmacht weniger geschützt ist als bei der Betreuung. Deswegen wird angenommen, dass solche Vorsorgevollmachten gem. § 1896 II 2 BGB i.V.m. § 134 BGB als Umgehungsgeschäft nichtig sein können, wenn sich ein Heim regelmäßig und im großen Umfang Vorsorgevollmachten erteilen lässt oder die Aufnahme in das Heim von einer Vollmacht abhängig macht.[234] Es erscheint allerdings fraglich, ab wann diese geforderte Regelmäßigkeit vorliegt. Auch kann

231 So: Bamberger/Roth-*G. Müller*, § 1896 BGB Rn. 30.

232 Grüneberg-*Götz*, Einf. v. § 1896 Rn. 5; *Grziwotz*, FamRB 2012, 352, 356.

233 *M. Winkler*, Vorsorgeverfügungen, S. 38.

234 Bienwald/Sonnenfeld/Harm/Bienwald-*W. Bienwald*, § 1896 BGB Rn. 96; *W. Zimmermann*, Vorsorgevollmacht, Betreuungsverfügung, Patientenverfügung, Rn. 326.

im Nachhinein wohl nicht mehr kontrolliert werden, ob die Vorsorgevollmacht als Zweck für die Aufnahme in das Heim erteilt wurde. Durch die Auslegung von §§ 1896 II 2, 1897 III BGB als gesetzliches Verbot i.S.v. § 134 BGB, wird das Verbot aus § 1897 III BGB bei der Bestellung eines Betreuers somit effektiver gestärkt und eine Umgehung von diesem wird erschwert bzw. verhindert.[235]

Primärer Sinn und Zweck eines Erwachsenenschutzrechts muss, wie der Name schon suggeriert, der Schutz des unterstützungsbedürftigen Erwachsenen sein. Bei einer Vorsorgevollmacht ist der Betroffene vor einem Missbrauch der Vertretungsmacht nicht geringer schutzbedürftig als bei einer Betreuung. Ganz im Gegenteil: Bei der Betreuung bestehen effektive Schutzmechanismen[236], welche bei der Vorsorgevollmacht so nicht existieren. Es ist somit nicht ersichtlich, weshalb eine Bestellung als Betreuer verboten sein soll, die Bevollmächtigung im Wege der Vorsorgevollmacht hingegen nicht. Dies widerspricht klar dem Schutzzweck bei der Unterstützung eines Erwachsenen.[237] Der Vollmachtgeber muss nicht nur vor einem ungeeigneten Betreuer, sondern auch vor einem ungeeigneten Bevollmächtigten geschützt werden. Erforderlich ist somit ein umfassender Schutz, welcher nur erreicht wird, wenn §§ 1896 II 2, 1897 III BGB ein gesetzliches Verbot darstellen und ein Verstoß hiergegen zur Unwirksamkeit der Vorsorgevollmacht führt.

Dafür spricht auch die Wertung des früher geltenden § 14 HeimG.[238] Nach der Föderalismusreform im Jahr 2006 besteht dieser in abgeänderter Form als § 7 WTG in Nordrhein-Westfalen fort. Nach § 14 I HeimG war es dem Träger eines Heimes untersagt, *sich von oder zugunsten von Bewohnerinnen und Bewohnern oder den Bewerberinnen und Bewerbern um einen Heimplatz Geld oder geldwerte Leistungen über das nach § 5 HeimG vereinbarte Entgelt hinaus versprechen oder gewähren zu lassen.* § 14 HeimG stellte dabei ein Verbotsgesetz i.S.v. § 134 BGB dar.[239] Die Betroffenen sollten in finanzieller Sicht geschützt werden, indem eine nochmalige oder überhöhte Vergütung von Pflegeleistungen, die zu unterschiedlicher Behandlung der Heimbewohner in Form einer Privilegierung oder Benachteiligung führen würde, verhindert wird.[240] Zudem

---

235 So auch: *G. Müller/Renner*, Betreuungsrecht und Vorsorgeverfügungen in der Praxis, Rn. 265.

236 Siehe dazu S. 157 ff.

237 So auch: *G. Müller/Renner*, Betreuungsrecht und Vorsorgeverfügungen in der Praxis, Rn. 265.

238 *G. Müller/Renner*, Betreuungsrecht und Vorsorgeverfügungen in der Praxis, Rn. 265.

239 OLG München, NJW 2006, 2642, 2642.

240 BT-Drucks. 11/5120 S. 17.

sollte die Testierfreiheit der Heimbewohner geschützt werden, indem verhindert wird, dass ihr Recht auf freie Verfügung von Todes wegen durch einen offenen oder verdeckten Druck durch Mitarbeiter des Heims gefährdet wird.[241] Diese Wertungen müssen auch bei der Auslegung von §§ 1896 II 2, 1897 III BGB herangezogen werden, da eine nahezu identische Schutzbedürftigkeit der Betroffenen besteht. Bei einer möglichen umfassenden Vorsorgevollmacht trifft der Vollmachtgeber eine indirekte Verfügung über sein Vermögen, da der Bevollmächtigte vollumfassend über das Vermögen verfügen kann. Es erscheint somit widersprüchlich, dass eine Verfügung über Geld- oder geldwerte Leistungen nach § 14 HeimG, bzw. heute nach § 7 WTG in Nordrhein-Westfalen, gesetzlich verboten ist, die Erteilung einer Vorsorgevollmacht aber grundsätzlich möglich sein soll. Somit erscheint es auch mit Blick auf die Wertung des § 7 WTG konsequent, wenn §§ 1896 II 2, 1897 III BGB ein gesetzliches Verbot i.S.v. § 134 BGB darstellen. Die Bevollmächtigung einer gem. §§ 1896 II 2, 1897 III BGB von der Vertretung ausgeschlossenen Person führt somit zur Unwirksamkeit der Vollmacht.

Abgesehen von diesem Ausschlusstatbestand ist für die Auswahl des Bevollmächtigten allein die Einschätzung des Vollmachtgebers bzgl. der Geeignetheit der Person ausschlaggebend.

ff) Die Weitergabe der Vorsorgevollmacht

Aus der Vorschrift des § 262 II Nr. 2 ABGB geht hervor, dass in Österreich der Bevollmächtigte berechtigt ist, die Vorsorgevollmacht an einen Dritten weiterzugeben und somit eine Untervollmacht zu erteilen, wenn der Vollmachtgeber dies nicht untersagt.[242] Es ist somit möglich, dass eine andere Person als die vom Vollmachtgeber ausgewählte, dessen Angelegenheiten wahrnimmt. Diese im ABGB statuierte Möglichkeit der Weitergabe einer Vorsorgevollmacht ist kritisch zu betrachten, auch wenn es in Deutschland kein generelles Verbot zur Erteilung einer Untervollmacht bei einer als Vorsorgevollmacht ausgestalteten Vollmacht gibt. Grundsätzlich ist bei einer Vollmacht die Erteilung einer Untervollmacht unstreitig möglich, wenn die erteilte Vertretungsmacht die Erteilung einer Untervollmacht umfasst, was durch Auslegung zu ermitteln ist.[243] Fehlt eine ausdrückliche Vereinbarung spricht dies im Wege der Auslegung grundsätzlich für die Möglichkeit der Erteilung einer Untervollmacht, wenn der Vollmachtgeber

241 BVerfG, NJW 1998, 2964, 2964.
242 *Ferrari*, iFamZ 2018, 287, 289.
243 *Faust*, Bürgerliches Gesetzbuch, Allgemeiner Teil, § 26 Rn. 2.

kein erkennbares Interesse an der persönlichen Wahrnehmung der Vollmacht durch den Bevollmächtigte besitzt und kein besonderes Vertrauen besteht.[244] Bei einer als Vorsorgevollmacht ausgestalteten Vollmacht liegt dieses Interesse allerdings erkennbar vor, da das Verhältnis zwischen Vollmachtgeber und Bevollmächtigtem eine deutlich größere Bedeutsamkeit als bei einer „normalen" Vollmacht erlangt. Im Wege der Vorsorgevollmacht vertraut der Vollmachtgeber dem Bevollmächtigten im Fall seiner Unterstützungsbedürftigkeit sein Selbstbestimmungsrecht an. Die Auswahl des Vollmachtgebers stellt für den Betroffenen somit eine weitreichende und bedeutende Entscheidung dar. Er entscheidet sich bewusst für eine bestimmte Person, weil er dieser vertraut und den Willen hat, dass diese ihn im Unterstützungsfall vertreten soll. Der Betroffene muss ein uneingeschränktes Vertrauen zum Bevollmächtigten besitzen.[245] Es entspricht grundsätzlich nicht seinem Willen, dass eine andere Person Inhaber der Vollmacht wird. Die Möglichkeit der Untersagung der Weitergabe ist kein effektiver Schutzmechanismus, sondern stellt nur eine formale Belastung des Betroffenen dar, da es den absoluten Regelfall darstellen wird, dass der Betroffene mit der Weitergabe der Vollmacht nicht einverstanden ist. Es sollte der umgekehrte Fall als Regelfall gelten, sodass die Erteilung einer Untervollmacht nicht untersagt, sondern ausdrücklich zugelassen werden muss. Es steht dem Vollmachtgeber auf Grund der Privatautonomie frei, den Bevollmächtigten zur Erteilung einer Untervollmacht zu berechtigen. Umfasst die als Vorsorgevollmacht ausgestaltete Vollmacht die Erteilung von Untervollmachten, so ist die Weitergabe der Vollmacht im konkreten Fall zulässig.

In der Literatur ist umstritten, ob eine Untervollmacht im personalen Bereich generell unzulässig sein sollte. In der Praxis kann diese Annahme der Unzulässigkeit zu Problemen führen, wie folgender von *Renner* ausgeführte Beispielsfall[246] aufzeigt: Frau Müller (80 Jahre) erteilt nur ihrer Tochter (Anfang 50) eine Vorsorgevollmacht mit der Berechtigung in weitem Umfang Untervollmachten zu erteilen. Im weiteren Verlauf schreitet die Demenz von Frau Müller voran. Zudem erfährt die Tochter, dass sie auf Grund einer Krebserkrankung nur noch wenige Monate zu leben hat. Die Tochter möchte deswegen ihrem Sohn (30 Jahre) eine weitreichende Untervollmacht erteilen, um eine Betreuerbestellung für Frau Müller zu verhindern.

244 BGH, WM 1959, 377, 378; *Stadler*, Allgemeiner Teil des BGB. § 30 Rn. 25.

245 *Kropp*, FPR 2012, 9, 10.

246 *G. Müller/Renner*, Betreuungsrecht und Vorsorgeverfügungen in der Praxis, Rn. 397.

Nimmt man die Unzulässigkeit von Untervollmachten in Bezug auf die personalen Bereiche an, so könnte die Tochter nur Untervollmachten in Bezug auf die Vermögensangelegenheiten erteilen. Für die persönlichen Angelegenheiten müsste ein Betreuer bestellt werden. Eine generelle Ablehnung der Möglichkeit der Erteilung von Untervollmachten für die persönlichen Angelegenheiten ist daher abzulehnen.[247] Es muss dem Vollmachtgeber frei stehen, ob er auch für diesen Bereich die Erteilung einer Untervollmacht zulassen möchte. Entscheidet er sich dafür, muss er auch nicht durch ein generelles Verbot geschützt werden.

Entscheidend muss im Beispielsfall die konkrete Ausgestaltung der Berechtigung zur Erteilung von Untervollmachten sein. Umfasst diese auch die persönlichen Angelegenheiten, kann auch eine Untervollmacht erteilt werden, welche die persönlichen Angelegenheiten umfasst. Sind die persönlichen Bereiche nicht ausdrücklich erfasst, darf der Bevollmächtigte keine Untervollmacht diesbezüglich erteilen. In diesem Fall müsste ein Betreuer bestellt werden; doch muss dabei beachtet werden, dass gem. § 1897 V BGB bei der Auswahl des Betreuers auf die verwandtschaftlichen Beziehungen Rücksicht zu nehmen ist. Im oben ausgeführten Fall würde somit der Enkel als Betreuer für Frau Müller bestellt werden und könnte sowohl die vermögensrechtlichen als auch die persönlichen Angelegenheiten für Frau Müller besorgen. Zudem hätte die Bestellung als Betreuer im Gegensatz zur Erteilung einer Untervollmacht für Frau Müller den Vorteil, dass der Betreuer unter der Kontrolle des Gerichts steht. Diese Kontrolle ist beim eigentlich Bevollmächtigten aus Sicht des Vollmachtgebers nicht nötig, weil ein vollumfängliches Vertrauen besteht. Bei einer Untervollmacht wird dieses Vertrauen des Vollmachtgebers nicht so stark ausgeprägt sein, sodass eine Kontrolle durch das Gericht für den Vollmachtgeber sinnvoll erscheint.

Für die Erteilung einer Untervollmacht bei einer als Vorsorgevollmacht ausgestalteten Vollmacht sollte es somit entscheidend auf den Inhalt der Vollmacht ankommen. Die Berechtigung für die Erteilung von Untervollmachten muss konkret und ausdrücklich für jeden einzelnen Bereich erteilt werden. Liegt keine ausdrückliche Ermächtigung vor, ist sie auch im Wege der Auslegung abzulehnen.

gg) *Der Widerruf*

Grundsätzlich ist die als Vorsorgevollmacht ausgestaltete Vollmacht auf unbestimmte Zeit wirksam. Allerdings kann die Vollmacht gem. § 168 S. 2 BGB

---

247 So auch: *G. Müller/Renner*, Betreuungsrecht und Vorsorgeverfügungen in der Praxis, Rn. 398.

jederzeit vom Vollmachtgeber widerrufen werden. Der Widerruf der Vollmacht ist dabei endgültig, da ein Widerruf des Widerrufs unzulässig ist.[248] In Österreich genügt es dabei gem. § 246 I 2 ABGB, dass der Vollmachtgeber zu erkennen gibt, dass er nicht mehr vertreten werden möchte. Voraussetzung für einen wirksamen Widerruf muss allerdings sein, dass der Vollmachtgeber geschäftsfähig ist. Diese Voraussetzung dient dem Schutz des Vollmachtgebers, welcher nicht durch eine allein auf einem natürlichen Willen beruhende Erklärung die als Vorsorgevollmacht ausgestaltete Vollmacht aufheben können soll, da ansonsten der Sinn und Zweck von dieser, die Verhinderung der Betreuung, negiert wird.[249] Der Vollmachtgeber soll davor geschützt werden, im Zustand der Geschäftsunfähigkeit, möglicherweise ungewollt, selbst eine Betreuung zuzulassen, indem er die Vorsorgevollmacht widerruft und er auf Grund dessen mangels Geschäftsfähigkeit nicht mehr am Rechtsverkehr teilnehmen kann, sodass die Bestellung eines Betreuers notwendig ist. Bestehen beim Betroffenen Bedenken bzgl. der Redlichkeit des Bevollmächtigten oder ist eine Kontrolle des Bevollmächtigten nicht mehr gewährleistet, besteht für den Betroffenen die Möglichkeit, gem. § 1896 I 1, III BGB die Bestellung eines Kontrollbetreuers anzuregen, welcher nach ausführlicher Prüfung die Vollmacht widerrufen darf.[250] Die Kontrollbetreuung stellt eine deutlich mildere Maßnahme zur Wahrung der Interessen des Betroffenen dar als der endgültige Widerruf der Vorsorgevollmacht.

Des Weiteren besteht in Deutschland die Möglichkeit, eine Vollmacht unwiderruflich zu erteilen.[251] In Österreich ist dies gem. § 246 I 3 ABGB bei einer Vorsorgevollmacht unzulässig. Auch in Deutschland sollte die Möglichkeit der Erteilung einer unwiderruflichen Vorsorgevollmacht ausgeschlossen werden.

Eine unwiderrufliche Vorsorgevollmacht, welche als Generalvollmacht ausgestaltet ist, ist schon auf Grund eines Verstoßes gegen § 138 I BGB unwirksam, denn es besteht eine vergleichbare Rechtslage zu den sittenwidrigen Fallgruppen der wirtschaftlichen Knebelung und der Ausnutzung einer Machtposition.[252] Auf Grund des unbeschränkten Zugriffs auf die Rechte und das Vermögen des Betroffenen bei einer unwiderruflichen Generalvorsorgevollmacht liegt zudem eine unverhältnismäßige Beschränkung von dessen Privatautonomie vor.[253]

---

248 DNotI-Report 2012, 113, 114.

249 Jurgeleit-*Jurgeleit*, § 1896 BGB Rn. 32.

250 Siehe dazu S. 158 ff.

251 Soergel-*Leptien*, § 168 BGB Rn. 22.

252 *Walter*, Die Vorsorgevollmacht, S. 185.

253 MüKo-*Schubert*, § 168 Rn. 25; Staudinger-*Schilken*, § 168 Rn. 9; Bamberger/Roth-*Schäfer*, § 168 BGB Rn. 25.

Bei einer Vollmacht, welche nicht als Generalvollmacht ausgestaltet ist, ist für die Zulässigkeit der Unwiderruflichkeit mit Blick auf § 138 I BGB entscheidend, welchem Interesse die Vollmacht dient. Liegt ein besonderes Interesse des Bevollmächtigten vor, so ist die unwiderrufliche Erteilung einer Vollmacht zulässig.[254] Auch bei einem zumindest gleichwertigen Interesse des Vollmachtgebers und des Bevollmächtigten kann eine unwiderrufliche Erteilung der Vollmacht zulässig sein.[255] Dient die Vollmacht jedoch nur dem Interesse des Vollmachtgebers, muss die Erteilung einer unwiderruflichen Vollmacht unzulässig sein.[256] Die als Vorsorgevollmacht ausgestaltete Vollmacht und ihr Grundverhältnis dienen dem Schutz des Vollmachtgebers und dessen Rechten. Vor allem das Selbstbestimmungsrecht des Betroffenen wird durch die Vorsorgevollmacht gesichert. Der Betroffene kann sicherstellen, dass im Falle seiner Unterstützungsbedürftigkeit seine Interessen und Wünsche durch einen selbst ausgewählten Bevollmächtigten wahrgenommen werden. Somit ist die Erteilung der Vorsorgevollmacht ausschließlich im Interesse des Vollmachtgebers. Aus diesem Grund muss die unwiderrufliche Erteilung einer Vorsorgevollmacht unzulässig sein, auch wenn diese den Vollmachtgeber vor einem womöglich unüberlegten Widerruf schützt.[257] Somit ist auch eine unwiderrufliche Vorsorgevollmacht, welche nicht als Generalvollmacht ausgestaltet ist, als unzulässig anzusehen und eine als Vorsorgevollmacht ausgestaltet Vollmacht darf generell nicht unwiderruflich erteilt werden.[258]

b) *Einführung eines neuen Rechtsinstituts der „echten" Vorsorgevollmacht*

Die vorherigen Ausführungen zeigen, dass die aktuelle Behandlung der Vorsorgevollmacht als normale Vollmacht für den Schutz des unterstützungsbedürftigen Erwachsenen nicht ausreichend ist. Viele Betroffene möchten, dass die Vollmacht erst bei Eintritt der Unterstützungsbedürftigkeit wirksam wird.

---

254 Jauernig-*Mansel*, § 168 Rn. 6;

255 BGH, NJW-RR 1991, 439, 441; MüKo-*Schubert*, § 168 BGB Rn. 24; Staudinger-*Schilken*, § 168 BGB Rn. 8; Erman-*Maier-Reimer*, § 168 BGB Rn. 16; *Mock*, JuS 2008, 391, 393.

256 So auch: NK-BGB-*Ackermann*, § 168 Rn. 9; Staudinger-*Schilken*, § 168 BGB Rn. 8; *Boecken*, BGB – Allgemeiner Teil, Rn. 643; *Neuner*, Allgemeiner Teil des Bürgerlichen Rechts, § 50 Rn. 43; *Boemke/Ulrici*, BGB Allgemeiner Teil, § 13 Rn. 55; *Faust*, Bürgerliches Gesetzbuch, Allgemeiner Teil, § 24 Rn. 18.

257 BGH, JuS 1972, 48, 48 f.

258 So auch *Bühler*, FamRZ 2001, 1585, 1589.

Nach der aktuellen Behandlung als einfache Vollmacht ist die Wirksamkeit ab Eintritt der Unterstützungsbedürftigkeit allerdings nicht möglich. Der Vollmachtgeber kann ab Erteilung der Vollmacht wirksam für den Vollmachtgeber Rechtsgeschäfte vornehmen. Dies kann zu Rechtsunsicherheiten führen, da bis zum Eintritt der Geschäftsunfähigkeit sowohl der Vollmachtgeber, als auch der Bevollmächtigte wirksam Rechtsgeschäfte abschließen können. Des Weiteren kommt es oftmals, vor allem bei privatschriftlich erteilten Vorsorgevollmachten, nach Eintritt der Unterstützungsbedürftigkeit zu Problemen, da die als Vorsorgevollmacht ausgestaltete Vollmacht nicht alle Angelegenheiten umfasst und auf Grund dessen trotz Bevollmächtigung ein Betreuer bestellt werden muss. Auch kann es zu Problemen bei bestimmten Rechtsgeschäften kommen, wie z.B. dem Verkauf eines Grundstücks, da in diesem Fall die Vollmacht notarielle beurkundet sein muss. Der Sinn und Zweck einer Vorsorgevollmacht wird somit nicht erreicht. Aus diesen Gründen muss ein neues Rechtsinstitut der „echten“ Vorsorgevollmacht, welche nur für den Vorsorgefall gelten soll, als zweite Säule zur rechtlichen Unterstützung eines Erwachsenen zwischen einer normalen Vollmacht und der Betreuung gesetzlich eingeführt werden. Vorsorgefall muss dabei das Vorliegen der Voraussetzungen des § 1896 I 1 BGB meinen. Liegen diese vor, kann ein Betreuer bestellt werden. Der Sinn und Zweck einer Vorsorgevollmacht ist es, eine solche Betreuung zu verhindern. Um ein einheitliches System zur Unterstützung von Erwachsenen zu erschaffen, müssen die Voraussetzungen aus § 1896 I 1 BGB nicht nur für die Betreuung gelten, sondern auch Anknüpfungspunkt für die „echte“ Vorsorgevollmacht sein und den Vorsorgefall darstellen. Den Eintritt der Geschäftsunfähigkeit als Vorsorgefall anzunehmen, ist abzulehnen.[259]

Diese neue „echte“ Vorsorgevollmacht muss dabei spezielle Voraussetzungen erfüllen, welche im Folgenden dargestellt werden sollen.

aa) Die Form

(1) Obligatorische notarielle Beurkundung

Wie zuvor dargestellt ist von der mündlichen Erteilung einer Vollmacht abzuraten. Eine schriftliche Erteilung ist nicht nur zweckmäßig[260], sondern sollte verpflichtend sein, so wie es auch schon bei der Diskussion des Betreuungsgesetzes

---

259 Siehe Argumentation dazu S. 48 ff.

260 So: *W. Zimmermann*, Vorsorgevollmacht, Betreuungsverfügung, Patientenverfügung, Rn. 46.

empfohlen wurde.[261] Die „echte“ Vorsorgevollmacht muss somit schriftlich erteilt werden.

Aber auch eine nur privatschriftliche Erteilung der Vorsorgevollmacht kann zu Problemen im Rechtsverkehr führen, sodass die neue „echte“ Vorsorgevollmacht notariell zu beurkunden sein sollte. Durch die Verwendung eines standardisierten Musters für eine Vorsorgevollmacht kann es zu ersten Problem bei der Akzeptanz einer privatschriftlichen Vorsorgevollmacht kommen. Im Internet, in Büchern, Broschüren und Aufsätzen sind unzählige verschiedene Muster für eine Vorsorgevollmacht zu finden. Für den Geschäftsgegner ist bei einer privatschriftlichen Vorsorgevollmacht dadurch schwer erkennbar, ob eine fachmännisch gestaltete Vorsorgevollmacht oder eine mit Mängeln behaftete Vorsorgevollmacht, welcher ein veraltetes Muster aus dem Internet zugrunde liegt, vorliegt.[262] Durch eine obligatorische notarielle Beurkundung wird gesichert, dass die neue „echte“ Vorsorgevollmacht fehlerfrei und wirksam ist. Auch wird gesichert, dass bestimmte Rechtsgeschäfte, wie der Verkauf eines Grundstücks, für den Bevollmächtigten möglich sind.

Zudem muss eine Vorsorgevollmacht immer für den individuellen Fall verfasst werden. Es gibt keine generelle Vorsorgevollmacht für alle unterstützungsbedürftigen Erwachsenen. Auf Grund der verschiedenen Muster besteht die Gefahr, dass die Vorsorgevollmacht unvollständig ist und ihrem Zweck nicht gerecht wird, da in einem solchen Fall ein Betreuer bestellt werden muss. Bei einer Beurkundung durch den Notar besteht allerdings gem. § 17 I 1 BeurkG die Verpflichtung des Notars, den Willen des Vollmachtgebers zu erforschen. Auf Grund der Beurkundung wird somit gewährleistet, dass eine individuelle, auf den Einzelfall passende Vorsorgevollmacht verfasst wird.

Ein weiterer Grund für die mangelnde Akzeptanz einer privatrechtlichen Vorsorgevollmacht kann die Frage der Geschäftsfähigkeit sein. Diese hat bei einer Vorsorgevollmacht einen besonders hohen Stellenwert, weil die Vollmacht für den Fall der Geschäftsunfähigkeit erteilt wird. Auf Grund der Tatsache, dass eine Vollmacht gem. § 167 I 1 Alt. 1 BGB durch eine einseitige, empfangsbedürftige Willenserklärung erteilt wird, muss der Vollmachtgeber bei Abgabe der Bevollmächtigungserklärung aber geschäftsfähig sein, vgl. § 130 II BGB.[263] Doch wie soll der Nachweis der Geschäftsfähigkeit im Zeitpunkt der Vollmachtserteilung bei einer privatschriftlichen Vorsorgevollmacht gelingen? Der Geschäftsgegner

261 *Bühler*, BWNotZ 1990, 1, 1.

262 *Milzer*, NJW 2003, 1836, 1837.

263 *Walter*, Die Vorsorgevollmacht, S. 45.

könnte die Geschäftsfähigkeit des Vollmachtgebers bei Erteilung der Vollmacht und somit die Wirksamkeit der Vorsorgevollmacht anzweifeln. Deswegen wird dem Geschäftsgegner von einigen Stimmen in der Literatur sogar geraten eine solche privatschriftliche Vorsorgevollmacht nicht zu akzeptieren.[264] Somit würde auch in diesem Fall der Zweck einer Vorsorgevollmacht (die Verhinderung einer Betreuung) verfehlt. Dieses mögliche Problem der Akzeptanz der Vorsorgevollmacht könnte jedoch ebenfalls durch eine obligatorische notarielle Beurkundung der Vorsorgevollmacht verhindert werden. Bei einer notariellen Beurkundung hat der Notar gem. § 11 BeurkG die Geschäftsfähigkeit des Beurkundenden festzustellen. Liegt die notwendige Geschäftsfähigkeit nicht vor, soll der Notar nach § 11 I 1 BeurkG die Beurkundung ablehnen. Bei Zweifeln an der Geschäftsfähigkeit soll der Notar diese gem. § 11 I 2 BeurkG in der Niederschrift feststellen. Die Formulierung von § 11 I BeurkG in Sollvorschriften ändert nichts daran, dass § 11 I BeurkG für den Notar eine unbedingte Amtspflicht begründet und er verpflichtet ist, so zu verfahren.[265] Zwar ist die Überprüfung durch den Notar nicht unwiderlegbar, jedoch gibt sie ein bedeutsames Indiz zur Geschäftsfähigkeit, welches nur durch den vollen Gegenbeweis widerlegt werden kann.[266] Bei einer notariell beurkundeten Vorsorgevollmacht ist somit praktisch ausgeschlossen, dass die Geschäftsfähigkeit des Vollmachtgebers bezweifelt wird.[267] Die Beurkundung besitzt somit eine Beweisfunktion.

Der Beteiligung einer beurkundenden Person bei der Erteilung der Vorsorgevollmacht kommt zudem noch eine bedeutsame weitere Aufgabe zu: Die fachspezifische Beratung und Belehrung. Dieser kommt eine sehr hohe Bedeutung zu, da der unterstützungsbedürftige Erwachsene von der Vorsorgevollmacht ab Eintritt des Vorsorgefalls in besonderem Maße betroffen ist.[268] Das Verfassen der Vorsorgevollmacht ist eine tiefgreifende und bedeutsame Entscheidung, bei welcher der Vollmachtgeber eine grundsätzlich verbindliche Entscheidung über die Auswahl des Bevollmächtigten und den Umfang der Vollmacht treffen muss. Ist der Vorsorgefall eingetreten, kann er diese Entscheidung grundsätzlich nicht mehr ändern. Durch die Beteiligung einer beurkundenden Person wird der

---

264 So z.B. *W. Zimmermann*, BKR 2007, 226, 227.

265 Lerch-*Lerch*, § 11 BeurkG Rn. 5; Winkler-*K. Winkler*, § 11 BeurkG Rn. 8 f.; *T. Zimmermann*, BWNotZ 2000, 97–108, 100.

266 *Tschersich*, Die Definition des vermögensrechtlichen Missbrauchs von General- und Vorsorgevollmachten, S. 23.

267 *Milzer*, NJW 2003, 1836, 1837.

268 So auch der österreichische Gesetzgeber: ErlRV 1461 BlgNR XXV. GP. S. 36 f.

Vollmachtgeber vor einer unüberlegten und vorschnellen Entscheidung bewahrt und sichergestellt, dass er eine fachspezifische Beratung und Aufklärung erhält. Die Beurkundung besitzt somit auch eine sehr bedeutsame Warnfunktion.[269]

(2) Die Probleme einer obligatorischen Beurkundung

Die gesetzliche Statuierung einer obligatorischen Beurkundung von einer neuen „echten" Vorsorgevollmacht durch den Notar birgt allerdings auch einige Probleme.

(a) Die Abgrenzung zu einer einfachen Vollmacht

Fraglich erscheint zunächst, wie die Abgrenzung einer neu statuierten formpflichtigen echten Vorsorgevollmacht von einer formfreien „normalen" Vollmacht, welche auch für den Vorsorgefall gilt, erfolgen soll. Es erscheint widersprüchlich, wenn eine „einfache" Generalvollmacht formfrei erteilt werden kann, bei einer echten Vorsorgevollmacht hingegen, welche auch den Umfang einer Generalvollmacht haben kann, die Beurkundung gesetzlich vorgeschrieben wäre. Aus diesem Grund muss eine Abgrenzung der gesetzlich neu zu normierenden Vorsorgevollmacht zu der „normalen" Vollmacht erfolgen. Diese sollte im Hinblick auf den Zeitpunkt des Wirksamwerdens der Vollmachten vorgenommen werden. Eine einfache Vollmacht ist sowohl in Deutschland als auch in Österreich ab ihrer Erteilung gültig. Der Bevollmächtigte kann unverzüglich Rechtsgeschäfte für den Vollmachtgeber abschließen. Eine neue statuierte „echte" Vorsorgevollmacht sollte erst zu dem Zeitpunkt des Eintritts des Vorsorgefalls des Vollmachtgebers wirksam werden. Der Vorsorgefall sollte dabei den Eintritt der Voraussetzungen des § 1896 I 1 BGB darstellen. Die Möglichkeit der Erteilung einer formfreien Vollmacht, welche sofort wirksam ist, aber auch für den Vorsorgefall gilt, soll weiterhin bestehen.

Tritt im Laufe einer einfachen Bevollmächtigung der Vorsorgefall ein, erscheint es fraglich, wie sich dies auf die einfache Vollmacht auswirken soll, wenn nicht ausdrücklich angeordnet wurde, dass sie auch für den Vorsorgefall gelten soll. In Österreich besteht nach dem 2. Erwachsenenschutz-Gesetz gem. § 264 S. 2 ABGB für den Vollmachtgeber die Möglichkeit, die Umwandlung einer bestehenden Vollmacht in eine Vorsorgevollmacht bei Eintritt des Vorsorgefalls anzuordnen. Somit ist in Österreich eine Kombination von einer einfachen

269 *Walter,* Die Vorsorgevollmacht, S. 94; *W. Zimmermann,* Vorsorgevollmacht, Betreuungsverfügung, Patientenverfügung, Rn. 51; *Rothmann,* Beurkundung und Bezugnahme, S. 32.

Vollmacht mit einer Vorsorgevollmacht möglich.[270] Die vor dem Vorsorgefall erteilte Vollmacht gilt bis zum Eintritt des Vorsorgefalls als einfache Vollmacht i.S.v. §§ 1002 ff. ABGB und wird erst mit Eintritt von diesem und dessen Eintragung in das ÖZVV zur Vorsorgevollmacht.[271] Voraussetzung ist allerdings immer, dass der Vollmachtgeber die Umwandlung der einfachen bestehenden Vollmacht in eine Vorsorgevollmacht ausdrücklich bei Erteilung der Vollmacht oder zu einem späteren Zeitpunkt vor Verlust der Entscheidungsfähigkeit, angeordnet hat, wobei die Anordnung der Umwandlung die formalen Voraussetzungen für eine Vorsorgevollmacht erfüllen müssen.[272] Wurde eine solche Anordnung vom Vollmachtgeber nicht getroffen, besteht die einfache Vollmacht trotzdem weiter fort, da die §§ 1002 ff. ABGB keine Regelungen vorsehen, dass eine Vollmacht mit Verlust der Entscheidungsfähigkeit bzw. Geschäftsfähigkeit erlischt.[273] Allerdings kann sie nicht die Bestellung eines Erwachsenenvertreters verhindern.

In Deutschland ergibt sich aus den §§ 168 S. 1, 672 S. 1, 675 BGB, dass eine Vollmacht bei Verlust der Geschäftsfähigkeit des Vollmachtgebers im Zweifel nicht erlischt.[274] Eine einfache Vollmacht bleibt somit in Deutschland bei Eintritt der Unterstützungsbedürftigkeit bestehen und es muss nicht zusätzlich angeordnet werden, dass die Vollmacht für diesen Fall gelten soll. An diesem uneingeschränkten Weiterbestehen der einfachen Vollmacht nach Eintritt des Vorsorgefalls sollte festgehalten werden. Vor allem sollte sie weiterhin die Betreuung verhindern können. Dafür spricht schon der Wortlaut von § 1896 II 2 BGB, welcher nur von einem „Bevollmächtigten" spricht und keine weitere Konkretisierung beinhaltet. Zudem ist davon auszugehen, dass wenn jemand eine sofort wirksame Vollmacht erteilt, er sich auch wünscht, dass die Vollmacht im Vorsorgefall gelten soll. Vertraut der Vollmachtgeber dem Bevollmächtigten vor Eintritt des Vorsorgefalls, ist davon auszugehen, dass dieses Vertrauen auch noch nach Eintritt des Vorsorgefalls fortbesteht. Möchte er, dass die Vollmacht im Falle seiner Unterstützungsbedürftigkeit nicht mehr wirksam ist, kann er dies

---

270 ErlRV 1461 BlgNR XXV. GP. S. 36.

271 *Ferrari*, iFamZ 2018, 287, 287.

272 *Ferrari*, iFamZ 2018, 287, 288.

273 ErlRV 1461 BlgNR XXV. GP. S. 36; *Ferrari*, iFamZ 2018, 287, 288; *Schauer*, iFamZ 2017, 148, 150.

274 Staudinger-*Schilken*, § 168 BGB Rn. 23; *Brox/Walker*, Allgemeiner Teil des BGB, § 25 Rn. 16.

in der Vollmacht anordnen. Zum Schutz des Vollmachtgebers besteht zudem das Rechtsinstitut der Kontrollbetreuung.[275]

Durch die gesetzliche Statuierung einer „echten“ Vorsorgevollmacht soll nur ein weiteres Rechtsinstitut geschaffen werden, welches genutzt werden kann, um die Vertretung im Vorsorgefall zu regeln und eine Betreuung auszuschließen. Möchte der Vollmachtgeber, dass die Vollmacht sofort wirksam ist, kann er eine einfache Vollmacht erteilen. Diese gilt dann auch für den Vorsorgefall. Möchte er hingegen, dass die Vollmacht erst im Vorsorgefall wirksam sein soll, kann er eine „echte“ Vorsorgevollmacht erteilen.

(b) Verstoß gegen das Selbstbestimmungsrecht

Problematisch erscheint des Weiteren, ob die verpflichtende Beurkundung nicht möglicherweise gegen das Selbstbestimmungsrecht des betroffenen Erwachsenen verstoßen würde. Der Gesetzgeber hat bei der Patientenverfügung die Zahl der rechtlichen Voraussetzungen für die Wirksamkeit von dieser bewusst sehr gering gehalten, damit für jedermann die Verfassung einer wirksamen Patientenverfügung so leicht wie möglich ist.[276] Richtigerweise ist das Selbstbestimmungsrecht im Erwachsenenschutzrecht stets zu beachten und zu schützen, wie sich schon aus Art. 12 UN-BRK ergibt. Allerdings ist das Verfassen einer Vorsorgevollmacht, wie oben ausgeführt, eine tiefgreifende Entscheidung, die gut überlegt sein sollte. Der Vollmachtgeber vertraut dem Bevollmächtigten im Fall der Unterstützungsbedürftigkeit sein Selbstbestimmungsrecht an. Durch die Beurkundung wird gesichert, dass der Vollmachtgeber eine Beratung und Aufklärung erhält und nicht unüberlegt oder voreilig über die Auswahl des Bevollmächtigten entscheidet. Somit dient die Beurkundung gerade dem Schutz des Selbstbestimmungsrechts.[277] Des Weiteren wäre die zu beurkundende Vorsorgevollmacht nur eine weitere Möglichkeit, neben der formfreien Vollmacht, die Vertretung für den Vorsorgefall zu sichern. Es besteht somit keine Pflicht zur notariellen Beurkundung der Absicherung für den Vorsorgefall.

(c) Die Kosten für die Beurkundung

Gegen das Formerfordernis bei einer Vorsorgevollmacht könnte zudem eingewendet werden, dass dadurch Kosten für die Betroffenen entstehen. Diese berechnen sich bei einer notariellen Beurkundung nach dem Wert des Vermögens des

275 Siehe dazu S. 158 f.
276 BT-Drucks. 16/13314, S. 21 f.
277 So auch: *Löhnig*, Probleme der Vorsorgevollmacht nach deutschem Recht, 15, 17.

Vollmachtgebers. Dabei ist auf Grundlage von diesem ein Geschäftswert festzusetzen. Bei einer Generalvollmacht darf dieser gem. §§ 98 III, 38 S. 1 GNotKG nicht höher als auf 50 % des Vermögens angesetzt werden. Bei der Festsetzung des Geschäftswerts ist der Einzelfall entscheidend, wobei umso mehr von der Maßgabe des § 98 III GNotKG ausgegangen werden kann, je mehr sich der Umfang der Vorsorgevollmacht einer unbeschränkten Generalvollmacht annähert.[278] Nach Nr. 21200 KV GNotKG fällt dann eine 1,0 Gebühr an, welche mindestens 60 Euro beträgt, wobei die Beratung und der Entwurf immer mit umfasst sind.[279] Die Bezeichnung als 1,0 Gebühr stellte den Gebührensatz dar, welcher der Vervielfältiger der Wertgebühr ist.[280] Bei einer 1,0 Gebühr wird die Gebühr somit mit dem Faktor 1 multipliziert, bei einer 2,0 Gebühr hingegen mit 2. Die konkrete Gebühr lässt sich im Einzelfall unter Heranziehung der Gebührentabelle aus § 34 II 2 GNotKG errechnen. An dieser Berechnung sollte auch für eine neu statuierte „echte" Vorsorgevollmacht festgehalten werden. Die Berechnung in einem Beispiel:

Der Vollmachtgeber, welcher eine Generalvorsorgevollmacht ausstellt, hat ein Vermögen von 100.000 Euro. Als Geschäftswert wird gem. § 98 III GNotKG die Hälfte des Vermögens angesetzt, also 50.000 Euro. Nach Nr. 21200 KV GNotKG ist bei der Festsetzung der Kosten in der Tabelle B von § 34 II GNotKG nachzuschauen. Die Gebühr für die Beurkundung beträgt somit 165,00 Euro.

An diesem Beispiel ist zu sehen, dass die Kosten für die notarielle Beurkundung einer Vorsorgevollmacht im Vergleich zum Vermögen relativ gering ausfallen. Durch Aufklärung der betroffenen Erwachsenen muss diesen verdeutlicht werden, dass die Ausgaben für die notarielle Beurkundung eine sinnvolle Investition sind. Nur durch eine wirksame Vorsorgevollmacht kann eine spätere Betreuung verhindert werden, welche deutlich mehr Kosten verursachen würde.[281] Der Erwachsene kann seine Angelegenheiten für die Zukunft selbst regeln, sodass seine Autonomie nicht eingeschränkt wird. Dieser sehr bedeutsamen Aufgabe der Aufklärung sollten neben Notaren, vor allem die Betreuungsvereine nachkommen, zu deren Querschnittsaufgaben zählt, die Allgemeinheit über die Vorsorgevollmacht zu informieren.[282] Besitzt der Betroffene kein Vermögen, weil

---

278 Korintenberg-*Tiedtke*, § 98 GNotKG Rn. 22.

279 https://www.bnotk.de/Buergerservice/Notarkosten/Beispiele/Vorsorgevollmacht_Patientenverfuegung.php (zuletzt aufgerufen am 23.09.2019).

280 Korintenberg-*Otto*, Einf. KV Rn. 11.

281 *Löhnig*, Staatliche Schutzpflichten bei betreuungsersetzenden Rechtsgeschäften, 83, 86 f.

282 *Scheffer/Busch*, DStR 2015, 2451, 2451.

er nur Sozialhilfe empfängt, muss er dennoch die Möglichkeit besitzen, eine notariell beurkundete Vorsorgevollmacht zu erteilen, weswegen die Kosten für die Beurkundung in diesem Fall von der Sozialhilfe bzw. Staatskasse übernommen werden sollten.[283] Es besteht eine vergleichbare Situation zu einem mittellos Betreuten, bei welchem die Kosten für die Betreuung gem. § 1908i I 1 i.V.m. § 1836e BGB von der Staatskasse übernommen werden.[284]

Ein Ziel des 2. Erwachsenenschutz-Gesetzes in Österreich war auch, die, oben dargestellten, anfallenden Kosten möglichst gering zu halten, indem auch die Erwachsenenschutzvereine berechtigt sind, bei geringem Vermögen für wenig Kosten, Vorsorgevollmachten zu errichten.[285] Ob dieses Modell auch in Deutschland anwendbar ist, erscheint fraglich. In Deutschland könnte diese Aufgabe von den Betreuungsbehörden übernommen werden. Diese sind gem. § 6 II 1 BtBG berechtigt, Unterschriften oder Handzeichen auf Vorsorgevollmachten öffentlich zu beglaubigen. Dazu sind allerdings nur bestimmte „Urkundspersonen" der Betreuungsbehörde berechtigt.[286] Dabei ist die Beglaubigung gem. § 6 V BtBG billiger als die eines Notars und kann in bestimmten Fällen sogar kostenfrei erfolgen.[287] Die Befugnis der Betreuungsbehörden könnte durch eine einfach Gesetzesänderung auch auf die Beurkundung bzw. Errichtung von Vorsorgevollmachten erstreckt werden. Allerdings muss der Unterschied zwischen einer Beglaubigung und einer Beurkundung beachtet werden. Bei einer Beglaubigung wird vom Notar versichert, dass eine Unterschrift oder ein Handzeichen persönlich von einer bestimmten Person vorgenommen und dies vor dem Notar persönlich vollzogen oder anerkannt wurde.[288] Dabei besteht für ihn gem. § 40 II BeurkG nur eine Prüfungspflicht dahingehend, ob Gründe vorliegen seine Amtstätigkeit zu versagen. Er muss nicht prüfen, ob die unterschriebene Erklärung materielle wirksam ist und auch nicht darüber aufklären, welche rechtliche Bedeutsamkeit sie hat.[289] Bei einer Beurkundung hingegen wird von einem Notar eine Urkunde, z.B. die Vorsorgevollmacht, erstellt und er versichert durch

283 So auch: *W. Bienwald*, BtPrax 1998, 164, 167.

284 *Löhnig*, Staatliche Schutzpflichten bei betreuungsersetzenden Rechtsgeschäften, 83, 87; Zu der Vergütung eines Betreuers siehe S. 135 f.

285 ErlRV 1461 BlgNR XXV. GP. S. 37.

286 *W. Zimmermann*, Vorsorgevollmacht, Betreuungsverfügung, Patientenverfügung, Rn. 52.

287 *W. Zimmermann*, Vorsorgevollmacht, Betreuungsverfügung, Patientenverfügung, Rn. 52.

288 Eylmann/Vaasen-*Limmer*, § 20 BNotO Rn. 13; *Grziwotz*, MDR 2019, 647, 647.

289 Winkler-*K. Winkler*, § 40 BeurkG Rn. 42.

seine Unterschrift, dass die Erklärungen während seiner Anwesenheit von den erschienenen Personen abgegeben wurden und dass er bestimmte Tatsachen, wie z.B. die Geschäftsfähigkeit des Vollmachtgebers, selbst wahrgenommen hat.[290] Die Beurkundung besitzt somit einen höheren Stellenwert, da bei dieser auch der Inhalt der zu beurkundenden Urkunde sowie Umstände der „Außenwelt" entscheidend sind und nicht nur die bloße Unterschrift. Der Notar nimmt bei der Beurkundung die Erklärung inhaltlich wahr und prüft sie. Der Beurkundung kommt auf Grund dessen stärkere Wirkung zu als der Beglaubigung.[291] Vor allem mit Blick auf die Bedeutung einer Vorsorgevollmacht und ihrer Rechtsfolgen, muss gefordert werden, dass bei der gesetzlichen Statuierung einer Vorsorgevollmacht die geforderte obligatorische Beurkundung nur durch einen Notar vorgenommen werden kann. Dieser besitzt im Gegensatz zu den Betreuungsbehörden die notwendigen juristischen Kenntnisse für eine Beurkundung.

(3) Zwischenergebnis

Zusammenfassend lässt sich festhalten, dass bei der gesetzlichen Statuierung eines neuen Rechtinstituts der echten Vorsorgevollmacht die notarielle Beurkundung als Wirksamkeitsvoraussetzung statuiert werden muss. Auf Grund der notariellen Beurkundung erhält die Vorsorgevollmacht grundsätzlich uneingeschränkte Akzeptanz im Rechtsverkehr und es wird eine Vorsorgevollmacht für den individuellen Einzelfall verfasst, sodass eine Betreuung effektiv verhindert werden kann. Zudem erfolgt durch die Beurkundung ein erhöhter Schutz des Vollmachtgebers.

bb) Die Eintragung im Register

Die Eintragung einer Vollmacht, die für den Vorsorgefall gelten soll, ist in Deutschland nicht verpflichtend, sondern eine bestehende Möglichkeit. In Österreich hingegen ist die Eintragung einer Vorsorgevollmacht gem. § 263 I 1 ABGB verpflichtend. Dadurch kann ein Gericht, welches über die Bestellung eines gerichtlichen Erwachsenenvertreters entscheiden soll, schnell und effektiv durch Anfrage beim ÖZVV überprüfen, ob eine Vorsorgevollmacht vorliegt und die Bestellung eines gerichtlichen Erwachsenenvertreters ausgeschlossen ist. Somit besteht Rechtssicherheit bzgl. des Vorliegens einer Vorsorgevollmacht. Zudem kann ein Geschäftsgegner des Betroffenen bei Gericht Auskunft darüber

290 Lerch-*Lerch*, § 1 BeurkG Rn. 2.
291 So auch: *O. Weber*, DNotZ 1962, 22–29, 25; Winkler-*K. Winkler*, § 40 BeurkG Rn. 7.

verlangen, ob eine wirksam erteilte Vorsorgevollmacht vorliegt, wobei das rechtliche Interesse an der Auskunft schriftlich nachgewiesen werden muss.[292]

Wird eine Vorsorgevollmacht in Deutschland nicht eingetragen und kommt es dann zur Unterstützungsbedürftigkeit des Erwachsenen, wird es für das Gericht in einigen Fällen eine Schwierigkeit darstellen, von der Vollmacht Kenntnis zu erlangen oder zu ermitteln, ob für den konkreten Aufgabenkreis die Erforderlichkeit einer Betreuung besteht. In diesem Fall kann die Vollmacht ihrem Hauptzweck, der Verhinderung der Betreuung, wiederum nicht nachkommen. Dies ist aber gerade der Hauptzweck für die Einführung des ZVRs gewesen.[293] Somit sollte für ein neues Rechtsinstitut der „echten" Vorsorgevollmacht, die verpflichtende Eintragung in das ZVR gesetzlich statuiert werden. Der genaue Text der Vorsorgevollmacht sollte dabei, wie zurzeit auch, nicht eingetragen werden, sondern nur die allgemeinen, kennzeichnenden Daten der Vorsorgevollmacht.[294] Die Eintragung dient dem Zweck der schnellen Kontrolle durch die Gerichte und der daraus resultierenden möglichen Verhinderung einer Betreuerbestellung, indem das Gericht den Bevollmächtigten schnell informieren kann. Dafür genügt die Kenntnis darüber, für welchen Aufgabenkreis eine Bevollmächtigung besteht. Der konkrete Inhalt der Vorsorgevollmacht ist irrelevant und sollte sich weiterhin nur aus der Vorsorgevollmacht ergeben. Zudem werden so, wie zurzeit, keine ernsten datenschutzrechtlichen Bedenken und Hindernisse bestehen.[295]

Als Argument gegen eine verpflichtende Eintragung könnten wiederum die anfallenden Kosten genannt werden. Für die Eintragung einer Vorsorgevollmacht fallen jedoch nur sehr geringe Gebühren an, welche bei einer Eintragung durch eine Privatperson per Internet-Meldung grundsätzlich 13 Euro betragen.[296] Dabei sollte, im Gegensatz zu Österreich, weiterhin die Möglichkeit bestehen bleiben, dass der Vollmachtgeber den Antrag zur Eintragung der Vorsorgevollmacht selbst stellen kann. So wird gewährleistet, dass die Kosten gering gehalten werden.

292 https://www.justiz.gv.at/web2013/home/justiz/erwachsenenschutz/a-z-des-erwachsenenschutzrechts/oesterreichisches-zentrales-vertretungsverzeichnis-oezvv~3a.de.html (zuletzt aufgerufen am 23.09.2019).

293 BT-Drucks. 15/2253, S. 19.

294 Auflistung der erforderlichen Angaben: Schippel/Bracker-*Görk*, § 78a BNotO Rn. 5 f.

295 Kurze-*Elsing*, § 78a BNotO Rn. 6.

296 http://www.vorsorgeregister.de/ZVR-Zentrales-Vorsorgeregister/Kosten/index.php (zuletzt aufgerufen am 23.09.2019).

Wird die Eintragung der neuen „echten“ Vorsorgevollmacht in das ZVR verpflichtend, muss allerdings durch gewisse Rechtfolgen gesichert werden, dass die Eintragung auch wirklich erfolgt. Dies kann erreicht werden, indem Vorsorgevollmachten, deren Eintragung im ZVR nicht erfolgt ist, keine Akzeptanz vor Gericht erhalten. Liegt keine Eintragung der Vorsorgevollmacht vor, so sollte, ähnlich der negativen Publizität des Handelsregisters in § 15 I HGB, der Rechtsschein gelten, dass keine wirksame Vorsorgevollmacht erteilt wurde. Somit würde die Eintragung eine Obliegenheit für den Betroffenen darstellen und er besäße ein eigenes Interesse an der Eintragung. Es wäre somit in den meisten Fällen gewährleistet, dass der Betroffene die Eintragung vornimmt. Auf die verpflichtende Eintragung müsste von dem beurkundenden Notar hingewiesen werden, wobei er, wie oben ausgeführt, diese nicht selber vornehmen müsste. Nimmt der Notar die Eintragung auf Willen des Bevollmächtigten im Rahmen der Beurkundung der Vorsorgevollmacht vor, sollte er dafür, wie zurzeit nach Nr. 22124 KV GNotKG i.V.m. der Vorbemerkung 2.2.1.2 KV GNotKG, keine weitere Gebühr verlangen können.[297] Allerdings sollte die Wirksamkeit der Vorsorgevollmacht nicht alleine von deren Eintragung abhängen.

cc) Der Wirksamkeitszeitpunkt

Wie zuvor dargestellt, sollte die neue „echte“ Vorsorgevollmacht erst zum Zeitpunkt des Vorsorgefalls, also dem Vorliegen der Voraussetzungen des § 1896 I 1 BGB, Wirksamkeit erlangen.

(1) Feststellung des Vorsorgefalls

Fraglich erscheint dabei allerdings, wie der Nachweis des Eintritts des Vorsorgefalls für den Rechtsverkehr erfolgen soll. Als Paradigmen könnten dafür die österreichischen Regelungen in § 245 I ABGB und § 140 V NO herangezogen werden. Die Vorsorgevollmacht würde erst wirksam werden, wenn der Vorsorgefall bzw. die Unterstützungsbedürftigkeit in das ZVR eingetragen wird, wobei dafür ein ärztliches Zeugnis über die Unterstützungsbedürftigkeit des Vollmachtgebers vorgelegt werden müsste.[298] Ein ärztliches Zeugnis beinhaltet die Feststellungen über den Gesundheitszustand eines Menschen, welche auf der

---

297 *Bund*, JurBüro 2004, 580, 581 f.

298 Beispiel für ein ärztliches Zeugnis in Österreich: https://www.justiz.gv.at/web2013/file/2c94848a60c158380161470a1366435d.de.0/%C3%A4rztliches_zeugnis_ausf%C3%BCllbar.pdf?forcedownload=true (zuletzt aufgerufen am 23.09.2019).

besonderen Fachkunde des Arztes beruhen.[299] Wie auch in Österreich gem. § 55 ÄrzteG, wäre der Arzt gem. § 25 S. 1 MBO-Ä verpflichtet, das ärztliche Zeugnis erst nach einer gewissenhaften und sorgfältigen Untersuchung des Betroffenen und nach seinem bestem Wissen und Gewissen auszustellen.

In der Praxis würde dieser Ablauf allerdings zu Problemen führen. Zunächst müsste bestimmt werden, welcher Arzt ein solches ärztliches Zeugnis ausstellen darf. Das Gutachten eines Hausarztes kann nicht denselben Stellenwert besitzen wie das Gutachten eines Psychiaters und erscheint für die Feststellung des Vorsorgefalls nicht ausreichend. Auch kann es zu Schwierigkeiten kommen, wenn die Ärzte sich weigern ein ärztliches Zeugnis mit der Konsequenz der Bevollmächtigung auszustellen. In diesem Fall müsste ein Betreuer bestellt werden und die Vorsorgevollmacht könnte ihren Sinn und Zweck nicht erfüllen. Des Weiteren würde im Endeffekt der Arzt über die Wirksamkeit der Vorsorgevollmacht entscheiden. Mit Blick auf die Betreuung, bei der ein Richter entscheidet, dass ein Betreuer zu bestellen ist, ist dies nicht zu verantworten. Auch ist eine weitere Kontrolle durch das ZVR nicht möglich, da dessen Mitarbeiter nicht die notwendigen Kenntnisse besitzen. Die Registereintragung wird nicht wie beim Handelsregister durch die Richter oder Rechtspfleger vorgenommen.[300] Zudem ist bei der stetig wachsenden Anzahl an Vorsorgevollmachten eine gewissenhafte Kontrolle nicht möglich.

Es bietet sich mit Blick auf das Betreuungsverfahren vielmehr an, die Betreuungsgerichte über den Eintritt des Vorsorgefalls entscheiden zu lassen. Dies erscheint aus dem Grund praktikabel, dass der Vorsorgefall, nach den vorherigen Ausführungen, der Eintritt der Voraussetzungen des § 1896 I 1 BGB sein soll und die Betreuungsrichter somit durch Betreuungsverfahren Erfahrung mit der Feststellung dieser Voraussetzungen haben. Auf Antrag des Bevollmächtigten oder des Vollmachtgebers sollten die Betreuungsrichter den Eintritt des Vorsorgefalls feststellen. Die Richter können dafür ein Sachverständigengutachten einfordern. Dagegen könnte eingewendet werden, dass die Beantragung beim Gericht und Einholung eines solchen Gutachtens Zeit in Anspruch nimmt, während welcher der Vollmachtgeber handlungsunfähig ist und somit möglicherweise für diese Zeit eine Betreuung angeordnet werden müsste.[301] Jedoch ist zu beachten, dass eben auch bei der Anordnung der Betreuung gem. § 280 I 1 FamFG das Gutachten eines Sachverständigen erforderlich ist. Zwar kann das

299 Ratzel/Lippert/Prütting-*Ratzel/Lippert/Prütting*, § 25 MBO-Ä Rn. 2.
300 *Canaris*, Handelsrecht, § 4 Rn. 16.
301 So: *Kropp*, FPR 2012, 9, 9.

Gericht in bestimmten Fällen gem. § 300 I FamFG auch in einem Eilverfahren einen vorläufigen Betreuer bestellen, allerdings ist dafür gem. § 300 I 1 Nr. 2 FamFG ein obligatorisches ärztliches Zeugnis über den Zustand des unterstützungsbedürftigen Erwachsenen erforderlich. Dabei muss der Sachverständige den Betroffenen persönlich untersuchen und inhaltlich eine Stellungnahme zu den Voraussetzungen der Betreuerbestellung abgeben, wobei die Darstellung der maßgeblichen Anknüpfungstatsachen erfolgen muss.[302] Somit kann auch die Bestellung eines Betreuers nicht ohne Gutachten bzw. ärztliches Zeugnis erfolgen, sodass auch dabei eine Zeitspanne besteht, in der der Betroffene nicht handlungsfähig ist. Der Zeitaufwand für die Beantragung bei Gericht und das Einholen des ärztlichen Zeugnisses spricht somit nicht gegen die Beteiligung des Gerichts.

Der Eintritt des Vorsorgefalls sollte somit durch einen Betreuungsrichter festgestellt werden. Nach dieser Feststellung sollte der Eintritt des Vorsorgefalls und die Wirksamkeit der Vorsorgevollmacht in das ZVR eingetragen werden. Das ZVR müsste bei der Feststellung durch einen Betreuungsrichter nicht mehr prüfen, ob der Vorsorgefall tatsächlich eingetreten ist, sodass die Eintragung keinen großen Arbeitsaufwand für das ZVR darstellt.

(2) Nachweisbarkeit des Vorsorgefalls

Fraglich erscheint jedoch, wie im Rechtsverkehr nachgewiesen werden soll, dass der Vorsorgefall in das ZVR eingetragen wurde und die Vorsorgevollmacht wirksam ist.

(a) Recht auf Einsichtnahme für jedermann

Möglich wäre es, dass jedermann, wie ein Gericht, ein Recht auf Einsichtnahme beim ZVR besitzt. Gibt sich jemand als Bevollmächtigter auf Grund einer Vorsorgevollmacht aus, könnte der potentielle Geschäftspartner durch eine einfache Abfrage beim ZVR erfahren, ob eine wirksame Vorsorgevollmacht besteht. Es bestünde somit eine Vergleichbarkeit mit dem Handelsregister, welches gem. § 9 I 1 HGB von jedermann frei einsehbar ist und ein Geschäftspartner so erfahren kann, ob z.B. eine Prokura besteht.[303] Das ZVR könnte in diesem Fall dieselbe Wirkung auf den Rechtsverkehr besitzen wie das Handelsregister gem. § 15 HGB. Dagegen sprechen jedoch starke datenschutzrechtliche und grundrechtliche Bedenken. Im Gegensatz zur Abfrage beim Handelsregister wird bei der

302 Keidel-*Budde*, § 300 FamFG Rn. 6.

303 *Brox/Henssler*, Handelsrecht, Rn 70a f.

Abfrage beim ZVR nicht nur in Erfahrung gebracht, ob eine Vollmacht besteht, sondern auch, ob der Vollmachtgeber unterstützungsbedürftig ist. Es werden also indirekt auch Informationen über den gesundheitlichen Zustand des Vollmachtgebers erteilt, welche vom Recht auf informationelle Selbstbestimmung aus Art. 2 I GG i.V.m. Art. 1 I GG erfasst sind.[304] Würde für jedermann ein Recht auf Einsicht bestehen und somit an jedermann Informationen über den Gesundheitszustand weitergegeben werden, läge durch die gesetzliche Statuierung eines solchen Einsichtsrechts ein mittelbarer Eingriff in das allgemeine Persönlichkeitsrecht vor.[305] Für diesen ist keine verfassungsrechtliche Rechtfertigung ersichtlich. Ein Recht auf Einsichtnahme für jedermann ist somit abzulehnen.

(b) Recht auf Einsichtnahme für Geschäftspartner

Möglicherweise könnte das Recht auf Einsichtnahme auf die Geschäftspartner begrenzt werden, mit denen der Bevollmächtigte für den Vollmachtgeber einen Vertrag abschließt. Der Eingriff in das allgemeine Persönlichkeitsrecht könnte dabei gerechtfertigt sein, weil der Vollmachtgeber durch die Vorsorgevollmacht sein Einverständnis in die Weitergabe der Daten erkläre. Unabhängig von der Frage, ob eine Vorsorgevollmacht ein solches Einverständnis enthält, muss auch ein Recht auf Einsichtnahme für die Geschäftspartner abgelehnt werden. Der potentielle Geschäftspartner müsste nachweisen, dass er in Verhandlungen mit dem Bevollmächtigten steht, um ein Geschäft mit dem Vollmachtgeber abzuschließen. Dieser Nachweis wird allerdings nicht gelingen. Theoretisch könnte jedermann behaupten, dass er möglicherweise eine geschäftliche Beziehung mit dem Vollmachtgeber eingehen möchte. Eine Kontrolle dieser möglichen geschäftlichen Beziehungen wäre für die Mitarbeiter des ZVR so gut wie unmöglich. Auch in dem Fall, dass der Bevollmächtigte in einem Dokument versichert, dass Vertragsverhandlungen mit dem Auskunftssuchenden bestehen, wäre es für die Mitarbeiter des ZVR nicht zu überprüfen, ob dieses Dokument möglicherweise eine Fälschung ist. Somit muss auch ein Recht auf Einsichtnahme für die möglichen Geschäftspartner abgelehnt werden. Es sollten weiterhin nur die Gerichte ein solches Recht zuteilwerden.

(c) Ausstellung einer Urkunde durch das ZVR

Grundsätzlich wäre es dem Bevollmächtigten somit nicht möglich, nachzuweisen, dass der Vorsorgefall eingetreten und die Vorsorgevollmacht wirksam

304 Jarass/Pieroth-*Jarass*, Art. 2 GG Rn. 43 f.

305 Vgl. *Hufen*, Staatsrecht II, § 11 Rn. 20.

ist. Dieser Nachweis könnte allerdings gelingen, wenn das ZVR verpflichtend eine Urkunde an den Bevollmächtigten auszustellen hätte, nachdem durch das Gericht festgestellt wurde, dass der Vorsorgefall eingetreten ist und dies ins ZVR eingetragen wurde.[306] Als Beispiel für den Inhalt einer solchen Urkunde kann die Bestellungsurkunde für einen Betreuer gem. § 290 FamFG herangezogen werden. Die auszustellende Urkunde könnte als „Vorsorgebevollmächtigtenausweis" bezeichnet werden. In der Urkunde sollte das ZVR versichern, dass die Vorsorgevollmacht wirksam ist und angeben, an welchem Datum diese Wirksamkeit eingetreten ist. Zudem sollte aus der Urkunde hervorgehen, für welche Aufgabenkreise die Vorsorgevollmacht besteht. Somit kann der Bevollmächtigte bei Vertragsschluss durch die Urkunde nachweisen, dass er befugt, ist Geschäfte für den Vollmachtgeber abzuschließen. Der Geschäftspartner wiederum braucht keine Zweifel an der Wirksamkeit der Vorsorgevollmacht und dem Vertrag zwischen ihm und dem Vollmachtgeber zu haben. Die Ausstellung der Urkunde stellt dabei für das ZVR keinen großen Arbeitsaufwand dar, da auch zum aktuellen Zeitpunkt nach Eintragung der Vorsorgevollmacht der Antragssteller die Bestätigung der Eintragung und eine ZVR-Card[307] erhält.[308] Somit würde nicht mehr Arbeit für das ZVR anfallen. Des Weiteren führt die Urkunde zu einer klaren Rechtssicherheit. Wird von jemandem im Rechtsverkehr eine solche Urkunde vorgelegt, gilt er als wirksam Bevollmächtigter, sodass ein Rechtsschein diesbezüglich entsteht. Zu beachten ist allerdings, dass diese Urkunde keine Vollmacht ist, so wie es auch bei der Bestellungsurkunde gem. § 290 FamFG nicht der Fall ist.[309] Die Vollmacht beruht auf der Bevollmächtigung durch den Betroffenen und nicht auf der durch das ZVR ausgestellten Urkunde.

Berechtigterweise muss eingewendet werden, dass auch bei einer solchen Urkunde des ZVRs ein Fälschungsrisiko und somit ein Missbrauch nicht gänzlich ausgeschlossen werden kann. Allerdings ist das Missbrauchsrisiko in diesem Fall deutlich geringer als bei der momentanen geltenden Rechtslage in Deutschland, da zur Zeit keine Überprüfung der Unterstützungsbedürftigkeit

---

306 Auf die Frage, inwieweit dafür das ZVR umstrukturiert werden müsste, soll nicht eingegangen werden.

307 Die ZVR-Card ist eine Plastikkarte im Format einer Scheckkarte, auf deren Rückseite handschriftlich individualisierende Angaben, wie insbesondere der Name des Vollmachtgebers und Name und Telefonnummern von ein oder zwei Personen des Vertrauens, eingetragen werden können.

308 *Grziwotz*, MDR 2019, 647, 649.

309 BGH FamRZ 2010, 968, 968; VerfG Brandenburg FamRZ 2015, 1123, 1123; Keidel-*Budde*, § 290 FamFG Rn. 1.

erfolgt und der Bevollmächtige auch schon vor der Unterstützungsbedürftigkeit Geschäfte für den Betroffenen abschließen kann, ohne dabei einer Kontrolle zu unterstehen. Zudem besteht dieses Fälschungsrisiko auch bei einer Bestellungsurkunde gem. § 290 FamFG. Eine vollständige Verhinderung potentiellen Missbrauchs wird nie gelingen, aber die obligatorische Urkunde des ZVR würde das Missbrauchsrisiko zumindest deutlich senken.

(2) *Zwischenergebnis*

Zusammenfassend sollte der Gesetzgeber in Deutschland tätig werden und einen neuen Vollmachts-Typus der „echten" Vorsorgevollmacht gesetzlich statuieren. Die Wirksamkeit der Vorsorgevollmacht sollte er, wie in Österreich, von der Eintragung des Vorsorgefalls in das ZVR abhängig machen. Vorsorgefall muss dabei das Vorliegen der Voraussetzungen des § 1896 I 1 BGB meinen. Der Vorsorgefall sollte von einem Betreuungsrichter, unter möglicher Hinzuziehung eines Sachverständigen geprüft und festgestellt werden. Liegt der Eintritt des Vorsorgefalls vor muss dies mit der Wirksamkeit der Vorsorgevollmacht in das ZVR eingetragen werden. Ferner sollte dieses mit der verpflichtenden Ausstellung einer Urkunde über das Wirksamwerden der Vorsorgevollmacht einhergehen. Dies führt zu erhöhter Rechtssicherheit, da der Rechtsverkehr darauf vertrauen kann, dass eine wirksame Bevollmächtigung vorliegt. Auch wenn die Vertretungsmacht ohne Vorlage der Urkunden besteht, müsste der Bevollmächtige für ein wirksames Handeln für den Vollmachtgeber immer die Urkunde des ZVRs und die Vollmachtsurkunde vorlegen.[310] Zudem würde das Missbrauchsrisiko bei der echten Vorsorgevollmacht deutlich gesenkt werden, weil der Bevollmächtigte nicht unmittelbar nach der Ausstellung der Vorsorgevollmacht für den Vollmachtgeber handeln könnte, sondern erst nach Ausstellung der Urkunde durch das ZVR.

dd) *Der Umfang der Vertretungsmacht*

Für den Umfang und den Inhalt sollten für die „echte" Vorsorgevollmacht dieselben Voraussetzungen und Möglichkeiten gelten, wie bei der aktuellen Vorsorgevollmacht.

310 So die Rechtslage in Österreich: *Ferrari*, iFamZ 2018, 287, 293.

ee) *Die Person des Bevollmächtigten*

Auch bei der Auswahl des Bevollmächtigten sollten keine Unterschiede zur aktuellen Vorsorgevollmacht bestehen.

ff) *Die Weitergabe der Vorsorgevollmacht*

Bei der „echten" Vorsorgevollmacht sollte, wie bei der aktuellen Vorsorgevollmacht, eine Weitergabe der Vollmacht nur möglich sein, wenn die Weitergabe ausdrücklich in der Vorsorgevollmacht zugelassen wurde.

gg) *Der Widerruf*

Eine unwiderrufliche Erteilung der Vorsorgevollmacht darf ebenso wie bei der aktuellen Vorsorgevollmacht nicht möglich sein. Der Widerruf einer Vorsorgevollmacht sollte allerdings abweichend verpflichtend in das ZVR einzutragen sein. Die konstitutive Wirkung der Eintragung des Widerrufs in Österreich sollte auch in Deutschland statuiert werden, da so zum Einen eine Symmetrie zu der oben geforderten, konstitutiven Wirkung der Eintragung der Vorsorgevollmacht besteht und zum Anderen Rechtssicherheit geschaffen wird. Wird von einem angeblich Bevollmächtigten beantragt, dass das Betreuungsgericht den Eintritt des Vorsorgefalls feststellt, kann schnell und unkompliziert kontrolliert werden, ob die Vorsorgevollmacht überhaupt noch besteht. Wurde diese widerrufen, muss das Gericht den Antrag des ehemals Bevollmächtigten ablehnen, wodurch dieser nicht für den Vollmachtgeber handeln kann und der Vollmachtgeber sowie der Rechtsverkehr vor einem Missbrauch geschützt werden.

hh) *Rechtsfolgen eines Verstoßes gegen Errichtungsvoraussetzungen*

Nachdem die Voraussetzungen für eine wirksame neue „echte" Vorsorgevollmacht herausgearbeitet wurden, stellt sich die Frage, welche Rechtsfolgen ein Verstoß gegen diese nach sich zieht bzw. ziehen sollte.

In Österreich konnte vor dem 2. Erwachsenenschutz-Gesetz eine Vorsorgevollmacht, die nicht alle Wirksamkeitsvoraussetzungen erfüllte, als einfache Vollmacht wirksam bestehen, wenn die Wirksamkeitsvoraussetzungen für eine solche erfüllt waren.[311] Gestützt wurde diese Auffassung vor allem auf § 284g S. 2 ABGB a.F., welcher vorsah, dass die Bestellung eines Sachwalters auch ausgeschlossen war, wenn die Vorsorgevollmacht zwar nicht alle Wirksamkeitsvoraussetzungen erfüllte, aber unter Berücksichtigung des Einzelfalls nicht zu

---

311 *Ferrari*, iFamZ 2018, 287, 290.

befürchten war, dass der Bevollmächtigte zum Nachteil des Vollmachtgebers handle, woraus geschlossen wurde, dass neben der eigentlichen Vorsorgevollmacht noch eine „schlichte Vorsorgevollmacht" existieren müsste.[312] Durch das 2. Erwachsenenschutz-Gesetz ist diese Vorschrift allerdings weggefallen und keine vergleichbare Regelung eingeführt worden. Ein Aufrechterhalten dieser Auffassung ist gleichwohl nach richtiger Auffassung von *Ferrari* abzulehnen.[313] Somit stellt sich nach Einführung des 2. Erwachsenenschutz-Gesetzes auch in Österreich die Frage nach den Rechtsfolgen von Verstößen gegen die Errichtungsvoraussetzungen bei einer Vorsorgevollmacht.[314]

Die Rechtsfolgen eines Verstoßes gegen §§ 1896 II 2, 1897 III BGB sollten zunächst dieselben sein wie bei der aktuellen Vorsorgevollmacht. Bei der Bevollmächtigung einer Person, welche von der Vertretung gem. §§ 1896 II 2, 1897 III BGB ausgeschlossen ist, besteht nach der aktuellen Rechtslage allerdings das Problem, dass Dritte nicht überprüfen können, ob der Bevollmächtigte wirklich eine von der Vertretung ausgeschlossene Person i.S.v. §§ 1896 II 2, 1897 III und die Vollmacht deswegen unwirksam ist.[315] Nach der oben geforderten gesetzlichen Statuierung der Feststellung des Eintritts des Vorsorgefalls durch das Betreuungsgericht, wäre diese Gefährdung des Rechtsverkehrs jedoch ausgeschlossen, da von den Betreuungsrichtern geprüft werden kann, ob ein Abhängigkeitsverhältnis des Bevollmächtigten zu einer Anstalt, einem Heim oder einer sonstigen Einrichtung besteht. Ein Dritter kann somit darauf vertrauen, dass die Vorsorgevollmacht wirksam ist. Bei einer dennoch stattfindenden fehlerhaften Eintragung einer solchen Vorsorgevollmacht, würde der Bevollmächtigte durch das gesetzliche Verbot weitergehend geschützt werden, da die Vollmacht trotz der Eintragung nicht wirksam wäre.

Da bei einer echten Vorsorgevollmacht allerdings noch weitere Voraussetzungen bestehen sollten, ist fraglich, wie sich ein Verstoß gegen diese auswirken sollte.

(1) Fehlende notarielle Beurkundung

Bei der Erstellung einer echten Vorsorgevollmacht kommt zunächst ein Verstoß gegen das geforderte Formerfordernis der obligatorischen notariellen

312 *Ferrari*, iFamZ 2018, 287, 290.

313 Ausführliche Argumentation dazu: *Ferrari*, iFamZ 2018, 287, 289 f.

314 Es soll sich im Folgenden aber auf die Rechtslage in Deutschland beschränkt werden. Zu den möglichen Rechtsfolgen in Österreich: *Ferrari*, iFamZ 2018, 287, 290 f.

315 *G. Müller/Renner*, Betreuungsrecht und Vorsorgeverfügungen in der Praxis, Rn. 266.

Beurkundung in Betracht. Ein Verstoß gegen ein Formerfordernis führt gem. § 125 S. 1 BGB zur Nichtigkeit des Rechtgeschäfts, sodass die Vorsorgevollmacht nicht wirksam wäre.

Fraglich ist, ob diese formunwirksame Vorsorgevollmacht in eine einfache Vollmacht umgewandelt werden können sollte. Entscheidend muss dafür der Wille des Vollmachtgebers sein, welcher aus den Umständen des Einzelfalls und dem Inhalt der Vorsorgevollmacht zu ermitteln ist. Nach den obigen Ausführungen würde der entscheidende Unterschied zwischen einer Vorsorgevollmacht und einer einfachen Vollmacht der Wirksamkeitszeitpunkt sein. Für eine Umwandlung darf der Vollmachtgeber deswegen nicht den Willen haben, dass die Vollmacht nur im Falle seiner Unterstützungsbedürftigkeit gelten solle. Möchte der Betroffene eine Vorsorgevollmacht erteilen, würde dies nach den oben geforderten Regelungen indizieren, dass nur eine Vollmacht für die Unterstützungsbedürftigkeit erteilt werden solle, weil der Vollmachtgeber ansonsten auch direkt eine einfache Vollmacht hätte erteilen können. Eine Umwandlung einer formunwirksamen Vorsorgevollmacht in eine einfache Vollmacht wäre in den meisten Fällen somit nicht möglich, sodass bei einem Verstoß gegen die Formvorschriften keine Vollmacht vorläge und ein Betreuer bestellt werden müsste.

(2) *Fehlende Eintragung in das ZVR*

Als geforderte Wirksamkeitsvoraussetzung würde die fehlende Eintragung der Vorsorgevollmacht in das ZVR ebenso dazu führen, dass die Vorsorgevollmacht keine Wirksamkeit erlangt.

c) *Ergebnis*

Alles in allem ist dem Gesetzgeber anzuraten einen neuen speziellen Vollmachts-Typus der „echten" Vorsorgevollmacht als weiteres Rechtsinstitut zur rechtlichen Unterstützung eines Erwachsenen im BGB zu statuieren. Da in § 1896 II 2 BGB der Ausschluss der Betreuung auf Grund einer Bevollmächtigung angeordnet wird, bietet es sich an, einen neuen § 1896a BGB einzuführen, indem die Vorsorgevollmacht legal definiert wird. Für die Legaldefinition kann sich an der Definition aus § 260 S. 1 ABGB orientiert werden. Neben der Legaldefinition sollten zudem die Wirksamkeitsvoraussetzungen dieser Vorsorgevollmacht statuiert werden. Dazu sollte bei der Erstellung der Vorsorgevollmacht eine obligatorische notarielle Beurkundung erfolgen. Zudem sollte gesetzlich statuiert werden, dass die Vorsorgevollmacht in das ZVR einzutragen ist. Des Weiteren sollte die Wirksamkeit der Vorsorgevollmacht erst mit Eintritt und Eintragung des Vorsorgefalls, also dem Vorliegen der Voraussetzungen des § 1896 I 1 BGB, in das ZVR erfolgen, wobei der Bevollmächtigte dann eine Urkunde vom ZVR erhalten sollte, die ihn als wirksamen Bevollmächtigten des Vollmachtgebers ausweist. Der Eintritt des Vorsorgefalls sollte durch die Betreuungsgerichte geprüft und festgestellt werden.

2. *Die gewählte Erwachsenenvertretung*

Die zweite Säule des Erwachsenenschutzrechts stellt in Österreich die gewählte Erwachsenenvertretung dar. Der Betroffene kann auf Grund dieser gem. § 264 ABGB auch noch bei verminderter Entscheidungsfähigkeit einen Erwachsenenvertreter auswählen und bevollmächtigen.

a) Einführung in Deutschland

In Deutschland gibt es kein der gewählten Erwachsenenvertretung vergleichbares Rechtsinstitut. Bei der Bestellung eines Betreuers ist der Betroffene zwar im Verfahren anzuhören und kann sich gem. § 1897 IV 1 BGB einen Betreuer wünschen, wobei das Gericht grundsätzlich an den Wunsch gebunden ist.[316] Allerdings erfolgt die Auswahl und Bestellung des Betreuers im Endeffekt durch das Gericht und somit nicht selbstbestimmt durch den Betroffenen. Auf Grund dessen ist fraglich, ob ein Rechtsinstitut der gewählten Erwachsenenvertretung durch den Gesetzgeber geschaffen werden sollte. Sinn und Zweck der Einführung der gewählten Erwachsenenvertretung in Österreich war es, Menschen, die sich zu spät mit der Erteilung eine Vorsorgevollmacht befassen und auf Grund von verminderter Entscheidungsfähigkeit nicht mehr in der Lage sind, eine solche zu erteilen oder von ihrer verminderten Entscheidungsfähigkeit zu spät erfahren, die Möglichkeit zu geben ihr Selbstbestimmungsrecht zu wahren und fremdbestimmte Maßnahmen zu verhindern.[317] Diese Intention des österreichischen Gesetzgebers ist absolut begrüßenswert, da das Selbstbestimmungsrecht den Mittelpunkt des Erwachsenenschutzrechtes darstellt und geschützt werden muss, was sich schon aus Art. 12 UN-BRK ergibt.[318] Durch die gewählte Erwachsenenvertretung erhalten die Betroffenen die nach Art. 12 III UN-BRK geforderte Unterstützung um ihre Rechts- und Handlungsfähigkeit auszuüben.

---

316 Siehe dazu S. 132 f.

317 ErlRV 1461 BlgNR XXV. GP. S. 38; *Barth*, iFamZ 2017, 143, 144.

318 Siehe S. 15 f.

Allerdings kann das Erwachsenenschutzrecht nicht allein aus der Sicht des Betroffenen betrachtet und nur zum Schutz seines Selbstbestimmungsrechts konzipiert werden. Entscheidend müssen auch vor allem der Schutz des Betroffenen und der Schutz der Gesellschaft sein, welcher bei der gewählten Erwachsenenvertretung nicht gewährleistet wird.

Voraussetzung für die gewählte Erwachsenenvertretung ist, wie oben dargestellt, dass der Betroffene eine stark reduzierte Entscheidungsfähigkeit besitzt und nicht mehr in der Lage ist, eine Vorsorgevollmacht zu erteilen. In Deutschland ist das entscheidende Kriterium für die Möglichkeit der Erteilung einer Vorsorgevollmacht die Geschäftsfähigkeit. Als Pendant zur österreichischen Rechtslage müssten man für das Bestellen eines gewählten Erwachsenenvertreters somit eine stark reduzierte Geschäftsfähigkeit ausreichen lassen, was zu einigen rechtlichen und praktischen Problemen führen würde.

Zunächst einmal ist es höchst problematisch, die reduzierte Entscheidungs- bzw. Geschäftsfähigkeit festzustellen. In laienhafter Sprache soll „verminderte Entscheidungsfähigkeit“ bedeuten, dass der Betroffene ungefähr weiß, dass er einen Vertreter wählt und was das bedeutet.[319] Das Wort „ungefähr“ drückt dabei das große Problem bei der Feststellung der reduzierten Entscheidungs- bzw. Geschäftsfähigkeit aus. Es gibt keinen Maßstab dafür, in welchem Umfang der Betroffene diese Fähigkeit noch besitzen muss. Genügt es, wenn er versteht, dass jemand anderes nun für ihn handeln darf? In welcher Intensität muss er wissen, was das für ihn bedeutet? Muss er nachvollziehen können, welche Aufgabenkreise konkret von der Vertretung betroffen sind? Wann liegt dann eine volle Geschäftsunfähigkeit vor? Schon bei der Prüfung der Geschäftsfähigkeit ist häufig schwer festzustellen, ob diese noch vorliegt, sodass verschiedene Richter, Notare und Ärzte zu unterschiedlichen Ergebnissen kommen können. Bei der Feststellung einer stark verminderten Geschäftsfähigkeit ohne konkreten Maßstab, wären unterschiedliche Ergebnisse vorherbestimmt.

Das Erwachsenenschutzrecht soll ferner nicht nur das Selbstbestimmungsrecht, sondern, wie es der Name schon geriert, vor allem den Erwachsenen schützen. Die Erteilung der Vorsorgevollmacht ist, wie oben festgestellt, eine ausschlaggebende Entscheidung mit weitreichenden Folgen. Der Vollmachtgeber muss sich vollends bewusst sein, welche Aufgabenkreise er überträgt und sich sorgfältig überlegen, welche Person er als Bevollmächtigten auswählt, weswegen er bei der Erteilung einer Vollmacht voll geschäfts- bzw. entscheidungsfähig sein muss. Bei der gewählten Erwachsenenvertretung hingegen reicht eine

319 *Fritz*, Das 2. Erwachsenenschutz-Gesetz in einfacher Sprache, 48, 54.

verminderte Entscheidungsfähigkeit. In diesem Fall kann aber nicht gewährleistet sein, dass der Betroffene überhaupt nachvollziehen kann, was genau er bei der Erteilung der gewählten Erwachsenenvertretung erklärt. Möglicherweise ist es gar nicht sein Wille, dass jemand anders ihn vertritt, sondern nur, dass er von einer anderen Person gepflegt wird. Die Unterscheidung zwischen der rechtlichen Vertretung und der Pflege ist einem juristischen Laien oftmals nicht bekannt. Auch die notarielle Beratung wird für den Betroffenen, in seinem Zustand der verminderten Entscheidungsfähigkeit, sehr wahrscheinlich nicht verständlich sein. Zudem werden in einigen Fällen Zweifel aufkommen, ob der gewählte Erwachsenenvertreter tatsächlich die Wunschperson des Betroffenen ist. Eine Beeinflussung des nicht mehr voll entscheidungsfähigen Betroffenen durch andere Personen erscheint nicht ausgeschlossen. Weiterhin wird die Erteilung der gewählten Erwachsenenvertretung unter einem gewissen zeitlichen Druck erfolgen, da der gewählte Erwachsenenvertreter vor der endgültigen Entscheidungsunfähigkeit bevollmächtigt werden muss, sodass die Gefahr von unüberlegten Entscheidungen des Betroffenen besteht.

Neben der gewählten Erwachsenenvertretung an sich, soll vor allem die Möglichkeit der „Co-Decision" der Umsetzung von Art. 12 UN-BRK dienen, da dadurch gewährleistet werden soll, dass der Bevollmächtigte nicht eigenmächtig handelt, sondern nur mit der Einwilligung des Vollmachtgebers. Es liegt somit keine alleinige Vertreterentscheidung (substituted decision-making), sondern eine Art Unterstützung durch den Bevollmächtigten vor. Dazu soll genügen, dass der unterstützungsbedürftige Erwachsene zu erkennen gibt, dass er mit dem Handeln des Erwachsenenvertreters einverstanden ist.[320] Es erscheint allerdings höchst fraglich, ob der Betroffene bei einer stark reduzierten Entscheidungsfähigkeit überhaupt nachvollziehen kann, was seine Einwilligung bewirkt und zu welchen Rechtshandlungen er sein Einverständnis gibt. Folglich wird in vielen Fällen keine gemeinsame Entscheidung, sondern eine einzelne Entscheidung des Erwachsenenvertreters vorliegen.

In Deutschland ergibt sich ein weiteres Problem aus der Rechtsnatur der Einwilligung. Die Einwilligung ist gem. § 183 S. 1 BGB die vorherige Zustimmung zum Rechtsgeschäft. Diese Zustimmung ist eine einseitige, empfangsbedürftige Willenserklärung, sodass die allgemeinen Vorschriften, insbesondere die der Geschäftsfähigkeit in den §§ 104 ff. BGB, gelten.[321] Voraussetzung für eine wirksame Willenserklärung ist, dass der Erklärende voll geschäftsfähig ist, da

320 ErlRV 1461 BlgNR XXV. GP. S. 39.

321 *Stadler*, Allgemeiner Teil des BGB, § 28 Rn. 4.

die Willenserklärung ansonsten gem. § 105 I BGB nichtig ist. Bei der gewählten Erwachsenenvertretung würde allerdings eine stark eingeschränkte Geschäftsfähigkeit vorliegen. Dabei wäre der Betroffene geschäftsunfähig und nicht nur beschränkt geschäftsfähig, da eine beschränkte Geschäftsfähigkeit nur wegen des Alters gem. § 106 BGB vorliegen kann oder bei einem angeordneten Einwilligungsvorbehalt gem. § 1903 BGB der Rechtstellung eines Minderjährigen angenähert ist.[322] Der betroffene Erwachsene könnte somit grundsätzlich keine Willenserklärung und auch keine Einwilligung abgeben.

Zudem scheint der österreichische Gesetzgeber bei der Einführung der Möglichkeit der „Co-Decision" in § 265 II 1 ABGB, die aus ihr resultierenden Probleme für den Rechtsverkehr nicht bedacht zu haben. Der Nachweis der gewählten Erwachsenenvertretung bei Vertragsverhandlungen wird, wie der der Vorsorgevollmacht, zwar durch eine Urkunde des ÖZVV gem. § 140h VI 1 NO gelingen, doch stellt sich der Nachweis der Einwilligung des unterstützungsbedürftigen Erwachsenen als sehr problematisch dar. Als Möglichkeiten gibt der Gesetzgeber an, dass der Erwachsenenvertreter die Einwilligung schriftlich nachweisen könne.[323] Bei dieser Möglichkeit des schriftlichen Nachweises besteht jedoch ein erhöhtes Fälschungsrisiko. Für den Verhandlungsgegner wird nur schwer erkennbar sein, ob die Einwilligung tatsächlich von dem Vertretenen abgegeben wurde. Zudem wird in einigen Fällen problematisch sein, festzustellen, ob das konkrete Rechtsgeschäft tatsächlich von der Einwilligung umfasst ist. Es kann dem Geschäftsgegner nicht zugemutet werden, dass er diesbezüglich Nachforschungen anstellt. Es bestehen somit für den Geschäftsgegner immer Zweifel, ob er ein wirksames Geschäft mit dem Vertretenen abschließen kann, weswegen in vielen Fällen von einem Vertragsschluss Abstand genommen werden wird.

b) Ergebnis

Alles in allem stellt die gewählte Erwachsenenvertretung kein geeignetes Rechtsinstitut zur Unterstützung eines Erwachsenen im Rechtsverkehr dar, da sie dem Schutz des betroffenen Erwachsenen und des Rechtsverkehrs zuwiderläuft und sollte deswegen in Deutschland nicht eingeführt werden.

322 *Bork*, Allgemeiner Teil des Bürgerlichen Gesetzbuchs; *Köhler*, BGB Allgemeiner Teil, § 10 Rn. 7.

323 ErlRV 1461 BlgNR XXV. GP. S. 39.

3. *Die gesetzliche Erwachsenenvertretung*

Die dritte Säule des Erwachsenenschutzrechts in Österreich stellt die gesetzliche Erwachsenenvertretung dar. Nach § 268 ABGB können nächste Angehörige unter den Voraussetzungen von § 268 I ABGB den Betroffenen nach Eintritt der Unterstützungsbedürftigkeit und Eintragung in das ÖZVV kraft Gesetzes vertreten.

a) *Aktuelle Rechtlage*

Zunächst ist festzustellen, ob in Deutschland eine gesetzliche Vertretungsmacht für nahe Angehörige oder eine vergleichbare Regelung existiert.

aa) *§ 1357 I BGB*

Im BGB ist in § 1357 I BGB die sog. „Schlüsselgewalt“ statuiert. Nach dieser Norm ist der eine Ehegatte ermächtigt, Rechtsgeschäfte im eigenen Namen mit Wirkung für und gegen den anderen Ehegatten abzuschließen.[324] Dabei muss es sich nach § 1357 I 1 BGB um ein Geschäft zur angemessenen Deckung des Lebensbedarfs der Familie handeln. Die Angemessenheit des Geschäfts liegt dabei vor, wenn es den Lebensgewohnheiten und wirtschaftlichen Verhältnissen der konkreten Familie entspricht.[325] Der Maßstab dafür ist die Lebensführung der Ehegatten, welche für Dritte erkennbar ist.[326] Zum Lebensbedarf der Familie gehören dabei nicht nur der typische Bedarf für den Haushalt, sondern auch alle Geschäfte, welchen den persönlichen Bedarf der Ehegatten und unterhaltsberechtigten Kinder decken.[327] Schließt ein Ehegatte ein solches Geschäft ab, sind gem. § 1357 I 2 BGB beide Ehegatten Gesamtgläubiger gem. § 428 BGB oder Gesamtschuldner gem. § 421 BGB.[328] Nach richtiger Auffassung handelt es sich bei § 1357 I BGB allerdings schon auf Grund dieser Rechtsfolgen nicht um eine Form der gesetzlichen Vertretungsmacht, da der andere Ehegatte nicht Vertragspartner wird.[329] Zudem fehlt es bei der „Schlüsselgewalt“ an der für eine Stellvertretung notwendigen Offenkundigkeit, da die Rechtsfolgen des § 1357 I BGB unabhängig vom Wissen des Geschäftspartners eintreten. Des Weiteren schließt der handelnde Ehegatte das Rechtsgeschäft zugleich im eigenen und im

---

324 Schulz/Hauß-*Ganz*, § 1357 BGB Rn. 1.
325 *Dethloff*, Familienrecht, § 4 Rn. 60.
326 BGH, NJW 1985, 1394, 1396
327 *Schlüter*, BGB – Familienrecht, § 10 Rn. 88.
328 Hoppenz-*Burandt*, § 1357 BGB Rn. 11.
329 *Berger*, FamRZ 2005, 1129, 1132.

fremden Interesse ab.[330] Die „Schlüsselgewalt“ ist als Rechtsinstitut sui generis anzusehen.[331] Somit ist die Regelung in § 1357 BGB nicht mit der in Österreich statuierten gesetzlichen Vertretungsmacht vergleichbar.

bb) § 1368 BGB

Neben § 1357 I BGB enthält das BGB in § 1368 BGB eine weitere Möglichkeit, bei der der eine Ehegatte berechtigt ist, für den anderen Ehegatten zu handeln. Allerdings ist diese Berechtigung nur auf eine Rückabwicklung der gem. § 1365 BGB und § 1369 BGB unwirksamen Rechtgeschäfte begrenzt, bei welchen der Ehegatte gem. § 1368 BGB berechtigt ist, die sich aus der Unwirksamkeit ergebenden Rechte selbstständig gegen den Dritten auf gerichtlichem Wege geltend zu machen, sog. Revokation.[332] Auf Grund dieses engen Anwendungskreises ist auch die Revokation nicht mit der gesetzlichen Vertretungsmacht in Österreich, insbesondere den Regelungen in § 269 I Nr. 1 und 2 ABGB vergleichbar, da diese die Vertretungsmacht des Ehegatten bei allen denkbaren Ansprüchen im Verwaltungsverfahren oder gerichtlichen Verfahren umfassen.[333]

cc) § 1353 BGB und § 1618a BGB

Für den Bereich der Gesundheitssorge wurde in Betracht gezogen, eine gesetzliche Vertretungsmacht für Ehegatten sowie Kinder und Eltern aus § 1353 BGB und § 1618a BGB herzuleiten.[334] Allerdings handelt es sich bei diesen Normen um Generalklauseln, welchen nur eine Auslegungsfunktion zukommt.[335] Generalklauseln müssen immer im Lichte der Zeit betrachtet werden, sodass bei der Herleitung einer gesetzlichen Vertretungsmacht aus § 1353 BGB und § 1618a BGB immer die aktuellen Wertevorstellungen der Gesellschaft betrachtet werden müssten. Dies würde zu großer Rechtsunsicherheit führen, da der Umfang der Vertretungsmacht zu verschiedenen Zeitpunkten unterschiedlich weit sein könnte. Zudem ergeben sich aus den Normen keine Anhaltspunkte für die notwendigen Voraussetzungen einer gesetzlichen Vertretungsmacht. Aus den

---

330 Soergel-*M. Lipp*, § 1357 BGB Rn. 11.

331 So auch *Gernhuber/Coester-Waltjen*, Familienrecht, § 19 IV Rn. 42; Staudinger-*Voppel*, § 1357 BGB Rn. 41.

332 Staudinger-*Thiele*, § 1368 BGB Rn. 1.

333 ErlRV 1461 BlgNR XXV. GP. S. 42.

334 *VormundschaftsGerichtsTag e.V*, Abschlussbericht der Bund-Länder-Arbeitsgruppe „Betreuungsrecht“ zur 74. Konferenz der Justizministerinnen und -minister, S. 80 f.

335 *Diekmann*, BtPrax 2003, 200, 202.

§ 1353 BGB und § 1618a BGB kann somit keine gesetzliche Vertretungsmacht für Angehörige im Bereich der Gesundheitssorge hergeleitet werden.

dd) § 1429 BGB und § 1454 BGB

In den § 1429 BGB und § 1454 BGB statuiert das BGB das sog. Notverwaltungsrecht. Danach kann ein Ehegatte, wenn die Ehegatten im Güterstand der Gütergemeinschaft leben, für den anderen Ehegatten Rechtsgeschäfte vornehmen, welche im Zusammenhang mit dem Gesamtgut stehen, wenn der andere Ehegatte auf Grund von Krankheit oder Abwesenheit verhindert ist und ein Aufschub des Rechtsgeschäfts mit Gefahren verbunden wäre. Dabei kann der Ehegatte im eigenen oder im Namen des anderen Ehegatten handeln, wobei er im letzteren Fall als Vertreter auftritt.[336] Die erheblichsten Unterschiede zwischen § 1429 BGB und § 1454 BGB sind, dass bei § 1454 BGB der Ehegatte im Gegensatz zu § 1429 BGB zur Notverwaltung verpflichtet ist und dass er bei § 1454 BGB stets persönlich für die in Ausübung des Notverwaltungsrechts eingegangenen Verbindlichkeiten haftet.[337] Voraussetzung ist allerdings immer, dass in der Ehe der Güterstand der Gütergemeinschaft vorliegt. Dadurch stellt das Notverwaltungsrecht ein absolutes Ausnahmerecht dar und keinen Regelfall. Des Weiteren ist gem. § 1408 I BGB für den Güterstand der Gütergemeinschaft eine vertragliche Vereinbarung in Form eines Ehevertrags notwendig. Die Vertretungsmacht beruht somit letztendlich auf der vertraglichen Vereinbarung der Ehegatten und somit auf deren Privatautonomie. Sie entscheiden, dass sie im Güterstand der Gütergemeinschaft leben wollen und ein Gesamtgut entstehen soll, wodurch das Notverwaltungsrecht gilt.

Die gesetzliche Vertretungsmacht in Österreich hingegen stellt keine Ausnahme, sondern den Regelfall dar, wenn keine Vorsorgevollmacht oder gewählte Erwachsenenvertretung vorliegt. Auch wenn das Entstehen der Vertretungsmacht gem. § 245 II ABGB von der Eintragung in das ÖZVV abhängt, entsteht sie durch Gesetz und nicht auf Grund der Privatautonomie der Ehegatten. Das Notverwaltungsrecht stellt somit kein mit dem gesetzlichen Vertretungsrecht in Österreich vergleichbares Rechtsinstitut dar, zeigt allerdings dass ein solches dem BGB nicht vollkommen fremd ist.

Alles in allem existiert im BGB, im Gegensatz zu der Rechtslage in Österreich, kein Rechtsinstitut der gesetzlichen Vertretungsmacht für Angehörige oder ein vergleichbares Rechtsinstitut.

---

336 *Pohlenz,* Gesetzliche Vertretungsmacht für nahe Angehörige, S. 32 f.

337 Staudinger-*Thiele*, § 1454 BGB Rn. 2.

b) *Gesetzesentwürfe*

Jedoch gab es in Deutschland Versuche, eine solche gesetzliche Vertretungsmacht im BGB zu konzipieren. Im Jahr 2001 machten *Probst/Knittel* in einem Zeitschriftenaufsatz[338] den Vorschlag eines Gesetzentwurfs für die gesetzliche Vertretung durch Angehörige.[339] Daraufhin folgten in den Jahren 2003 und 2016 zwei Gesetzesentwürfe für die Einführung einer solchen gesetzlichen Vertretungsmacht.

aa) *Gesetzentwurf im Jahr 2004*

Am 12.03.2004 wurde dem Bundestag ein Gesetzentwurf (BT-Drucks. 15/2494) des Bundesrates (BR-Drucks. 865/03) zugeleitet, welcher unter anderem die Einführung einer gesetzlichen Vertretungsmacht für den Ehegatten und Angehörige vorsah. Das Ziel dieses Gesetzentwurfs war vor allem, die damals übermäßig gestiegene Anzahl an Betreuungen und die daraus entstehenden Kosten für die Länder zu verringern.[340] Entsprechend dem Gesetzentwurf sollten in den neuen § 1358 BGB-E und § 1358a BGB-E die Vertretungsmacht des einen Ehegatten für den anderen Ehegatten in den Bereichen der Vermögenssorge (§ 1358 BGB-E) und der Gesundheitssorge (§ 1358a BGB-E) geregelt werden sowie in dem § 1618b BGB-E die Vertretung durch die Angehörigen in Angelegenheiten der Gesundheitssorge.[341]

(1) *Inhalt*

Nach § 1358 I 1 BGB-E sollte jeder Ehegatte berechtigt sein, den anderen Ehegatten gerichtlich und außergerichtlich zu vertreten, wenn dieser auf Grund einer Krankheit oder Behinderung nicht in der Lage ist, seine Rechte und Pflichten selbst wahrzunehmen, und weder eine Vorsorgevollmacht vorliegt noch ein Betreuer bestellt worden ist sowie gem. § 1358 I 2 BGB-E kein Getrenntleben oder Widerspruch gegeben ist.[342] § 1358 I BGB-E entsprach somit im Kern § 268 I ABGB. Voraussetzung für die gesetzliche Vertretungsmacht sollte weiterhin gem. § 1358 III 1 Nr. 2 BGB-E sein, dass ein ärztliches Zeugnis über die Handlungsunfähigkeit des verhinderten Ehegatten vorgelegt wird[343], wie es in

338 *Probst/Knittel*, ZRP 2001, 55
339 Auf diesen Vorschlag soll nicht weiter eingegangen werden.
340 BT-Drucks. 15/2494 S. 12.
341 BT-Drucks. 15/2494 S. 5.
342 BT-Drucks. 15/2494 S. 5.
343 BT-Drucks. 15/2494 S. 6.

Österreich ebenfalls nach geltendem Recht Voraussetzung für die Entstehung der gesetzlichen Vertretungsmacht ist. Der Umfang der Vertretungsmacht im Bereich der Vermögenssorge sollte in § 1358 II BGB-E abschließend geregelt sein und umfasste dabei deutlich weniger Bereiche als die sehr weit gefasste Vertretungsbefugnis in Vermögenssachen gem. § 269 I Nr. 3 ABGB in Österreich.

Nach § 1358a I 1 BGB-E sollte jeder Ehegatte unter den Voraussetzungen des § 1358 I 1 BGB-E berechtigt sein, Erklärungen abzugeben, die auf die Vornahme einer Untersuchung des Gesundheitszustands, einer Heilbehandlung oder eines ärztlichen Eingriffes gerichtet sind.[344] § 1358 I 1 BGB-E entspricht somit im Kern der Vertretungsbefugnis aus § 269 I Nr. 5 ABGB.

Nach § 1618b I 1 BGB-E sollte § 1358a I BGB-E auch im Verhältnis zwischen Eltern und ihren volljährigen Kindern gelten, falls kein erklärungsbefugter Ehegatte oder Lebenspartner vorhanden sein sollte.[345] Die Kinder sollten bei der Entscheidungsbefugnis wiederum gem. § 1618b I 2 BGB-E Vorrang vor den Eltern des Betroffenen haben.[346] Im Unterschied zu der geltenden Regelung in Österreich in § 268 ABGB sollte die Vertretungsbefugnis somit nur Kindern und Eltern zustehen und ein Rangverhältnis zwischen den Angehörigen bestehen.

(2) Gang der Gesetzgebung

Der Gesetzentwurf scheiterte letztendlich im Jahr 2005 am Widerstand des Rechtsausschusses des Bundestags.[347] Dabei wurde vom Rechtsausschuss vor allem die bestehende Missbrauchsgefahr einer gesetzlichen Vertretungsmacht und die komplizierte Formulierung der Norm bemängelt, sodass es zur Vermeidung von Betreuungen vorzugswürdiger sei, die Betroffenen auf die Möglichkeit der Erstellung einer Vollmacht hinzuweisen.[348]

bb) Gesetzentwurf im Jahr 2016

Am 30.11.2016 wurde dem Bundestag ein Gesetzentwurf (BT-Drucks. 18/10485) des Bundesrates (BR-Drucks. 505/16) zugeleitet, welcher erneut die gesetzliche Vertretungsmacht für Ehegatten vorsah. Allerdings sollte die Vertretungsmacht dabei auf den Bereich der Gesundheitssorge und die Fürsorgeangelegenheiten begrenzt sein. Ziel des Gesetzentwurfs war, für die Zeit nach einem Unfall

---

344 BT-Drucks. 15/2494 S. 6.

345 BT-Drucks. 15/2494 S. 6.

346 BT-Drucks. 15/2494 S. 27.

347 *Dutta*, FamRZ 2017, 581, 582.

348 BT-Drucks. 15/4874 S. 26.

oder einer schweren unerwarteten Krankheit, ein Betreuungsverfahren zu verhindern und zu gewährleisten, dass der Betroffene von seinem Ehegatten, auch wenn keine Vorsorgevollmacht vorliegt, rechtlich vertreten werden kann und so den Wunsch der meisten Bürger nach einer Vertretungsmacht für Ehegatten gesetzlich zu verwirklichen.[349]

(1) Inhalt

Nach § 1358 I 1 BGB-E_1[350] sollte dem Ehegatten eine gesetzliche Vertretungsmacht zustehen, wenn sein Ehegatte auf Grund einer psychischen Krankheit oder einer körperlichen, geistigen oder seelischen Behinderung nicht mehr in der Lage ist, die in den Ziffern des Absatzes 1 aufgeführten Angelegenheiten selbstständig zu besorgen und kein Widerspruch, keine Vorsorgevollmacht und kein bestellter Betreuer vorliegen.[351] Zu den von der Vertretungsmacht umfassten Aufgabenkreisen sollten die Einwilligung oder Versagung der Einwilligung in Heilbehandlungen und ärztliche Eingriffe (Nr. 1), die Abgabe von Willenserklärungen in Bezug auf die ärztliche Behandlung (Nr. 2), die Entscheidung über Maßnahmen gem. § 1906 IV BGB (Nr. 3), die Geltendmachung von Ansprüchen im Zusammenhang mit Krankheit, Behinderung, Pflegebedürftigkeit oder Hilfsbedürftigkeit (Nr. 4) sowie die Entgegenahme und das Öffnen der Post des anderen Ehegatten zur Wahrnehmung der Angelegenheiten der Nummern 1 bis 4 (Nr. 5) gehören.[352] Der Umfang der gesetzlichen Vertretungsmacht sollte somit dem Umfang einer Vorsorgevollmacht angenähert sein.[353] Voraussetzung für die gesetzliche Vertretungsmacht sollte des Weiteren wiederum gem. § 1358 III 1 BGB-E_1 sein, dass ein ärztliches Zeugnis über den Gesundheitszustand des betroffenen Ehegatten vorgelegt wird.[354] Für die gesetzliche Vertretungsmacht sollten gem. § 1358 IV 1 BGB-E_1 die §§ 1901a f. BGB und § 1904 I bis IV BGB entsprechend gelten, wodurch der Ehegatte mit gesetzlicher Vertretungsmacht den gleichen Bindungen unterworfen sein sollte wie ein Vorsorgebevollmächtigter.[355]

---

349 BT-Drucks. 18/10485 S. 1.
350 § 1358 BGB-E_1 meint den Gesetzentwurf des Bundesrats.
351 BT-Drucks. 18/10485 S. 5.
352 BT-Drucks. 18/10485 S. 5.
353 *M. Weber*, NZFam 2017, 289, 294
354 BT-Drucks. 18/10485 S. 6.
355 BT-Drucks. 18/10485 S. 16.

Auf Grund von geäußerten Bedenken der damaligen Bundesregierung legte das Bundesjustizministerium im Auftrag der damaligen Regierungsfraktionen einen deutlich knapperen Gegenentwurf (BT-Drucks. 18/12427) vor.[356] Nach § 1358 I 1 BGB-E_2[357] sollte nur noch der § 1358 I 1 Nr. 1 BGB-E_1 gelten, sodass sich die Vertretungsmacht ausschließlich auf die Gesundheitssorge erstrecken sollte.[358] Dadurch sollte die Dauer der Vertretungsmacht auf einen überschaubaren Zeitraum begrenzt werden, wodurch die Gefahr des Missbrauchs verringert und das für die Bundesregierung vorstellbare „Notvertretungsrecht" eingeführt werden sollte.[359] Voraussetzung für die gesetzliche Vertretungsmacht gem. § 1358 I 1 BGB-E_2 sollte nicht mehr das Vorlegen eines ärztlichen Attestes sein, da die Vertretungsmacht nur noch die Gesundheitssorge umfassen sollte und der behandelnde Arzt dabei selbst den Gesundheitszustand des Betroffenen beurteilen könne.[360]

(2) Gang der Gesetzgebung

Der Gesetzentwurf des Bundesjustizministeriums wurde zunächst am 18.05.2017 vom Bundestag beschlossen.[361] Allerdings wurde die Vorlage des Gesetzentwurfs am 07.07.2017 von der Tagesordnung abgesetzt, da es insbesondere Widersprüche gegen die durch den Gesetzentwurf ebenfalls vorgesehene Erhöhung der Vergütung für Berufsbetreuer gab.[362] Aus diesem Grund versagte daraufhin auch der Bundesrat dem Gesetz die Zustimmung, sodass das Gesetz auf Grund der Neuwahl des Bundestages im September 2017 der materiellen Diskontinuität anheimgefallen ist.[363] Der Grundsatz der materiellen Diskontinuität besagt, dass Anträge, die am Ende einer Wahlperiode nicht abgeschlossen sind, gem. § 125 S. 1 GO-BT als erledigt gelten und nach der Neuwahl des Bundestages wieder neu eingebracht werden und das gesamte Verfahren noch einmal durchlaufen müssen.[364]

---

356 *Dutta*, FamRZ 2017, 581, 582.

357 § 1358 I 1 BGB-E_2 meint den Gesetzentwurf des Bundesjustizministeriums.

358 BT-Drucks. 18/12427 S. 3, 12.

359 BT-Drucks. 18/12427 S. 12; BT-Drucks. 18/10485 S. 20.

360 BT-Drucks. 18/12427 S. 12 f.

361 *Bayer et al.*, notar 2017, 226, 227.

362 *S. D. J. Schmitz*, notar 2017, 291, 291.

363 https://www.bundesanzeiger-verlag.de/betreuung/wiki/Angehörigenvertretungsrecht (zuletzt aufgerufen am 23.09.2019).

364 *Maurer*, Staatsrecht I, § 13 Rn. 54.

c) *Einführung einer gesetzlichen Vertretungsmacht für Angehörige?*

Fraglich erscheint, ob ein solcher Gesetzentwurf für eine gesetzliche Vertretungsmacht für Angehörige erneut eingebracht und sich so der Rechtslage in Österreich angenähert werden sollte oder ob eine gesetzliche Vertretungsmacht für Angehörige generell abzulehnen ist. Als Paradigma dafür soll das geltende Recht in Österreich in den §§ 268 ff. ABGB dienen.

aa) Gründe für die Statuierung einer gesetzlichen Vertretungsmacht

Zunächst soll festgestellt werden, ob die Notwendigkeit für die Einführung einer gesetzlichen Vertretungsmacht besteht und welche Gründe dafür sprechen könnten.

(1) Senkung der Kosten für Betreuungsverfahren

Im Jahr 2003 war der maßgebende Antriebspunkt für den oben dargestellten Gesetzentwurf, dass die Anzahl der Betreuungen und somit auch die Kosten im Betreuungsrecht übermäßig gestiegen waren.[365] Die Einführung der gesetzlichen Vertretungsmacht sollte dazu führen, dass weniger Betreuer bestellt werden müssten und dadurch die Kosten gesenkt werden könnten.

Zunächst einmal ist dieser Sinn und Zweck eines Gesetzentwurfs sehr bedenklich. Sicherlich ist die Entlastung des Justizhaushalts eine bedeutsame Aufgabe, doch nur zu diesem Zweck die Notwendigkeit einer Gesetzesänderung zu begründen, erscheint vor allem im Familienrecht nicht tragbar. In Angelegenheiten des Familienrechts sollte sich vor allem an den Bedürfnissen der Betroffenen orientiert werden. Diese sind keine bloßen Objekte, denen etwas „aufgezwungen" werden sollte oder die dafür genutzt werden können, um Kosten einzusparen. Zudem ist nicht davon auszugehen, dass sich die Anzahl der Betreuungen durch die Einführung einer gesetzlichen Vertretungsmacht spürbar verringert. In vielen Betreuungsverfahren besitzt der Betroffene keinen Ehegatten bzw. keine Kinder oder Eltern mehr, sodass auch kein potentieller gesetzlicher Vertreter vorhanden ist und ein Betreuer bestellt werden muss.[366] Eine Kostensenkung würde somit nur bei der Verhinderung von Betreuungen durch Angehörige erreicht werden. Des Weiteren muss bedacht werden, zu welchem Zeitpunkt die Unterstützungsbedürftigkeit in den meisten Fällen eintritt.

365 BT-Drucks. 15/2494 S. 1.

366 *Paino-Staber,* Gesetzliche Stellvertretung naher Angehöriger im Bereich der Gesundheitssorge, S. 48.

Diese liegt in fast allen Fällen bei alten Menschen vor, welche z.B. an Demenz erkrankt sind. In diesem Fall ist allerdings sehr wahrscheinlich auch der Ehegatte in einem hohen Alter. Dies könnte dazu führen, dass der Arzt oder eine andere Person an der Urteils- und Handlungsfähigkeit des vertretungsbefugten Ehegatten zweifelt, sodass die gesetzliche Vertretungsmacht die Einleitung eines Betreuungsverfahrens für den Betroffenen nicht verhindern kann.[367]

Zudem könnte das Ziel der Kostensenkung durch die Stärkung des primären Rechtsinstituts zur Unterstützung eines Erwachsenen effektiver vorgenommen werden: Der Vorsorgevollmacht.[368] Vor allem die oben geforderte neue „echte“ Vorsorgevollmacht erscheint geeignet, dieses Ziel zu erreichen. Die Vorsorgevollmacht stellt, wie oben dargestellt, das ideale Mittel dar, die Bestellung eines Betreuers zu verhindern. Zudem zeigen statistische Auswertungen, dass die Anzahl der Erstbestelllungen eines Betreuers seit dem Jahr 2009 kontinuierlich sinkt[369], wobei sich die Anzahl der eingetragenen Vorsorgevollmachten seit dem Jahr 2009 mehr als vervierfacht hat.[370] Dies belegt, dass eine nicht unerhebliche Anzahl an Menschen der Gesellschaft aufgenommen hat, dass eine Vollmacht für den Vorsorgefall ein überaus bedeutsames Rechtsinstitut darstellt und dies dazu führt, dass immer weniger Betreuungsverfahren durchgeführt werden müssen. Die Reduzierung der Betreuungsverfahren und auf Grund dessen der Kosten wird somit durch die Vollmachten effektiv erreicht. Die Einführung einer gesetzlichen Vertretungsmacht für nahe Angehörige kann diesem Zweck nicht dienen. Dazu sollte die Vollmacht für den Vorsorgefall weiter gestärkt werden. Sollte die oben geforderte neue „echte“ Vorsorgevollmacht eingeführt werden, müsste diese ebenfalls gestärkt werden.

(2) Gesetzliche Umsetzung der Vorstellung der Gesellschaft

Der Gesetzentwurf im Jahr 2016 wurde vor allem auf die Argumentation gestützt, dass die Bürger sich wünschen, dass eine Vertretung durch den Ehegatten möglich ist und dass der Großteil der Bevölkerung zudem schon davon

---

367 So auch: *W. Bienwald*, FamRZ 2002, 1453, 1454; *Grziwotz*, ZRP 2017, 88, 90.

368 So auch: *Paino-Staber*, Gesetzliche Stellvertretung naher Angehöriger im Bereich der Gesundheitssorge, S. 52.

369 https://www.bundesjustizamt.de/DE/SharedDocs/Publikationen/Justizstatistik/Betreuungsverfahren.pdf?__blob=publicationFile&v=6 (zuletzt aufgerufen am 23.09.2019).

370 Statistiken abrufbar unter: https://www.vorsorgeregister.de/footer/jahresbericht-und-statistik/ (zuletzt aufgerufen am 23.09.2019).

ausgehe, dass eine Vertretungsmacht qua Gesetz bestehe.[371] Gestützt wird dies auf empirische Untersuchungen. Zudem soll es dem klinischen Alltag entsprechen, dass die Großzahl der Patienten bei erheblichen Entscheidungen über medizinische Behandlungen ihre Familie an der Entscheidungsfindung beteilige.[372] Auf Grund dieser Feststellungen soll das Modell der gesetzlichen Vertretungsmacht der gelebten Realität entsprechen.[373] Weitergehend wird aus dieser Annahme gefolgert, dass eine Sozialnorm bestehe.[374] Der Ehegatte bzw. nahe Angehörige wäre somit der ideale Vertreter und würde die Vertretung des Betroffenen pflichtbewusst wahrnehmen.

Die Familie besitzt richtigerweise eine besondere Stellung, da diese für viele Betroffene das bedeutsamste soziale System darstellt, sodass die Solidarität der Familie jederzeit gestärkt werden sollte, was durch die Einführung einer gesetzlichen Vertretungsmacht zweifelsfrei erreicht werden würde. Auch kann zwischen Angehörigen ein besonderes Nähe- und Vertrauensverhältnis bestehen, sodass diese die Interessen des Betroffenen besser wahrnehmen können, als ein familienfremder Betreuer.

Allerdings müssen die empirischen Untersuchungen, auf die sich der Gesetzentwurf stützt, kritisch betrachtet werden. Danach sollen die meisten Bürger davon ausgehen, dass eine Vertretungsmacht qua Gesetz für nächste Angehörige bestehe. Bei dieser Feststellung durch eine Umfrage des Meinungsforschungsinstituts forsa muss allerdings beachtet werden, dass lediglich 1.006 Personen befragt wurden.[375] Bei mehr als 82 Millionen Einwohnern in Deutschland, kann eine Umfrage unter 1.006 Personen nicht als repräsentativ für die gesamte Bevölkerung angesehen werden. Nach einer weiteren Untersuchung von *Sahm/Will* würde die große Mehrheit der Befragten dem Ehegatten bzw. Lebenspartner, noch vor den nächsten Angehörigen, eine Vorsorgevollmacht erteilen und sich wünschen, dass Ärzte und Angehörige gemeinsam über ihre medizinische Behandlung entscheiden.[376] Daraus schließen die Autoren, dass sich die Befragten bei Vorliegen der Unterstützungsbedürftigkeit eine gesetzliche Stellvertretung durch nahe Angehörige wünschen.[377] Dieser Rückschluss ist allerdings nicht haltbar.

---

371 BT-Drucks. 18/10485 S. 1.

372 *Brauer/V. Lipp*, MedR 2016, 231, 231.

373 So z.B. *Bund-Länder-Arbeitsgruppe „Betreuungsrecht“*, Zwischenbericht zur 73. Konferenz der Justizministerinnen und Justizminister, 22, 32.

374 *Kunz*, Gesetzliche Vertretungsbefugnis von nahen Angehörigen für Volljährige

375 BT-Drucks. 18/10485 S. 9.

376 *Sahm/Will*, Ethik in der Medizin 2005, 7, 14 ff.

377 *Sahm/Will*, Ethik in der Medizin 2005, 7, 18.

Aus der Angabe der Befragten, dass sie den Ehegatten bzw. Partner als Vorsorgebevollmächtigten einsetzen würden, kann nicht geschlossen werden, dass die Befragten sich auch eine Vertretungsmacht qua Gesetz wünschen. Der Wunsch nach einem Vorsorgebevollmächtigten kann nicht mit dem Wunsch nach einer Vertretungsmacht qua Gesetz gleichgesetzt werden. Das Ergebnis besagt nur, dass die Befragten, wenn sie einen Vertreter wählen würden, ihren Ehegatten bzw. Partner die Vertretungsmacht erteilen würden. Diese Angabe erscheint in einer intakten Ehe nicht überraschend. Auch ist nachvollziehbar, dass sich die meisten Befragten wünschen, dass ein Angehöriger bei der Entscheidung bzgl. medizinischer Behandlungen zusammen mit dem Arzt entscheidet, da sich vermutlich jeder wünscht, dass die Entscheidung nicht alleine von einem außenstehenden Dritten getroffen wird, sondern auch eine nahestehende Person an der Entscheidungsfindung beteiligt ist. Jedoch kann daraus nicht gefolgert werden, dass sich die Befragten auch wünschen, dass der Angehörige eine weitreichende Vertretungsmacht erhält, da davon ausgegangen werden muss, dass die Befragten als juristische Laien ihre Angaben in dem Sinne verstehen, dass der Angehörige dem Arzt unverbindliche Ratschläge gibt. Eine umfassende Vertretungsmacht qua Gesetz wird wohl nicht gewollt sein. Es erscheint somit schon bedenklich, ob die empirischen Untersuchungen einen zweifelsfreien Nachweis über die Vorstellung der Bevölkerung erbringen können.

Unabhängig von dem Nachweis durch empirische Untersuchungen kann der Ansicht, dass eine gesetzliche Vertretungsmacht der gelebten Realität entspricht, nach richtiger Auffassung nicht gefolgt werden. In vielen Fällen besteht zwischen den Angehörigen schon eine räumliche Distanz, auf Grund unterschiedlicher Wohnorte, was dazu führen kann, dass kein regelmäßiger und enger Kontakt besteht. Dies würde auch zu Problemen bei der Wahrnehmung der Vertretungsmacht führen. Zudem hat jedes Familienmitglied eigene berufliche und private Angelegenheiten, um die es sich kümmern muss, sodass im Laufe des Lebens die Stärke des Näheverhältnisses immer weiter abnehmen kann.[378] Vor allem in der Beziehung zwischen Eltern und Kindern können völlig unterschiedliche Lebenskonzepte vorliegen, welche zu einer Entfremdung führen, sodass kein Nähe- und Vertrauensverhältnis mehr besteht.[379] Auch spricht die Anzahl der Scheidungen in Deutschland klar gegen die These, dass es sich bei der gesetzlichen Vertretungsmacht um eine gelebte Realität handelt, welche sich die Ehegatten und

---

378 *Strätling et al.*, MedR 2003, 372, 374.

379 *Geißendörfer*, Die Selbstbestimmung des Entscheidungsunfähigen an den Grenzen des Rechts, S. 427.

Angehörigen gesetzlich normiert wüschen und der Annahme, dass diese die Vertretungsmacht pflichtbewusst wahrnehmen können.[380] Zudem ist eine der Folgen einer Scheidung oftmals, dass die Scheidungskinder zu einem Elternteil keinen engen und vertrauensvollen Kontakt haben.[381] Auch wenn sich die Scheidungsquote seit dem Jahr 2011 kontinuierlich verringert, betrug sie im Jahr 2018 immer noch 32,94 %.[382] Dies zeigt, dass trotz einer Ehe in vielen Fällen nicht das vorausgesetzte Nähe- und Vertrauensverhältnis zwischen den Ehegatten besteht. Zudem kommt eine unbestimmte Dunkelziffer von Ehen hinzu, in denen die Ehegatten zerstritten sind und sich nur zum vermeintlichen Wohl der gemeinsamen Kinder nicht scheiden lassen. Gerade in dieser Konstellation kann nicht davon ausgegangen werden, dass ein gegenseitiger Wunsch besteht, vom jeweils anderen Ehegatten vertreten zu werden. Neben diesen Gründen sprechen auch die häufigen familien- und vor allem erbrechtlichen Streitigkeiten dafür, dass eine gesetzliche Vertretungsmacht nicht der gelebten Realität entspricht, sondern eine Wunschvorstellung des Gesetzgebers ist.[383]

Im Gegensatz zum Verständnis der Bevölkerung bzgl. der gesetzlichen Vertretungsmacht, kann mit Sicherheit davon ausgegangen werden, dass es nicht dem Rechtsverständnis von Ehegatten entspricht, dass jeder Ehegatte für den anderen Ehegatten alle Vermögensangelegenheiten wahrnehmen kann.[384] Vielmehr werden den Ehegatten die Konstrukte der Zugewinngemeinschaft, Gütertrennung und Gütergemeinschaft präsent sein. Auch im Falle der Unterstützungsbedürftigkeit wird es nicht der Vorstellung der Bevölkerung entsprechen, dass ein Ehegatte eine so weitgehende Vertretungsmacht in Vermögensangelegenheiten wie in § 269 I 1 Nr. 3 ABGB besitzt. Der Umfang der gewünschten oder vorgestellten gesetzlichen Vertretungsmacht wird sich bei den meisten Bürgern wohl nur auf Angelegenheiten der Gesundheitssorge erstrecken, damit der Ehegatte oder Angehörige in Zeiten der Unterstützungsbedürftigkeit für den Betroffenen die relevanten Entscheidungen bzgl. medizinischer Maßnahmen treffen kann. Die Einführung einer gesetzlichen Vertretungsmacht für Ehegatten und Angehörige

380 So auch: *Gödicke*, FamRZ 2003, 1894, 1897.

381 *Paino-Staber*, Gesetzliche Stellvertretung naher Angehöriger im Bereich der Gesundheitssorge, S. 40.

382 https://de.statista.com/statistik/daten/studie/76211/umfrage/scheidungsquote-von-1960-bis-2008/ (zuletzt aufgerufen am 23.09.2019).

383 *Lünsmann*, BtPrax 2015, 221, 222.

384 *Bühler*, FamRZ 2002, 76, 77 f.

kann alles in allem nicht generell auf die Vorstellung der Bevölkerung gestützt werden.

(3) Unterstützung der Ärzte

Ein weiterer Grund für die Statuierung einer gesetzlichen Vertretungsmacht für Angehörige könnte der Umstand sein, dass durch diese die Ärzte unterstützt werden. Bei dem Bestehen einer gesetzlichen Vertretungsmacht hätten die den Betroffenen behandelnden Ärzte immer einen rechtlichen Ansprechpartner zur Abstimmung der Behandlung. Auch steht außerfrage, dass die Angehörigen, bei einem bestehenden Nähe- und Vertrauensverhältnis, am besten die Wünsche und den mutmaßlichen Willen des Betroffenen kennen, sodass der behandelnde Arzt unterstützt werden kann, indem die Behandlung des Betroffenen effizient an dessen Einstellungen und Haltungen angepasst werden kann und sich nicht nur an nicht-patientenorientierten Motiven orientiert.[385]

Zunächst muss jedoch beachtet werden, dass vor allem bei der Gesundheitssorge eine Kollision der Interessen des Betroffenen und der Eigeninteressen des Vertreters drohen, wenn dieser einen Heileingriff z.B. auf Grund seiner Religion oder Weltanschauung ablehnt.[386] In diesem Fall ist der behandelnde Arzt grundsätzlich an die Anweisungen des gesetzlichen Vertreters gebunden. Er könnte sich nicht mehr auf die mutmaßliche Einwilligung des Betroffenen stützen.

Neben den oben ausgeführten Bedenken bzgl. des Näheverhältnisses von Angehörigen in der heutigen Gesellschaft, kann es vor allem bei Gesundheitsfragen zu einer Überforderung der Angehörigen und des Ehegatten kommen, da diesen die notwendige Objektivität und Weitsicht bei der Entscheidung fehlt und es bei diesen Entscheidungen grundsätzlich eines emotionalen Abstands zum Betroffenen bedarf.[387] Diese Emotionen führen zudem zu Problemen bei der Kommunikation zwischen dem Vertreter und dem Arzt, da es dem Angehörigen auf Grund der bestehenden Hoffnung und seines Wunschdenkens schwer fallen wird auf die Ratschläge des Arztes zu hören.[388] Des Weiteren bedeutet die

---

385 *Burchardi,* Begrenzung oder Beendigung der Behandlung aus Sicht eines Intensivmediziners, 477, 487.

386 *Chiusi,* ZRP 2004, 119, 122.

387 *Paino-Staber,* Gesetzliche Stellvertretung naher Angehöriger im Bereich der Gesundheitssorge, S. 107; *Pufhan/Maaßen,* Angehörige als Betreuer: Kompetenzen und Grenzen, 167, 169.

388 *Burchardi,* Begrenzung oder Beendigung der Behandlung aus Sicht eines Intensivmediziners, 477, 487

Vertretungsmacht bzgl. der Gesundheitssorge mehr als nur das Bestätigen oder Ablehnen einer medizinischen Behandlung, sondern es müssen weitergehende Entscheidungen getroffen werden, bei denen fraglich erscheint, ob der Angehörige dazu die notwendige Fähigkeit besitzt.[389] Gerade in Extremfällen, wenn z.B. kurz nach einem Autounfall der unverletzte Ehegatte schon im Rettungswagen Entscheidungen über die medizinische Behandlung seines Ehegatten treffen muss, könne nach *Gödicke* keine klare Entscheidung getroffen werden.[390] Der Arzt wäre in diesem Fall allerdings auf diese Entscheidung angewiesen.

Allerdings muss dagegen eingewendet werden, dass auch bei einer Vorsorgevollmacht fast immer ein Angehöriger zur Vertretung des unterstützungsbedürftigen Erwachsenen ermächtigt wird und auch bei einer Betreuung in vielen Fällen auf Grund von § 1897 V BGB ein Angehöriger als Betreuer eingesetzt wird. So wurden im Jahr 2016, bei 205.225 Erstbestellungen eines Betreuers, in 90.075 Fällen ein Familienangehöriger als Betreuer eingesetzt.[391] Somit entscheidet im Zweifel auch in diesen Fällen die Person, der eine gesetzliche Vertretungsmacht zustehen würde. In dem oben dargestellten Fall von *Gödicke*, ist ihm zuzustimmen, dass in dieser Situation der unverletzte Ehegatte unter Schock keine vernünftige Entscheidung treffen kann. Voraussetzung für eine Entscheidungsgewalt des Ehegatten ist aber, dass die Vertretungsmacht zu dem Zeitpunkt schon besteht. *Gödicke* bezieht sich bei diesem Fallbeispiel auf den oben dargestellten ersten Gesetzentwurf in Deutschland, bei dem die Vertretungsmacht schon bei Eintritt des Vorsorgefalls entsteht. Würde man das Entstehen allerdings wie in Österreich von der Eintragung des Vorsorgefalls abhängig machen, hätte der Ehegatte in dieser Extremsituation keine Vertretungsmacht und hätte somit auch nicht den Druck, eine Entscheidung zu treffen. Der Arzt könnte nach seinem Ermessen die Erstbehandlung durchführen.

Insgesamt muss festgestellt werden, dass eine Unterstützung der Ärzte nicht schon auf Grund einer möglichen Interessenkollision oder der Geeignetheit der Angehörigen abgelehnt werden kann. Im alltäglichen Klinikalltag kann die gesetzliche Vertretungsmacht bzgl. der Gesundheitssorge sehr wohl die Ärzte unterstützen, da diesen ein rechtlicher Ansprechpartner zu Verfügung steht.

---

389 *Kunz*, Gesetzliche Vertretungsbefugnis von nahen Angehörigen für Volljährige, S. 109.

390 *Gödicke*, FamRZ 2003, 1894, 1899

391 https://www.bundesjustizamt.de/DE/SharedDocs/Publikationen/Justizstatistik/Betreuungsverfahren.pdf?__blob=publicationFile&v=6 (zuletzt aufgerufen am 23.09.2019).

Jedoch spricht dies nur für eine Notwendigkeit der gesetzlichen Vertretungsmacht, wenn die Ärzte ansonsten keinen rechtlichen Ansprechpartner des Betroffenen zur Seite stehen hätten. In den meisten Fällen wird der Betroffene allerdings entweder einen Vertreter auf Grund einer Vollmacht besitzen oder es kann ihm zeitnah im Eilverfahren ein Betreuer bestellt werden. Zudem steigt die Anzahl der Patientenverfügungen kontinuierlich an.[392] Nach § 1901a I 1 BGB stellt die Patientenverfügung eine antizipierte Einwilligung oder Verweigerung einer medizinischen Behandlungsmaßnahme dar.[393] Somit kann der Arzt in vielen Fällen aus dieser den mutmaßlichen Willen und die Wünsche des Betroffenen entnehmen.

Alles in allem besteht somit nicht das Bedürfnis der gesetzlichen Vertretungsmacht, um Ärzten bei der Behandlung eines unterstützungsbedürftigen Erwachsenen einen rechtlichen Ansprechpartner zur Seite zu stellen.

(4) Schließung einer rechtlichen Lücke

Oftmals wird für die Notwendigkeit einer gesetzlichen Vertretungsmacht für Ehegatten oder Angehörige angebracht, dass durch diese eine bestehende Lücke zwischen der Vorsorgevollmacht und der Betreuung geschlossen wird, welche entsteht, wenn der Betroffene keine Vorsorgevollmacht besitzt.[394] Diesem Vorbringen ist grundsätzlich zuzustimmen. Liegt keine oder eine nur unvollständige Vorsorgevollmacht vor, muss nach geltendem Recht des BGBs ein Betreuer bestellt werden. Es gibt keine sog. „Notordnung", nach der bei einer plötzlich eintretenden Unterstützungsbedürftigkeit ein vom Betroffenen gewünschter und gewollter Vertreter für ihn handelt. Diese Lücke würde zweifelsfrei durch eine gesetzliche Vertretungsmacht geschlossen werden.

Allerdings ist zu erwarten, dass durch die gesetzliche Vertretungsmacht die Vollmacht für den Vorsorgefall erheblich an Bedeutung verlieren würde. Die Ehegatten oder allgemein die Familienmitglieder werden sich durch die neue Regelung abgesichert fühlen und die Erteilung einer Vollmacht nicht in Betracht ziehen, vor allem wenn sie so noch die Kosten für eine mögliche notarielle Beurkundung einsparen können. Erst nach dem Eintreten eines „Unglücksfalls" und der Wiedergenesung von diesem werden sie sich, wenn überhaupt, mit der Erteilung einer Vollmacht auseinandersetzen.[395] Sollte in diesem „Unglücksfall"

392 https://www.aerzteblatt.de/nachrichten/81737/Zahl-der-Patientenverfuegungen-gestiegen (zuletzt aufgerufen am 23.09.2019).

393 *Muscheler,* Familienrecht, § 47 Rn. 822.

394 So z.B. *Probst/Knittel*, ZRP 2001, 55, 55.

395 *Fölsch*, notar 2017, 117, 117.

die gesetzliche Vertretungsmacht jedoch für die Zeit der Unterstützungsbedürftigkeit ausgereicht haben, werden die Ehegatten bzw. Angehörigen sich auch für einen weiteren „Unglücksfall" hinreichend abgesichert fühlen und keine Vollmacht erteilen. Wieso sollten Kosten und Mühen auf sich genommen werden, wenn das gewünschte Ergebnis scheinbar auch kraft Gesetz erreichbar ist? Es würde so der Handlungsdruck des Gesetzgebers auf die Betroffenen reduziert werden, sich mit dem Rechtsinstitut der Vorsorgevollmacht auseinanderzusetzen.[396] Der Gesetzgeber würde die Ausübung der Privatautonomie unterdrücken. Wie *Winterstein/Thar* treffend formulieren, erscheint der Eindruck, dass die Einführung der gesetzlichen Vertretungsmacht unter dem Motto steht: „Bist Du nicht willig, eine Vorsorgevollmacht zu errichten, bekommst Du doch Deinen gesetzlichen Vertreter."[397] Zudem müssen sich die Bürger dann nicht mit den unbeliebten Themen „Tod" und „Krankheit" auseinandersetzen, sondern das Gesetz übernimmt dies für sie. Des Weiteren ist zu erwarten, dass auch die Gemeinden, Länder und der Staat kein Interesse mehr an der Stärkung der Vorsorgevollmacht besitzen werden, da so Kosten eingespart werden können, indem keine Aufklärungen mehr über die Bedeutsamkeit der Vorsorgevollmacht erfolgen müssten.[398] Auch die Bundesregierung erkannte an, dass mit einem Bedeutungsverlust der Vollmacht zu rechnen sei, obwohl diese das vorzugswürdigere Instrument sei.[399]

Bei den Rechtsinstituten zur rechtlichen Unterstützung eines Erwachsenen muss eine strenge Subsidiarität zwischen diesen bestehen. In Deutschland ist die Betreuung gem. § 1896 II 2 BGB subsidiär zu einer Vollmacht und auch in Österreich gilt ein strenger Subsidiaritätsgrundsatz zwischen der Vorsorgevollmacht, der gewählten Erwachsenenvertretung, der gesetzlichen Erwachsenenvertretung und der gerichtlichen Erwachsenenvertretung. Auch wenn dieser Subsidiaritätsgrundsatz im Gesetzestext gewahrt werden würde und die gesetzliche Vertretungsmacht, wie in Österreich gem. § 268 I Nr. 2 ABGB, ausgeschlossen ist, wenn eine Vorsorgevollmacht vorliegt, ist zu erwarten, dass dieser keinen Einfluss auf die Praxis haben wird. Die Bürger würden sich durch die gesetzliche Vertretungsmacht ausreichend abgesichert fühlen, sodass die gesetzliche Vertretungsmacht das primäre Rechtsinstitut zur Verhinderung einer Betreuung darstellen würde. Somit würde die gesetzliche Vertretungsmacht, zugespitzt

396 *Dutta*, FamRZ 2017, 581, 584.
397 *Winterstein/Thar*, Gesetzliche Vertretungsberechtigung für Angehörige, 90, 100.
398 *Winterstein/Thar*, Gesetzliche Vertretungsberechtigung für Angehörige, 90, 100.
399 BT-Drucks. 18/10485 S. 21.

formuliert, in der Praxis die Erteilung von Vollmachten erschweren oder sogar verhindern. Das Risiko dafür ist in Österreich auf Grund der umfänglichen Vertretungsmacht gem. § 269 ABGB besonders stark gegeben.

Dies muss allerdings unbedingt verhindert werden. Die Vorsorgevollmacht muss das primäre Rechtsinstitut bei der rechtlichen Unterstützung eines Erwachsenen bleiben. Sie wahrt am stärksten das Selbstbestimmungsrecht des Betroffenen, indem durch sie auch für die Zeit, in der der Vollmachtgeber keinen freien Willen mehr hat, selbstbestimmte Entscheidungen möglich sind.[400] Zudem kann, wie oben dargestellt, durch eine Vollmacht eine individuelle rechtliche Vorsorge für die Zukunft geschaffen werden.

Zusammenfassend würde durch die gesetzliche Vertretungsmacht eine rechtliche Lücke geschlossen werden, aber gleichzeitig die Vorsorgevollmacht gravierend an Bedeutung verlieren. Wie die Bundesregierung richtig ausführt, sollte deswegen vielmehr die Verbreitung der Vorsorgevollmacht gefördert werden und über ihre Vorteile informiert werden, da sie das vorzugswürdigste Rechtsinstitut zur rechtlichen Unterstützung eines Erwachsenen darstellt. Diese alleine ist geeignet, die Bestellung eines Betreuers effektiv und dauerhaft zu verhindern und dabei das Selbstbestimmungsrecht des Betroffen vollumfänglich zu schützen.[401] Dies gilt insbesondere für die oben geforderte neue „echte“ Vorsorgevollmacht.

Liegt keine Vollmacht vor, bietet das Gesetz für einen solchen „Notfall“ in Form der Betreuung das passende Rechtsinstitut, bei dem gem. § 1897 IV und V BGB in den meisten Fällen der Ehegatte oder ein naher Angehöriger als Betreuer eingesetzt wird.[402]

(5) Zwischenergebnis

Insgesamt betrachtet muss festgestellt werden, dass keine Notwendigkeit für die Statuierung einer gesetzlichen Vertretungsmacht besteht, da die Rechtsinstitute der Vorsorgevollmacht, der geforderten „echten“ Vorsorgevollmacht und der Betreuung für die umfassende Unterstützung eines Erwachsenen im Rechtsverkehr ausreichen und insbesondere die Vorsorgevollmacht ein geeigneteres Mittel zur Vertretung darstellt.

---

400 *Fölsch*, notar 2017, 117, 117.

401 BT-Drucks. 18/10485 S. 21.

402 So auch: *Diekmann*, Gesetzliche Vertretungsbefugnis für Angehörige?, 102, 104; *Diekmann*, BtPrax 2015, 188, 189.

bb) Inhaltliche Bedenken

Des Weiteren bestehen bei der Einführung einer gesetzlichen Vertretungsmacht für Ehegatten bzw. nächste Angehörige einige inhaltliche Bedenken.

(1) Missbrauchsrisiko

Durch die Regelungen in Österreich erhält der Vertreter gem. § 269 ABGB eine umfassende Vertretungsmacht, die im Grunde den Umfang einer Generalvollmacht besitzt. Dadurch liegt ein erhöhtes Missbrauchsrisiko dieser Vertretungsmacht vor. Um dieses Missbrauchsrisiko zu senken, müssen vom Gesetzgeber, wie bei jedem Rechtsinstitut des Erwachsenenschutzes, Schutzmechanismen geschaffen werden.

(a) Der Widerspruch

Der österreichische Gesetzgeber hat als Schutzmechanismus die Möglichkeit des Widerspruchs in § 268 I Nr. 4 ABGB und § 246 I 1 Nr. 3 ABGB gesetzlich statuiert. Danach kann der Betroffene jederzeit der Vertretung widersprechen, sodass diese gem. § 246 I 1 Nr. 3 ABGB erlischt. Der Widerspruch stellt sicherlich einen Schutzmechanismus dar, jedoch ist dieser, wie *Gödicke* treffend ausführt, ein „überaus stumpfes Schwert“.[403]

Der Widerspruch wird zunächst einmal nur in den seltensten Fällen vorliegen. So waren im Jahr 2009 in Österreich bei 2.162 eingetragenen Angehörigenvertretungen nur 57 Widersprüche im ÖZVV eingetragen.[404] Sicherlich war dies der Fall, weil die meisten Ehen und familiären Beziehungen intakt waren, jedoch können auch andere Gründe dafür vorliegen, dass kein Widerspruch eingetragen wird. Ein Grund kann darin liegen, dass die Ehegatten die Ausübung des Widerspruchs meiden, da der andere Ehegatte dies als Misstrauen aufnehmen könnte, welches zu einer erheblichen Belastung der Ehe führen könnte.[405] Zudem müsste der Widerspruch in das ZVR eingetragen werden und würde somit öffentlich gemacht werden. Ehegatten möchte jedoch sehr wahrscheinlich vermeiden, dass durch die Eintragung des Widerspruchs Bedenken an der Intaktheit ihrer Ehe entstehen. Auch wird bei einer Ehe, in der es zu häuslicher Gewalt kommt oder in der ein Abhängigkeitsverhältnis vorliegt, kein Widerspruch eingetragen

403 *Gödicke*, FamRZ 2003, 1894, 1897
404 *Ganner*, iFamZ 2009, 150, 153.
405 *Bühler*, FamRZ 2002, 76, 78; *Vossler*, BtPrax 2003, 6, 9.

werden. Der unterlegene Ehegatte ist dem anderen Ehegatten bei einer gesetzlichen Vertretungsmacht schutzlos ausgeliefert.

Des Weiteren muss davon ausgegangen werden, dass in vielen Fällen keine Kenntnis über die Möglichkeit des Widerspruchs bestehen wird. Bei der gesetzlichen Vertretungsmacht findet eine Beteiligung eines Notars oder Rechtsanwaltes gem. § 270 I ABGB erst bei der Eintragung der Vertretungsmacht statt. Anders als bei einer Vorsorgevollmacht ist eine vorherige Beratung nicht erforderlich, da das Gesetz die Voraussetzungen und den Umfang der Vertretungsmacht festlegt. Eine Aufklärung über den Widerspruch wird somit vor dem Eintritt der Unterstützungsbedürftigkeit nicht erfolgen. Eine Kenntniserlangung von der Möglichkeit des Widerspruchs ist für einen juristischen Laien deswegen kaum möglich, sodass dieser auch nicht erklärt werden wird.

Auch nach Eintritt der Unterstützungsbedürftigkeit besteht für den Betroffenen immer noch die Möglichkeit, seinen Widerspruch zu erklären. Dabei ist gem. § 270 ABGB die Beteiligung eines Notars oder Rechtsanwaltes erforderlich, welcher gem. § 270 III 1 ABGB auf die Möglichkeit des jederzeitigen Widerspruchs hinweisen muss. Eine Kenntniserlangung über den Widerspruch liegt somit im Falle der Unterstützungsbedürftigkeit vor.

Der Betroffene kann nach Belehrung über den Widerspruch bei dem Termin für die Eintragung entscheiden, ob er einen solchen Widerspruch erklärt, wobei ihm ausreichend Gelegenheit für die Entscheidung eingeräumt werden soll.[406] In dieser Situation mit wenig Zeit und einem gewissen Druck, wird jedoch in der Praxis in den seltensten Fällen ein Widerspruch erklärt werden, zumal die Person, gegen die sich der Widerspruch richtet, bei dem Termin ebenfalls anwesend ist. Nach der Eintragung der gesetzlichen Erwachsenenvertretung kann nicht verhindert werden, dass auf den Betroffenen von Seiten des Vertreters Druck ausgeübt wird, sodass der Betroffene keinen Widerspruch erklärt.

Zudem ist problematisch, welche Ansprüche an die Voraussetzungen beim Betroffenen und das Verfahren zu stellen sind. In Österreich genügt es gem. § 246 I 2 ABGB, dass der Betroffene zu erkennen gibt, dass er nicht mehr vertreten werden möchte. Dazu muss der Betroffene eine Vertretung nicht generell ablehnen, sondern es genügt, dass er zu erkennen gibt, dass er nicht mehr von dem gesetzlichen Vertreter vertreten werden möchte.[407] Dabei muss keine Entscheidungsfähigkeit des Betroffenen vorliegen und es muss keine Form

406 ErlRV 1461 BlgNR XXV. GP. S. 42.

407 *Schauer*, iFamZ 2017, 148, 157.

eingehalten werden.[408] Der Widerspruch muss lediglich in das ÖZVV eingetragen werden. Dem kann jedoch in Deutschland nicht gefolgt werden, wie schon ein Vergleich zu der Betreuung zeigt. Bei der Auswahl des Betreuers kann der Betroffene in einer Betreuungsverfügung und bei der richterlichen Anhörung seine Wünsche und Ablehnungen bzgl. der Person des Betreuers äußern, wobei diese vom Gericht gem. § 1897 IV BGB zu berücksichtigen sind.[409] Allerdings ist das Gericht an diese Wünsche nicht gebunden und muss bei der Ablehnung einer bestimmten Person gem. § 1897 IV 2 BGB nur Rücksicht auf den Wunsch nehmen. Grundsätzlich entscheidet das Gericht gem. § 1897 I BGB nach freiem Ermessen bei der Auswahl eines Betreuers und bestellt eine geeignete natürliche Person zum Betreuer.[410] Somit kann auch die vom Betroffenen abgelehnte Person zum Betreuer bestellt werden, wenn dies seinem Wohle am besten entspricht. Bei dem vorgesehenen Widerspruch bei der gesetzlichen Erwachsenenvertretung findet eine solche Kontrolle durch das Gericht hingegen nicht statt. Ist der Betroffene jedoch nicht mehr voll geschäftsfähig bzw. unterstützungsbedürftig, muss angezweifelt werden, ob er die Tragweite seines Widerspruchs versteht. Das Gericht müsste in einem solchen Fall und bei nichtvorliegendem Widerspruch angehalten sein, den Willen des Betroffenen zu ermitteln.[411] In Österreich kann diese Aufgabe den Notaren, Rechtsanwälten und Erwachsenenschutzvereinen zukommen, wenn der Betroffene diese zur Eintragung des Widerspruchs beauftragt.[412] Allerdings besteht anderes als bei der Eintragung der gesetzlichen Vertretungsmacht keine Pflicht, sondern nur die Möglichkeit des Betroffenen, einen solchen rechtskundigen Dritten einzubeziehen.[413] Der Betroffene kann seinen Widerspruch auch selbst eintragen, ohne dass eine Beratung stattfindet. Diese Regelung widerspricht eindeutig dem Schutz des Betroffenen und dem Sinn und Zweck des Erwachsenenschutzrechts. Der Betroffene muss in der Zeit der Unterstützungsbedürftigkeit vor allem auch vor sich selbst geschützt werden. Widerspricht der Betroffene der gesetzlichen Vertretungsmacht, ist diese endgültig erloschen und es muss ein gerichtlicher Erwachsenenvertreter bestellt werden. Die Ausübung des Widerspruchs ist in Österreich nur

---

408 ErlRV 1461 BlgNR XXV. GP. S. 25.
409 *Seichter,* Einführung in das Betreuungsrecht, S. 57.
410 BGH, NZFam 2018, 93, 93.
411 *Geißendörfer,* Die Selbstbestimmung des Entscheidungsunfähigen an den Grenzen des Rechts, S. 425.
412 ErlRV 1461 BlgNR XXV. GP. S. 26.
413 ErlRV 1461 BlgNR XXV. GP. S. 26.

insgesamt möglich und kann nicht auf einzelne Teilgebiete beschränkt werden. Es erscheint nicht nachvollziehbar, weshalb der Betroffene bei der gesetzlichen Erwachsenenvertretung nur generell der Vertretung widersprechen kann, wenn er bei der Vorsorgevollmacht und der gewählten Erwachsenenvertretung auswählen kann, welche Aufgabenkreise von der Vertretungsmacht umfasst sein sollen. Bei einem Widerspruch muss somit immer ein gesetzlicher Erwachsenenvertreter bzw. Betreuer bestellt werden. Dies soll jedoch durch die gesetzliche Vertretungsmacht verhindert werden. Eine Beteiligung eines rechtskundigen Dritten bei der Erklärung des Widerspruchs müsste bei einer gesetzlichen Vertretung somit zwingend erfolgen.

Fraglich erscheint jedoch, wer diese Aufgabe in Deutschland wahrnehmen sollte. In Betracht kommen wie bei der Vorsorgevollmacht die Notare. Diese müssen, wie oben dargestellt, bei der Erteilung der Vorsorgevollmacht die Geschäftsfähigkeit des Betroffenen feststellen. Somit könnte ihnen auch die Aufgabe übertragen werden, bei einem Widerspruch bei einer möglichen gesetzlichen Vertretungsmacht den tatsächlichen Willen des Betroffenen zu ermitteln. Allerdings sind die Feststellung der Geschäftsfähigkeit und die Feststellung des tatsächlichen Willens nicht vergleichbar. Bei der Feststellung des tatsächlichen Willens muss eine noch weitergehende Nachforschung erfolgen als bei der Prüfung der Geschäftsfähigkeit. Diese Aufgabe kann den Notaren nicht zugemutet werden. Zudem werden sie bei geringsten Zweifeln angehalten sein, die Überprüfung den Gerichten zu übergeben. Die Feststellung des tatsächlichen Willens muss viel mehr direkt den Gerichten überlassen werden. Wird diese Aufgabe den Gerichten übertragen, besitzt die gesetzliche Vertretungsmacht mit der Möglichkeit des Widerspruchs gegenüber der Betreuung jedoch keinen Vorteil, da auch bei dieser das Gericht beteiligt ist.

Die Möglichkeit des Widerspruchs stellt somit kein adäquates Mittel dar, um einen Missbrauch der gesetzlichen Vertretungsmacht zu verhindern. In Deutschland wurden für die Betreuung effektive Schutzmechanismen geschaffen, sodass diese ein geringeres Missbrauchsrisiko als eine gesetzliche Vertretungsmacht besitzt.[414] Ebenfalls bietet die Vorsorgevollmacht, insbesondere die geforderte neue „echte" Vorsorgevollmacht, einen deutlichen besseren Schutz vor Missbräuchen.

414 *Diekmann,* Gesetzliche Vertretungsbefugnis für Angehörige?, 102, 115.

(b) Person des Vertreters

Ein erhöhtes Missbrauchsrisiko ergibt sich zudem vor allem aus der Person des Vertreters, da der Kreis der in Betracht kommenden Vertreter in Österreich gem. § 268 II ABGB sehr weit gefasst ist. Es erscheint fraglich, ob alle in § 268 II ABGB genannten Personen noch als „nächste Angehörige" anzusehen sind. In Deutschland enthält das BGB keine Definition für „nächste Angehörige". Allerdings enthält das Transplantationsgesetz eine Legaldefinition. Nach § 1a Nr. 5 TPG sind „nächste Angehörige" der Ehegatte oder der eingetragene Lebenspartner [§ 1a Nr. 5 a) TPG], die volljährigen Kinder [§ 1a Nr. 5 b) TPG], die Eltern oder, sofern der mögliche Organ- oder Gewebespender zur Todeszeit minderjährig war und die Sorge für seine Person zu dieser Zeit nur einem Elternteil, einem Vormund oder einem Pfleger zustand, dieser Sorgeinhaber [§ 1a Nr. 5 c) TPG], die volljährigen Geschwister [§ 1a Nr. 5 d) TPG] und die Großeltern [§ 1a Nr. 5 e) TPG], wobei eine hierarchische Rangfolge zwischen den aufgezählten Personen besteht. Die Bezeichnung als „nächster Angehöriger" im TPG soll dabei das unverzichtbare Näheverhältnis zum Ausdruck bringen.[415] Das deutsche Recht zieht somit einen deutlich engeren Kreis, als das österreichische Recht in § 268 II ABGB. Dies müsste auch bei einer gesetzlichen Vertretungsmacht geschehen, da ansonsten, auf Grund des großen Kreises von „nächsten Angehörigen", das Missbrauchsrisiko deutlich erhöht ist, da auch sehr entfernte Bekannte als Vertreter in Betracht kommen. Es besteht auf Grund dessen die Gefahr, dass der Vertreter gegen den Willen des Betroffenen und nur im eigenen Interesse, z.B. in finanzieller Hinsicht, handelt.

Zudem kann es, wie oben dargestellt, zu Interessenkonflikten beim Vertreter kommen oder der Vertreter kann den Willen des Betroffenen auf Grund räumlichen und sozialen Auseinanderlebens schon gar nicht ermitteln.

Des Weiteren erscheint höchst problematisch, dass sich die nächsten Angehörigen in Österreich gleichrangig gegenüberstehen. Dies hat der Gesetzgeber vorgesehen, da ansonsten unter Umständen ein Widerspruch zu dem tatsächlich gelebten Familiensystem vorliegen würde.[416] Das Rechtsinstitut der gesetzlichen Erwachsenenvertretung soll ein Modell für funktionierende Familien sein, welche die weit überwiegende Mehrheit darstellen sollen.[417] Wie oben ausgeführt ist dies allerdings schon nicht der Fall, sondern eine Wunschvorstellung des Gesetzgebers. Kommt es zu Streitigkeiten bzgl. der gesetzlichen Erwachsenenvertretung

---

415 Höfling-*Czerner*, § 1a TPG Rn. 38.
416 ErlRV 1461 BlgNR XXV. GP. S. 41.
417 ErlRV 1461 BlgNR XXV. GP. S. 41.

soll die Familie grundsätzlich selbst klären, wie die gesetzliche Erwachsenenvertretung ausgestaltet wird und nur im Notfall soll ein gerichtlicher Erwachsenenvertreter bestellt werden.[418]

Diese Vorstellung des Gesetzgebers führt einzig und allein zu Nachteilen beim Betroffenen. Die Streitigkeiten in der Familie werden in vielen Fällen nicht von kurzer Dauer sein. Ein Verfahren zur Einsetzung eines gesetzlichen Erwachsenenvertreters kann erst beginnen, wenn es angeregt wird. Dies wird allerdings erst nach einiger Zeit geschehen. In dieser Zeit kann der Betroffenen nicht vertreten werden und die gesetzliche Erwachsenenvertretung läuft klar seinen Interessen entgegen, denn die Vertretungsbefugnis wäre ausgeschlossen.[419] Der Sinn und Zweck der gesetzlichen Erwachsenenvertretung wird nicht erreicht. Bei der Bestellung eines Betreuers wird dieser vom Gericht ausgewählt und es kann im Grundsatz nicht zu Streitigkeiten kommen. Der Betreuer kann sofort und ohne Störung der Vertretung des Betroffenen nachkommen. Zudem kann das Gericht eine vorliegende häusliche Gewalt, andere Konflikte und Abhängigkeitsverhältnisse berücksichtigen und den Betroffenen somit schützen. Die gesetzliche Erwachsenenvertretung bietet keinen solchen Schutz. Des Weiteren kann es zu Konflikten zwischen dem Betroffenen und den Angehörigen kommen, weil Familienangehörige gegenüber anderen Angehörigen keiner Beratung zugänglich sind. Diese Problematik stellt sich sicherlich auch bei der Betreuung, da dort häufig Familienangehörige als Betreuer bestellt werden. Allerdings besteht bei der Betreuung im Hintergrund die Autorität des Gerichts, sodass der Betreuer eine erhöhte Durchsetzungskraft besitzt.[420]

Zudem besteht ein erhöhtes Missbrauchsrisiko auf Grund der Auswahl des Vertreters. Je größer der Kreis der in Betracht kommenden Vertreter, desto höher ist die Gefahr, dass ein Angehöriger seine eigenen Interessen und nicht die des Betroffenen verfolgt und die ihm eingeräumte Vertretungsmacht missbraucht. Sicherlich sollte zunächst immer von dem positiven Fall, dem Vertrauen in einer intakten Familie, ausgegangen werden.[421] Allerdings liegt dieses in der heutigen Zeit, wie oben dargestellt, nicht immer vor, so dass auch die Gefahr eines Missbrauchs einer gesetzlichen Vertretungsmacht besteht. Um diesen Missbrauch zu verhindern, müssen wirksame Schutzmechanismen bestehen. Zu Recht wurde deswegen der erste Gesetzentwurf in Deutschland aus dem Jahr 2003 stark

418 ErlRV 1461 BlgNR XXV. GP. S. 41.
419 So auch: *Locher*, FamRB 2004, 30, 31.
420 *Kunz*, Gesetzliche Vertretungsbefugnis von nahen Angehörigen für Volljährige, S. 108.
421 *Probst/Knittel*, ZRP 2001, 55, 60.

kritisiert, da dieser keine Prüfung der Eignung des potentiellen Vertreters oder vorliegender Interessenkonflikte vorsah.[422] Auch der Gesetzentwurf aus dem Jahr 2016 sah eine solche Prüfung nicht vor, obwohl diese unerlässlich ist. In Österreich übernimmt diese Prüfung gem. § 270 II ABGB der Notar, Rechtsanwalt oder Erwachsenenschutzverein, welcher die gesetzliche Erwachsenenvertretung eintragen soll. Bei begründeten Zweifeln ist die Eintragung abzulehnen und liegen begründete Anhaltspunkte für die Gefährdung des Wohls des Betroffenen vor, muss unverzüglich das Gericht verständigt werden. Doch wie schon bei der Prüfung des Widerspruchs kann auch diese Prüfung den Notaren nicht zugemutet werden, sondern muss durch ein Gericht erfolgen, wie es in Deutschland bei der Betreuung der Fall ist.

Nach der Eintragung findet bei der gesetzlichen Erwachsenenvertretung in Österreich gem. § 259 ABGB eine eingeschränkte gerichtliche Kontrolle statt. Dabei muss ein Erwachsenenvertreter, dessen Vertretungsmacht die Verwaltung des Vermögens und des Einkommens umfasst, grundsätzlich gem. § 259 II 1 ABGB bei Antritt der Vermögenssorge den Vermögensstand im Einzelnen angeben und im Weiteren einer Rechnungslegungspflicht nachkommen. Zudem ist das Gericht gem. § 259 II 1 ABGB verpflichtet, die Tätigkeit des gesetzlichen Erwachsenenvertreters zu überwachen. Allerdings sind die nächsten Angehörigen gem. § 135 I AußStrG von der Rechnungslegungspflicht befreit, es sei denn, das Gericht ordnet diese aus besonderen Gründen an. Zudem muss das Gericht seiner Überwachungspflicht bei nächsten Angehörigen gem. § 133 II AußStrG nur nachkommen, wenn zum Vermögen eine unbewegliche Sache gehört oder der Wert des Vermögens oder der Jahreseinkünfte den Wert von 15.000 Euro deutlich übersteigt. Begründet wird diese Lockerung der gerichtlichen Kontrolle der nächsten Angehörigen vom österreichischen Gesetzgeber mit der in der Regel vorliegenden engen Verbundenheit des Vertreters mit dem Betroffenen.[423] Wie oben ausgeführt, ist dies allerdings nur eine Wunschvorstellung des Gesetzgebers und liegt in der Realität nicht immer vor. Zudem ist das Verhältnis eines Enkels nicht vergleichbar mit dem eines Ehegatten zum Betroffenen. Ein bestehendes Verwandtschaftsverhältnis ist kein ausreichender Anhaltspunkt für eine bessere Eignung und zuverlässige Wahrnehmung der Vertretung des Betroffenen.[424] Der Staat und die Gerichte sollten die Autonomie der Familie

422 *Chiusi*, ZRP 2004, 119, 120; *Kunz*, Gesetzliche Vertretungsbefugnis von nahen Angehörigen für Volljährige, S. 97 f.

423 ErlRV 1461 BlgNR XXV. GP. S. 74.

424 So auch: *Wesche*, Rpfleger 1988, 227, 229; *Kirsch*, Rpfleger 1989, 485, 486.

wahren und nur in Ausnahmefällen in diese eingreifen, jedoch widerspricht die gesetzliche Regelung in Österreich klar dem Erwachsenenschutz. Der gesetzliche Erwachsenenvertreter hat ungehinderten Zugriff auf das gesamte Vermögen des Betroffenen und kann über dieses frei verfügen, ohne dass er sich dabei einer Kontrolle unterziehen muss. Der Betroffene steht dabei schutzlos da, da auch der Widerspruch, wie oben ausgeführt, keinen geeigneten Schutzmechanismus darstellt. Die einzige effektive Möglichkeit, den Betroffenen zu schützen stellt die Bestellung eines Betreuers bzw. gesetzlichen Erwachsenenvertreter dar. Die Einleitung eines Betreuungsverfahrens bzw. eines Verfahrens zur Bestellung eines gerichtlichen Erwachsenenvertreters würde aber nur auf Grund der Mitteilung und Anregung eines Dritten geschehen, wobei dies wohl nur in den seltensten Fällen geschehen wird, da der Dritte möglicherweise Hemmungen haben wird, das Gericht zu verständigen. Für einen Dritten ist von außen nur schwer einschätzbar, ob tatsächlich ein Missbrauch vorliegt, sodass diese Möglichkeit des Schutzes des Betroffenen sich ebenfalls als ungenügend darstellt.[425] Die Missbrauchsanfälligkeit der gesetzlichen Erwachsenenvertretung bestand in Österreich auch schon vor dem 2. Erwachsenenschutz-Gesetz auf Grund der fehlenden gerichtlichen Kontrolle. Es ist unverständlich, dass der österreichische Gesetzgeber keine umfassende gerichtliche Kontrolle statuiert hat, obwohl ein Anpassungsbedarf bestand.[426]

Diese Schutzlosigkeit besteht grundsätzlich auch bei einer Vollmacht, die als Generalvollmacht ausgestaltet ist. Bei einer Vollmacht wählt der Betroffene seinen Vertreter allerdings selbst aus und kann sich ausreichend Gedanken darüber machen, ob er diesem die vollumfängliche Vermögenssorge übertragen möchte. Bei der gesetzlichen Erwachsenenvertretung können jedoch auch entfernte Verwandte, wie Enkelkinder oder Nichten und Neffen, die zuvor kaum Kontakt zu dem Betroffenen gepflegt haben, die Eintragung als gesetzlichen Erwachsenenvertreter beantragen. Stellt kein anderer Familienangehöriger einen solchen Antrag und liegt kein Widerspruch des Betroffenen vor, wird der entfernte Verwandte als gesetzlicher Erwachsenenvertreter eingetragen und kann vollumfänglich auf das Vermögen des Betroffenen zugreifen. Das Missbrauchsrisiko auf Grund der Reglungen in § 133 AußStrG und § 135 AußStrG ist somit sehr groß und eine Regelung, wie sie in Österreich gilt, ist abzulehnen. Eine gesetzliche Vertretungsmacht sollte, wie es auch der Gesetzentwurf aus dem Jahr 2016 vorsah, wenn überhaupt nur dem Ehegatten eine Vertretungsmacht geben, sodass

425 *Kunz*, Gesetzliche Vertretungsbefugnis von nahen Angehörigen für Volljährige, S. 119.
426 So auch: *Schauer*, iFamZ 2011, 258, 263 f.

die Gefahr des Missbrauchs eingedämmt wird. Zudem muss eine gerichtliche Kontrolle gegeben sein.[427] Es ist Aufgabe des Gesetzgebers, den Bürgern auch in Nähebeziehungen, wie der Familie, Schutz zu bieten.[428] Dazu kann er nicht nur auf die Intaktheit einer Familie hoffen, sondern muss auch Familien beachten, dessen Verhältnisse von Disharmonie geprägt sind. Dies ist bei einer Vertretungsmacht qua Gesetz für den Ehegatten oder nächste Angehörige kaum erreichbar.

Die Einführung einer gesetzlichen Vertretungsmacht nach den Regelungen in Österreich würde das Missbrauchsrisiko insgesamt deutlich erhöhen und ist schon aus diesem Grund abzulehnen.

(2) Vereinbarkeit mit der UN-BRK

Neben der Vereinbarkeit mit dem geltenden Recht in Deutschland erscheint eine Vereinbarkeit mit der UN-BRK höchst zweifelhaft. Wie oben dargestellt, war vor allem die Unvereinbarkeit des Sachwalterrechts mit Art. 12 UN-BRK der Grund für das 2. Erwachsenenschutz-Gesetz. Art. 12 III UN-BRK besagt, dass die Vertragsstaaten geeignete Maßnahmen treffen müssen, um Menschen mit Behinderungen Zugang zu der Unterstützung zu verschaffen, die sie bei der Ausübung ihrer Rechts- und Handlungsfähigkeit benötigen. Es soll immer eine Selbststimmung und keine Fremdbestimmung des Betroffenen vorliegen. Ist eine Stellvertretung nötig, soll diese als selbstgewählte Form ausgeprägt sein. Die gesetzliche Stellvertretung für Ehegatten bzw. nächste Angehörige widerspricht diesem Grundsatz allerdings eindeutig und ist nicht mit der UN-BRK vereinbar.[429]

Die Rechtsinstitute zur rechtlichen Unterstützung eines Erwachsenen müssen auf dem zu schützenden Selbstbestimmungsrecht des Betroffenen aufbauen und nur auf dieses abstellen. Bei einer gesetzlichen Vertretungsmacht hingegen rangiert das Selbstbestimmungsrecht vor der Fremdbestimmung durch den Ehegatten bzw. nahe Angehörigen und dieses vor dem Eingriff durch den Staat.[430] Die Gewährung der gesetzlichen Vertretungsmacht beruht immer auf einer staatlichen Anordnung durch das Gesetz und nicht auf dem freien und eigenen Willen des Betroffenen, sodass keine Selbstbestimmung vorliegt.[431] Es handelt sich nicht

427 Die Darstellung einer möglichen Ausgestaltung einer Vertretungsmacht für Ehegatten soll in dieser Arbeit nicht vorgenommen werden.

428 *Kunz*, Gesetzliche Vertretungsbefugnis von nahen Angehörigen für Volljährige, S. 104.

429 So auch: *R. Müller*, iFamZ 2017, 327, 332.

430 *Winterstein/Thar*, Gesetzliche Vertretungsberechtigung für Angehörige, 90, 99.

431 *Pohlenz*, Gesetzliche Vertretungsmacht für nahe Angehörige, S. 38.

um eine Unterstützungsform, die Art. 12 III UN-BRK verlangt, sondern um eine Begrenzung des Selbstbestimmungsrechts des Betroffenen, welche auf Grund des gesetzlichen Automatismus bei jedem Menschen gegeben ist. Es wird durch Gesetz ein Vertreter zugewiesen, ohne dass eine effektive Möglichkeit gegeben wird dies zu verhindern. Der Widerspruch stellt, wie oben ausgeführt, keinen effektiven Schutz dar und gibt nur die Möglichkeit die automatisierte Beschränkung des Selbstbestimmungsrechts zu verringern. Ebenso verhält es sich, wenn der Betroffene eine Erwachsenenvertreter-Verfügung gem. § 244 ABGB verfasst. Die bestehende Fremdbestimmung wird auch nicht durch den Umstand aufgehoben, dass es sich bei dem Vertreter um den Ehegatten bzw. einen nächsten Angehörigen handelt und somit einen Menschen aus seinem Privatleben, da der Betroffene auch in diesem Fall keine selbstbestimmte Entscheidung treffen kann.

Diese Fremdbestimmung liegt auch bei einem gerichtlichen Erwachsenenvertreter bzw. Betreuer vor. Im Gegensatz zu einer gesetzlichen Vertretung wird das Selbstbestimmungsrecht jedoch gewahrt, indem der Betroffene in der gerichtlichen Verhandlung den Wunsch äußern kann, eine bestimmte Person als Betreuer einzusetzen, wobei das Gericht gem. § 1897 IV 1 und 3 BGB bzw. in Österreich gem. § 273 I ABGB und § 274 I ABGB diesem Wunsch grundsätzlich entsprechen muss. Bei der gesetzlichen Erwachsenenvertretung hingegen wird dem Betroffenen durch das Gesetz ohne Auswahlmöglichkeit ein Vertreter oktroyiert.

Zudem verpflichtet Art. 12 IV UN-BRK die Vertragsstaaten, wirksame Sicherungen zur Verhinderung von Missbräuchen zu schaffen. Aufgrund der grundsätzlich fehlenden gerichtlichen Kontrolle des gesetzlichen Vertreters liegt auch ein Verstoß gegen diese Vorschrift vor.

Neben den inhaltlichen Anforderungen an die Erwachsenenschutzrechte in den Vertragsstaaten statuiert die UN-BRK noch einen weiteren Grundsatz: Der Erwachsenenschutz liegt in der Verantwortung der Vertragsstaaten.[432] Dies ergibt sich aus den allgemeinen Verpflichtungen in Art. 4 UN-BRK und der Verpflichtung der Vertragsstaaten gem. Art. 12 III UN-BRK, geeignete Maßnahmen zur Unterstützung von Menschen mit Behinderungen zu schaffen. Durch die Einführung einer gesetzlichen Vertretungsmacht für Ehegatten bzw. nächste Angehörige findet allerdings eine Privatisierung in Form einer pauschalen Erklärung des Vertrauens in das intakte Familienleben statt.[433] Auch schon vor Inkrafttreten der UN-BRK merkte *Bienwald* im Jahr 2002 ebenfalls kritisch

432 So auch *R. Müller*, iFamZ 2017, 327, 332.
433 *R. Müller*, iFamZ 2017, 327, 332.

an, dass sich der Staat durch eine gesetzliche Vertretungsmacht für Angehörige seiner Aufgabe, der Sorge um unterstützungsbedürftige Menschen, entledigen würde.[434] Dies geschieht, indem der Staat den Erwachsenenschutz in Form der gesetzlichen Vertretung in die Verantwortung der Familie gibt. Dies wird in Österreich zudem durch die unzureichenden Schutzmechanismen bekräftigt. Es ist allerdings Aufgabe des Staats bei vorliegender Unterstützungsbedürftigkeit eines Menschen sekundäre Legitimationen, z.B. in Form der Bestellung eines Betreuers, auszusprechen und eine entsprechende Kontrolle, auch gegenüber der Familie des Betroffenen, durchzuführen.[435] Dem Staat kann es hingegen nicht erlaubt sein im Erwachsenenschutzrecht die Legitimation bzgl. einer Vertretung im Grunde vollumfänglich, ohne Kontrolle, in Form der gesetzlichen Vertretungsmacht, der Familie zu übertragen. Dies widerspricht eindeutig der Intention der UN-BRK, wonach das Erwachsenenschutzrecht eine Aufgabe der Vertragsstaaten darstellt.

Insgesamt ist die Einführung einer gesetzlichen Vertretungsmacht somit nicht mit der UN-BRK vereinbar und auch aus diesem Grund abzulehnen.

(3) *Vereinbarkeit mit dem GG*

Neben der Vereinbarkeit mit dem geltenden Recht und der UN-Behindertenrechtskonvention ist zudem die Vereinbarkeit der gesetzlichen Vertretungsmacht mit dem Grundgesetz zweifelhaft.

(a) *Art. 3 I GG*

Zunächst kommt ein Verstoß gegen Art. 3 I GG in Betracht. Art. 3 I GG verpflichtet den Gesetzgeber dazu, Gleiches gleich und Ungleiches seiner Eigenart entsprechend ungleich zu behandeln.[436] Dabei wird für den Gesetzgeber vor allem im Familienrecht eine hohe Rechtfertigungslast angenommen, wie z.B. bei der Unterscheidung zwischen Verheirateten und eingetragenen Lebenspartnern (BVerfGE 133, 86 f.) sowie Verheirateten und Geschiedenen (BVerfGE 91, 401).[437] Ein Verstoß gegen Art. 3 I GG könnte bei der Einführung einer gesetzlichen Vertretungsmacht für Ehegatten und eingetragene Lebenspartner in der Tatsache zu sehen sein, dass die gesetzliche Vertretungsmacht sich nicht auf nichtehelichen Lebensgemeinschaften erstreckt. Die nichteheliche Lebensgemeinschaft ist

---

434 *W. Bienwald*, FamRZ 2002, 1453, 1454.
435 *Strätling et al.*, MedR 2003, 372, 376.
436 BVerfG, NJW 1976, 1391, 1391.
437 Seifert/Hömig-*Wolff*, Art. 3 GG Rn. 6.

„eine Lebensgemeinschaft zwischen einem Mann und einer Frau, die auf Dauer angelegt ist, daneben keine weitere Lebensgemeinschaft gleicher Art zulässt und sich durch innere Bindungen auszeichnet, die ein gegenseitiges Einstehen der Partner für einander begründen, also über die Beziehung in einer reinen Haushalts- und Wirtschaftsgemeinschaft hinausgehen".[438] Für einen Verstoß gegen Art. 3 I GG muss es sich bei einer Ehe und einer nichtehelichen Lebensgemeinschaft um „Gleiches" handeln. Dafür spricht zunächst, dass es sich bei einer nichtehelichen Lebensgemeinschaft ebenso wie bei einer Ehe nicht bloß um eine Zweckgemeinschaft, sondern um eine Intimgemeinschaft handelt. Beide Partner wollen füreinander einstehen.

Allerdings haben sich die Partner bewusst dagegen entschieden, eine Ehe einzugehen. Dieser Entschluss ist vom Gesetzgeber zu respektieren. Zudem zeigen die besonderen Regelungen zu der Ehe in den §§ 1353 ff. BGB und zu der eingetragenen Lebenspartnerschaft im LPartG, dass rechtliche Unterschiede zu einer nichtehelichen Lebensgemeinschaft bestehen. Des Weiteren steht die Ehe unter dem besonderen Schutz des Art. 6 I GG. Somit ist schon für das Grundgesetz selbst eine nichteheliche Lebensgemeinschaft nicht mit einer Ehe gleichzusetzen.

Zudem würden sich bei einer gesetzlichen Vertretungsmacht für nichteheliche Partner schwerwiegende Beweisschwierigkeiten ergeben. Das Vorliegen einer Ehe oder einer eingetragenen Lebenspartnerschaft kann durch einen Auszug aus dem Ehe- oder Lebenspartnerschaftsregister nachgewiesen werden. Für eine nichteheliche Lebensgemeinschaft besteht kein solches Register. Die Partner einer nichtehelichen Lebensgemeinschaft könnten somit nie nachweisen, dass eine solche Lebensgemeinschaft besteht, sodass auch immer die angebliche Vertretungsmacht für den unterstützungsbedürftigen Partner zweifelhaft ist. Dies stellt eine hohe Missbrauchsgefahr für den Rechtsverkehr und den Betroffenen dar. Somit wäre die Ungleichbehandlung zum Schutz des Rechtsverkehrs und des Betroffenen gerechtfertigt.

Insgesamt läge bei der Statuierung einer gesetzlichen Vertretungsmacht für Ehegatten kein Verstoß gegen Art. 3 I GG vor.

Bei einer gesetzlichen Ausgestaltung der Vertretungsmacht wie in Österreich käme schon kein Verstoß gegen Art. 3 I GG in Betracht, da dort gem. § 268 II ABGB neben dem Ehegatten und eingetragenem Lebenspartner auch der Lebensgefährte als nächster Angehöriger gilt und eine gesetzliche Vertretungsmacht besitzt, wenn er mit dem Betroffenen mindestens drei Jahre im gemeinsamen Haushalt wohnt.

438 BVerfG, NJW 1993, 643, 645.

(b) Art. 2 I GG i.V.m. Art. 1 I GG

Als weitere Grundrechtsverletzung kommt ein Verstoß gegen das Selbstbestimmungsrecht des Betroffenen in Betracht. Bei dem Schutz des Selbstbestimmungsrechts ist zunächst streitig, ob dieses dem Schutzbereich von Art. 2 II GG oder Art. 2 I GG i.V.m. Art. 1 I GG zuzuordnen ist. Bei einer Zuordnung zu Art. 2 II GG wird vor allem auf eine Selbstbestimmung über den eigenen Körper abgestellt.[439] Diese Zuordnung kommt somit für Angelegenheiten der Gesundheitssorge in Betracht. Allerdings umfasst die rechtliche Unterstützung eines Erwachsenen nicht nur Angelegenheiten der Gesundheitssorge, sondern auch die Unterstützung des Betroffenen in verschiedenen Angelegenheiten, wie z.B. der Vermögenssorge. Diese Angelegenheiten können nach strenger Auslegung nicht von dem Selbstbestimmungsrecht über den eigenen Körper erfasst sein. Deshalb ist es vorzugswürdiger, das Selbstbestimmungsrecht Art. 2 I GG i.V.m. Art. 1 I GG als Unterfall des Allgemeinen Persönlichkeitsrechts zuzuordnen. Der Streit um die Zuordnung kann allerdings dahinstehen, da unstreitig anerkannt ist, dass das Selbstbestimmungsrecht grundrechtlich geschützt ist.[440]

Auf Grund der gesetzlichen Statuierung einer gesetzlichen Vertretungsmacht für Ehegatten oder weitergehend für nächste Angehörige müsste ein Eingriff in das Selbstbestimmungsrecht vorliegen. Nach dem erweiterten Eingriffsbegriff ist ein Eingriff jedes staatliche Handeln, das dem Einzelnen ein Verhalten, das von einem Grundrecht geschützt ist, ganz oder teilweise unmöglich macht.[441] Wie schon bei der Prüfung der Vereinbarkeit mit der UN-BNK ausgeführt, liegt ein solcher Eingriff in das Selbstbestimmungsrecht des Betroffenen vor, sodass auch das grundrechtlich geschützte Selbstbestimmungsrecht verletzt wird, indem der Staat sich in das Privatleben der Betroffenen hineindrängt und für diese entscheidet, eine Vertretungsmacht zu erteilen.[442] Den Betroffenen wird das Recht entzogen, selbst entscheiden zu können, ob sie eine Vorsorgevollmacht erteilen möchten oder nicht.[443] Auf Grund der Tatsache, dass die Vertretungsmacht im Gegensatz zur Vorsorgevollmacht oder Betreuung nicht auf eine Legitimation des Betroffenen oder des Gerichts zurückzuführen ist, ist der Eingriff als

439 So: BVerfG, NJW 1979, 125.

440 *Hufen*, NJW 2001, 849, 851; *Vossler*, ZRP 2002, 295, 295.

441 *Kingreen/Poscher*, Grundrechte Staatsrecht II, Rn. 294.

442 *W. Bienwald*, FamRZ 2002, 1453, 1454; Dieser Ansicht folgend u.a.: *Gödicke*, FamRZ 2003, 1894, 1895; *Paino-Staber*, Gesetzliche Stellvertretung naher Angehöriger im Bereich der Gesundheitssorge, S. 45.

443 *Vossler*, BtPrax 2003, 6, 8.

besonders schwerwiegend anzusehen und es sind erhöhte Anforderungen an die Rechtfertigung zu stellen.[444]

Nach der hier gewählten Zuordnung des Selbstbestimmungsrechts zum allgemeinen Persönlichkeitsrechts müsste eine Rechtfertigung für einen Eingriff in Art. 2 I GG i.V.m. Art. 1 I GG vorliegen. Als Schranken gelten für das allgemeine Persönlichkeitsrecht die Schranken des Art. 2 I GG.[445] Somit gilt die Schrankentrias „verfassungsmäßige Ordnung", „Rechte anderer" und das „Sittengesetz". Unter „verfassungsmäßige Ordnung" versteht man die allgemeine Rechtsordnung, die die materiellen und formellen Normen der Verfassung zu beachten hat.[446] Folglich liegt ein einfacher Gesetzesvorbehalt vor, bei welchem nur der Grundsatz der Verhältnismäßigkeit eingehalten werden muss.[447]

Der Eingriff in das Selbstbestimmungsrecht würde im Wege der gesetzlichen Statuierung einer gesetzlichen Vertretungsmacht und somit auf Grund eines Parlamentsgesetzes erfolgen, sodass der einfache Gesetzesvorbehalt gewahrt wäre.

Jedoch müsste der Eingriff auch verhältnismäßig sein. Dazu muss der Gesetzgeber einen legitimen Zweck verfolgen und die zur Erreichung dieses Zwecks vorgesehene Maßnahme muss geeignet, erforderlich und angemessen sein.[448]

Bei der Einführung der gesetzlichen Vertretungsmacht für nächste Angehörige verfolgte der österreichische Gesetzgeber den Zweck, das Selbstbestimmungsrecht der unterstützungsbedürftigen Menschen zu stärken.[449] Auch in Deutschland waren im Jahr 2016 die Hauptzwecke für den Gesetzentwurf einer gesetzlichen Vertretungsmacht für Ehegatten die Stärkung des Selbstbestimmungsrechts der Betroffenen und die Schließung einer rechtlichen Lücke, die entsteht, wenn die Betroffenen keine Vorsorgevollmacht verfasst haben.[450] Dies stellt, schon mit Blick auf Art. 12 UN-BRK, einen legitimen Zweck dar.

Des Weiteren müsste die gesetzliche Statuierung einer gesetzlichen Vertretungsmacht geeignet sein, diesen Zweck zu erreichen. Bei der Geeignetheit ist es ausreichend, dass das Mittel die Erreichung des Zwecks in irgendeiner Weise fördert, wobei der Gesetzgeber einen weiten Einschätzungsspielraum besitzt,

---

444 *Paino-Staber,* Gesetzliche Stellvertretung naher Angehöriger im Bereich der Gesundheitssorge, S. 45.

445 *Epping,* Grundrechte, Kapitel 13 Rn. 647.

446 BVerfG, NJW 1957, 297, 297.

447 *Hufen,* Staatsrecht II, § 14 Rn. 21.

448 *Ipsen,* Staatsrecht II, § 3 Rn. 184.

449 ErlRV 1420 BlgNR XXII. GP. S. 1.

450 BT-Drucks. 18/10485 S. 1.

sodass er primär über die Geeignetheit des Mittels entscheidet.[451] Allerdings liegt bei einer gesetzlichen Vertretungsmacht, wie oben ausgeführt, keine Stärkung des Selbstbestimmungsrechts, sondern vielmehr eine Beschränkung von diesem vor. Somit fördert eine gesetzliche Vertretungsmacht die Erreichung des Zwecks nicht, sondern widerspricht diesem. Die Einführung einer gesetzlichen Vertretungsmacht ist nicht geeignet das Selbstbestimmungsrecht der Betroffenen zu stärken.

Für die Erreichung des Zwecks der Schließung einer rechtlichen Lücke ist die gesetzliche Vertretungsmacht, wie oben ausgeführt, auf Grund des Bedeutungsverlusts der Vorsorgevollmacht, nicht geeignet.

Zudem müsste die gesetzliche Statuierung einer gesetzlichen Vertretungsmacht erforderlich sein. Eine Maßnahme ist erforderlich, wenn sie das Mildeste unter gleich geeigneten Mitteln ist.[452] Wie oben ausgeführt stellen die Rechtsinstitute der Vorsorgevollmacht und der geforderten neuen „echten" Vorsorgevollmacht allerdings mildere und sogar geeignetere Mittel dar. Durch eine Vorsorgevollmacht kann der Betroffene seine Angelegenheiten selbst regeln, ohne dass der Staat ihm eine Entscheidung aufzwingt. Das Selbstbestimmungsrecht wird durch eine Vorsorgevollmacht gestärkt und nicht eingeschränkt. Somit ist die gesetzliche Statuierung einer gesetzlichen Vertretungsmacht mit Blick auf die Vorsorgevollmacht nicht erforderlich.

Des Weiteren kann eine Maßnahme, die das Gegenteil vom verfolgten Zweck bewirkt, nicht angemessen sein.

Insgesamt läge bei der Statuierung einer gesetzlichen Vertretungsmacht für Ehegatten ein Verstoß gegen das Selbstbestimmungsrecht des Betroffenen vor.

(c) Art. 6 I GG

Daneben kommt ein Verstoß gegen Art. 6 I GG in Betracht. Der Schutzbereich von Art. 6 I GG erfasst die Ehe, als einen geschlossenen, gegen den Staat abgeschirmten und die Vielfalt rechtsstaatlicher Freiheit schützenden Autonomie- und Lebensbereich.[453] Dabei stellt Art. 6 I GG über seinen Wortlaut hinaus ein Abwehrrecht gegen staatliche Maßnahmen dar.[454] Ein Eingriff liegt demzufolge bei allen staatlichen Maßnahmen vor, welche die Ehe stören, schädigen und in sonstiger Weise beeinträchtigen.[455] Von Art. 6 I GG geschützt ist unter anderem

---

451 *Epping*, Grundrechte, Kapitel 2 Rn. 53.

452 *Sachs*, Verfassungsrecht II – Grundrechte, Kapitel 10 Rn. 41.

453 BVerwG, NVwZ 1993, 696, 697.

454 *Epping*, Grundrechte, Kapitel 10 Rn. 510.

455 Jarass/Pieroth-*Jarass*, Art. 6 GG Rn. 13.

die Freiheit der Eheführung.[456] Nur die Ehegatten alleine entscheiden über die Ausgestaltung ihrer gemeinsamen wirtschaftlichen und persönlichen Lebensführung.[457] Von dieser Eheführung müssen auch die Entscheidungen über die Erteilung möglicher Vertretungsmachten unter den Ehegatten erfasst sein. Durch diese treffen die Ehegatten weitreichende Entscheidungen über die persönliche und wirtschaftliche Lebensführung, indem sie sich gegenseitig ermächtigen können, füreinander persönliche und wirtschaftliche Entscheidungen zu treffen. Die Erteilung möglicher Vertretungsmachten stellt somit einen zentralen Punkt der Eheführung dar. Dabei muss vom Schutzbereich auch die Entscheidung der Ehegatten erfasst sein, eine solche Vertretungsmacht nicht zu erteilen. Allein den Ehegatten muss es obliegen, zu entscheiden, ob sie eine Vollmacht erteilen, zu welchem Zeitpunkt sie diese erteilen und mit welchem Umfang. Durch die Statuierung einer gesetzliche Vertretungsmacht zwingt der Staat den Ehegatten im Fall der Bedürftigkeit eines Ehegattens eine gesetzlichen Vertretungsmacht mit einem vorgeschriebenen Umfang auf, ohne dass die Ehegatten grundsätzlich wählen können, ob sie diese Vertretungsmacht entstehen lassen möchten.

Möglicherweise ist der Eingriff aber ausgeschlossen, indem für die Ehegatten die Möglichkeit des Widerspruchs besteht. Durch die Einlegung des Widerspruchs kann der Betroffene das Entstehen der Vertretungsmacht verhindern oder die Vertretungsmacht zum Erlöschen bringen. Allerdings stellt der Widerspruch, wie oben ausgeführt, nur einen schwachen Schutzmechanismus dar.

Des Weiteren beendet der Widerspruch die Vertretungsbefugnis oder verhindert das Wirksamwerden von dieser, jedoch kann er den Eingriff in Art. 6 I GG nicht ausschließen. Auf Grund der gesetzlichen Statuierung muss der Betroffene tätig werden und den Widerspruch erklären, um den Eintritt der gesetzlichen Vertretungsbefugnis zu verhindern. Dadurch kann er die Ehe nicht frei nach seinen Vorstellungen führen, sondern er wird vom Gesetz gezwungen, eine Entscheidung bzgl. der Eheführung zu treffen. Der Eingriff in Art. 6 I GG liegt somit unabhängig von einem möglichen Widerspruch vor, weil der Gesetzgeber dem Betroffenen eine Entscheidung in der Eheführung auferlegt.

Allerdings muss das vom österreichischen Gesetzgeber gewählte Verfahren beachtet werden. Die gesetzliche Vertretungsmacht wird gem. §§ 245 II, 270 I ABGB nur wirksam, wenn sie von einem Notar, Rechtsanwalt oder Mitarbeiter eines Erwachsenenschutzvereins in das ÖZVV eingetragen wurde. Der

456 Sachs-*Coelln*, Art. 6 GG Rn. 30.
457 *Klose*, ZRP 2003, 128, 129.

Betroffene muss der Eintragung zustimmen oder kann seinen Widerspruch erklären und somit prinzipiell entscheiden, ob die Vertretungsmacht entstehen soll. Durch diese Zustimmung könnte dem Betroffenen die Möglichkeit zustehen, wirksam auf seinen grundrechtlichen Schutz aus Art. 6 I GG zu verzichten. Im Fall eines sog. Grundrechtsverzichts liegt durch die Einwilligung des Grundrechtsinhabers in die staatliche Maßnahme kein Eingriff vor.[458] Voraussetzung für einen Grundrechtsverzicht sind eine wirksame Verzichtserklärung und die grundsätzliche Möglichkeit der Verzichtbarkeit auf den Grundrechtsschutz.[459] Dabei muss der Verzicht freiwillig erfolgen, wobei vor allem Kenntnis über die Tragweite der Entscheidung vorliegen muss.[460]

Fraglich ist zunächst, ob ein Verzicht auf den Schutz des Art. 6 I GG möglich ist. Grundsätzlich sind nur der Kern der Menschenwürde und das Recht auf Leben unverzichtbar.[461] Bei dem Grundrecht aus Art. 6 I GG ist allerdings zu beachten, dass es neben dem Abwehrrecht auch eine Institutionsgarantie beinhaltet, sodass es eher als verzichtsfeindlich anzusehen sein muss.[462] Somit sind an die Wirksamkeit eines Verzichts auf den Schutz des Art. 6 I GG zumindest strengere Anforderungen zu stellen.

Diese strengen Anforderungen können im Fall der gesetzlichen Vertretungsmacht schon mit Blick auf die Freiwilligkeit des Verzichts nicht erfüllt werden. Der Verzicht erfolgt freiwillig, wenn er ohne Druck, Täuschung und Abhängigkeit erfolgt.[463] Liegt die Unterstützungsbedürftigkeit eines Ehegatten vor, kann nicht ausgeschlossen werden, dass der andere Ehegatte den Betroffenen zur Erklärung der Zustimmung bzw. Nichterklärung des Widerspruchs drängt, um so eine gesetzliche Vertretungsmacht zu erhalten. Auch wenn dies in den meisten Fällen mit der Intention erfolgt, dem Betroffenen zu helfen, erscheint es höchst fraglich, ob ein freiwilliger Verzicht vorliegt.

Problematisch erscheint vor allem aber die grundsätzliche Wirksamkeit der Erklärung des Verzichts im Fall der gesetzlichen Vertretungsmacht. Die Wirksamkeit der Verzichtserklärung muss immer mit Sicherheit feststehen.[464]

---

458 *Epping,* Grundrechte, Kapitel 3 Rn. 111; *Manssen,* Staatsrecht II, § 7 Rn. 159; a.A. *Hufen,* Staatsrecht II, § 6 Rn. 42 f., welcher den Grundrechtsverzicht als Rechtfertigungsgrund ansieht.

459 *Manssen,* Staatsrecht II, § 7 Rn. 159.

460 Dreier-*Dreier,* Vorb. Rn. 131.

461 *Hufen,* Staatsrecht II, § 6 Rn. 42; *Epping,* Grundrechte, Kapitel 3 Rn. 113.

462 Dreier-*Dreier,* Vorb. Rn. 133.

463 *Epping,* Grundrechte, Kapitel 3 Rn. 112.

464 *Manssen,* Staatsrecht II, § 7 Rn. 160.

Voraussetzung für die gesetzliche Vertretungsmacht ist in Österreich gem. § 268 I Nr. 1 ABGB, dass der Betroffene in seiner Entscheidungsfähigkeit beeinträchtigt ist und seine Angelegenheiten nicht ohne die Gefahr eines Nachteils für sich selbst besorgen kann. Auch nach dem Gesetzentwurf aus dem Jahr 2016 sollte es in Deutschland Voraussetzung für eine gesetzliche Vertretungsmacht sein, dass der Betroffene nicht mehr in der Lage ist, seine Angelegenheiten selbstständig zu besorgen. Für eine wirksame Erklärung des Verzichts soll es nach Ansicht von *Sachs* genügen, dass bei dem Erklärenden das natürliche Bewusstsein vorhanden ist, dass durch die Einwilligung auf den Schutz des Grundrechts konstitutiv verzichtet wird.[465] Ob der Betroffene im Falle der gesetzlichen Vertretungsmacht dieses natürliche Bewusstsein noch besitzt, erscheint schon fraglich. Allerdings müssen bei einer so weitreichenden Entscheidung wie dem Verzicht auf den Schutz eines Grundrechts strengere Anforderungen an die Verzichtserklärung gestellt werden als nur das Vorliegen des natürlichen Bewusstseins. So hat das BVerfG für eine wirksame Verzichtserklärung in Bezug auf Art. 2 II 1 GG verlangt, dass der Erklärenden einwilligungsfähig sein muss.[466] Auch für einen Verzicht auf das Recht aus Art. 6 I GG müssen, schon mit Hinblick auf die sich aus Art. 6 I GG ergebende Institutionsgarantie, strengere Anforderungen an die Wirksamkeit der Verzichtserklärung gelten. Somit muss zumindest vorausgesetzt werden, dass der Erklärende einwilligungsfähig ist. Diese Einwilligungsfähigkeit wird der Betroffene im Fall der gesetzlichen Vertretungsmacht im Zweifelsfall allerdings nicht mehr besitzen. Ein wirksamer „Grundrechtsverzicht" ist für den Betroffenen nicht möglich. Zudem wird er die Tragweite eines solchen Verzichtes vermutlich nicht richtig einschätzen können. Somit entfällt der Eingriff in Art. 6 I GG nicht durch eine Einwilligung des Betroffenen.

Eine Rechtfertigung für diesen Eingriff ist nach den obigen Ausführungen nicht gegeben.

Somit liegt ein ungerechtfertigter Eingriff in Art. 6 I GG vor, indem der Staat Entscheidungen über die Eheführung trifft.

(d) Zwischenergebnis

Die Statuierung einer gesetzlichen Vertretungsmacht verstößt gegen Art. 2 I GG i.V.m. Art. 1 I GG sowie Art. 6 I GG und ist deswegen auch aus diesem Grund abzulehnen.

---

465 *Sachs*, Verfassungsrecht II – Grundrechte, Kapitel 8 Rn. 41.

466 BVerfG, NJW 2011, 2113, 2114.

d) Ergebnis

Alles in allem ist die Statuierung einer gesetzlichen Vertretungsmacht für nächste Angehörige bzw. Ehegatten mit dem Umfang der österreichischen Regelungen abzulehnen, da diese gegen das Grundgesetz und die UN-BRK verstößt. Ferner birgt sie ein sehr hohes Missbrauchsrisiko, welchem keine geeigneten Sicherheitsmaßnahmen entgegenwirken können. Dem Gesetzgeber ist vielmehr anzuraten, Maßnahmen zu tätigen, um die Vorsorgevollmacht zu stärken, da diese das geeignete Mittel darstellt, um das Selbstbestimmungsrecht der Betroffenen zu wahren. Sollte keine Vorsorgevollmacht vorliegen, wird in den meisten Fällen im Betreuungsverfahren der Ehegatte oder ein Angehöriger als Betreuer für den Betroffenen bestellt, da diese gem. § 1897 V BGB Vorrang bei der Auswahl des Betreuers haben. Das Betreuungsrecht enthält dabei wirksame Schutzmechanismen[467] und es liegt eine gerichtliche Legitimation der Vertretungsmacht vor. Daher werden im Endeffekt durch die Vorsorgevollmacht und Betreuung der Sinn und Zweck der gesetzlichen Vertretungsmacht effektiver erreicht.

4. Die Betreuung

Die letzte Stufe der rechtlichen Unterstützung von Erwachsenen stellt in Deutschland die in den §§ 1896 ff. BGB geregelte Betreuung dar, welche das Pendant zu der gerichtlichen Erwachsenenvertretung in Österreich ist. Ein Betreuer kann, wie auch ein gerichtlicher Erwachsenenvertreter, nur bestellt werden, wenn keine andere Vertretungsform in Betracht kommt. Dieser Subsidiaritätsgrundsatz ist eine Ausprägung des Erforderlichkeitsgrundsatzes aus § 1896 II BGB.[468] § 1896 II 2 BGB schreibt vor, dass eine Betreuung nicht erforderlich ist, wenn eine Vollmacht für den betroffenen Aufgabenkreis vorliegt oder die Angelegenheiten durch andere Hilfen ebenso gut besorgt werden können. Liegt eine Vollmacht vor, ist die Bestellung eines Betreuers für die von der Vollmacht abgedeckten Aufgabenkreise somit grundsätzlich nicht möglich. Eine Ausnahme von diesem Grundsatz liegt vor „wenn der Bevollmächtigte ungeeignet ist, die Angelegenheiten des Betroffenen zu besorgen, insbesondere weil zu befürchten ist, dass die Wahrnehmung der Interessen des Betroffenen durch jenen eine konkrete Gefahr für das Wohl des Betroffenen begründet.“[469] Dies ist insbesondere dann der Fall, wenn an der Redlichkeit oder Geeignetheit des

---

467 Sieh dazu S. 187 ff.

468 *G. Müller/Renner*, Betreuungsrecht und Vorsorgeverfügungen in der Praxis, Rn. 40.

469 BGH, NJW 2019, 237, 238.

Bevollmächtigten erhebliche Bedenken bestehen oder die Vollmacht auf Grund innerfamiliärer Streitigkeiten nicht anerkannt wird und der Bevollmächtigte auf Grund dessen von der Vollmacht keinen Gebrauch machen möchte oder nicht effektiv Gebrauch machen kann.[470]

Im Gegensatz zur Ansicht des BGH darf eine Betreuung allerdings nicht verwehrt werden, wenn der Betroffene keine Vollmacht erteilen möchte, obwohl er es könnte.[471] Die Vorsorgevollmacht ist Ausprägung des Selbstbestimmungsrechts und der Betroffene muss selbst entscheiden können, ob er eine solche erteilen möchte oder nicht. Es darf keine staatliche Zwangsvorsorgevollmacht entstehen, indem dem Betroffenen bei Nichterteilung einer Vorsorgevollmacht, das Rechtsinstitut der Betreuung verwehrt wird und er somit unter Druck gesetzt wird, eine Vollmacht zu erteilen.[472] Dies verstieße schon gegen seine grundrechtlich gesicherte allgemeine Entscheidungsfreiheit aus Art. 2 I GG.

Neben einer Vollmacht schließen zudem auch „andere Hilfen" gem. § 1896 II 2 BGB die Bestellung eines Betreuers aus. Unter diesen „anderen Hilfen" können nur Hilfen rechtlicher Art und tatsächlicher Art durch Familienangehörige, Bekannte, soziale Dienste usw. verstanden werden, welche einen gewissen Qualitätsstandard erfüllen müssen, weil neben den tatsächlichen Hilfen auch Leistungen durch Dritte und Rechtsansprüche existieren können.[473] In Österreich ist eine Unterstützung durch die in § 239 II ABGB genannten Rechtspersonen möglich, wobei diese jedoch nicht die Bestellung eines Erwachsenenvertreters ipso iure ausschließen.

a) Die Betreuung im materiellen Sinn

Im Folgenden soll die Betreuung im materiellen Sinn dargestellt und kritisch betrachtet werden.

aa) Die Bestellung eines Betreuers

(1) Die Vorrausetzungen

Damit vom Gericht ein Betreuer für den Betroffenen bestellt werden kann, müssen verschiedene, vom Gesetz vorgeschriebene Voraussetzungen erfüllt sein.

---

470 BGH, NJW-RR 2016, 1025, 1026; BayObLG, FamRZ 2004, 1403, 1403.

471 Die Ansicht des BGH: BGH, NJW-RR 2014, 385, 386.

472 So auch: *Böhm*, FamRZ 2014, 1333, 1335.

473 Soergel-*W. Zimmermann*, § 1896 BGB Rn. 71; Ausführlich dazu: *Böhm*, FamRZ 2014, 1333.

(a) Der Betroffene

Zunächst muss der Betroffenen selbst die gesundheitlichen Voraussetzungen für eine Betreuung erfüllen und zudem grundsätzlich ein Interesse an dieser besitzen.

(aa) Gesundheitliche Voraussetzungen

Für die Bestellung eines Betreuers ist gem. § 1896 I 1 BGB Voraussetzung, dass ein Volljähriger auf Grund einer psychischen Krankheit oder einer körperlichen, geistigen oder seelischen Behinderung seine Angelegenheiten ganz oder teilweise nicht besorgen kann. Die Möglichkeiten für die Unterstützungsbedürftigkeit sind in Deutschland somit weiter gefasst als in Österreich, da auch ausdrücklich körperliche Behinderungen zur Bestellung eines Betreuers führen können. Als körperliche Behinderung kommen neben der Blindheit, Taubheit, Stummheit oder einem hohen Maß an Sehstörung oder Schwerhörigkeit alle schweren Erkrankungen in Betracht, die die Bewegungsfähigkeit vollständig aufheben oder eine Verständigung mit dem Betroffenen äußerst erschweren.[474] Diese Einbeziehung der körperlichen Behinderungen in die Ursachen des Unvermögens ist notwendig und es ist nicht verständlich, weshalb dies in Österreich bei keinem Rechtsinstitut des Erwachsenenschutzes vom Gesetzgeber statuiert worden ist. Auf Grund der körperlichen Behinderung ist der Betroffene bei der Teilnahme am Rechtsverkehr erheblich eingeschränkt und muss unterstützt werden. Für diese Ansicht spricht zudem Art. 1 S. 2 UN-BRK, welcher unter den Begriff der Behinderung ausdrücklich auch die körperliche Beeinträchtigung fasst. Es kann keinen Unterschied machen, dass jemand seinen Willen nicht äußern kann, weil er ihn nicht bilden kann oder weil er auf Grund körperlicher Gründe nicht in der Lage ist, den gebildeten Willen kundzugeben. Auch wenn die Unterstützung nicht so umfangreich ausfallen wird wie bei einer psychischen Krankheit, ist der Betroffene dennoch auf Unterstützung angewiesen, bei welcher sein Wille den Mittelpunkt darstellt. Richtigerweise muss bei einer körperlichen Behinderung vor der Bestellung eines Betreuers aber besonders sorgfältig geprüft werden, ob die Möglichkeit einer Vollmachtserteilung besteht.[475] Zudem kann gem. § 1896 I 3 BGB eine Betreuung nur mit Willen eines körperlich Behinderten angeordnet werden.

474 *G. Schmidt/Böcker*, Betreuungsrecht, Kap. 1 Rn. 8; Bienwald/Sonnenfeld/Harm/Bienwald-*W. Bienwald*, § 1896 BGB Rn. 26.

475 *Jürgens et al.*, Betreuungsrecht kompakt, Rn. 38.

In beiden Rechtsordnungen werden keine Ausführungen zu der notwendigen Schwere der Beeinträchtigung gemacht. Deswegen ist das entscheidende Tatbestandsmerkmale „das Unvermögen, seine Angelegenheiten selbst zu besorgen“, wobei die Beeinträchtigung kausal für das Unvermögen sein muss.[476] Die Beachtung dieser Kausalität sowie eine enge Interpretation des Begriffs des Unvermögens sind dabei unumgänglich, um die Schwelle für staatliche Eingriffe in die Freiheit des Betroffenen angemessen hoch zu setzen.[477]

Ansonsten bleibt festzuhalten, dass die Aufzählung der gesundheitlichen Voraussetzungen in § 1896 I 1 BGB abschließend ist.[478] Die Geschäftsunfähigkeit des Betroffenen ist richtigerweise keine Voraussetzung für die Bestellung eines Betreuers.[479]

(bb) Interesse des Betroffenen

Neben den gesundheitlichen Voraussetzungen ist in Deutschland § 1896 Ia BGB zu beachten, der vorschreibt, dass gegen den Willen eines Volljährigen kein Betreuer bestellt werden darf. Die Ablehnung der Betreuung ist für das Gericht verbindlich und gilt auch, wenn die Bestellung eines Betreuers für den Betroffenen objektiv vorteilhaft wäre oder er sich selbstgefährdend oder sozial unangepasst verhält.[480] Voraussetzung dafür ist, dass der Betroffene die Fähigkeit freier Willensbildung besitzt, was vor allem bei psychischen Erkrankungen zweifelhaft erscheinen wird.[481] Nur wenn der Betroffene nicht in der Lage ist, einen freien Willen zu bilden, kann gegen seinen natürlichen Willen ein Betreuer bestellt werden. Die Feststellung, dass die Fähigkeit zur freien Willensbildung „deutlich eingeschränkt bis aufgehoben ist“ kann nicht genügen.[482] Die Feststellung zur Ablehnung einer freien Willensbildung muss durch ein Sachverständigengutachten belegt werden, welches die Art und das Ausmaß der Erkrankung und

---

476 *Neuhausen*, RNotZ 2003, 158, 159.

477 *Neuhausen*, RNotZ 2003, 158, 159.

478 *G. Müller*, Betreuung und Geschäftsfähigkeit, S. 118.

479 Staudinger-*W. Bienwald*, § 1896 BGB Rn. 50; Ausführlich dazu: *G. Müller*, Betreuung und Geschäftsfähigkeit, S. 124 ff.

480 BGH, NJW-RR 2012, 773, 774; MüKo-*Schwab*, § 1896 BGB Rn. 36; *Jürgens et al.*, Betreuungsrecht kompakt, Rn. 36.

481 Auf die Voraussetzungen für die Fähigkeit zur freien Willensbildung kann nach oben verwiesen werden. Siehe S. 50.

482 BGH, NJW-RR 2016, 643, 643.

deren Auswirkung auf die Fähigkeit, einen freien Willen zu bilden, im Einzelnen darstellt und wissenschaftlich begründet.[483]

Problematisch erscheinen allerdings die Fälle, in denen der Betroffene sich selbst der Gefahr einer Selbstschädigung aussetzt, wie folgender Beispielsfall zeigt: Ein 85-jähriger geschäftsfähiger Mann, welcher an einer leichten Form der Demenz leidet, lebt alleine in seiner Wohnung, in der er nicht aufräumt und schon öfter vergessen hat, den Herd auszumachen. Auf Grund dessen besteht die konkrete Gefahr eines Brands in der Wohnung. Fraglich erscheint, wie sich eine Ablehnung der Betreuung durch den Betroffenen auswirkt. Konsequenterweise müsste nach den obigen Ausführungen bei einer Ablehnung der Betreuung durch den Mieter geprüft werden, ob er zur freien Willensbildung in der Lage ist. Liegt diese Fähigkeit vor, darf kein Betreuer bestellt werden. Grundsätzlich hat der Staat nicht das Recht, einen Volljährigen, der zur freien Willensbildung fähig ist, an einer Selbstschädigung zu hindern.[484] Allerdings ist dies gerade einer der wesentlichen Zwecke bei der Unterstützung eines Erwachsenen. Für die Fähigkeit zur freien Willensbildung muss vorausgesetzt werden, dass der Betroffene für die notwendige Einsichtsfähigkeit immer seine Defizite wenigstens im Wesentlichen einschätzen können muss, weil er ansonsten nicht die für und gegen die Betreuung sprechenden Umstände abwägen kann.[485] Kann der Betroffene seine eigenen Defizite nicht richtig einschätzen, ist er auch in der Hinsicht unterstützungsbedürftig, dass er vor sich selbst geschützt werden muss. Er muss dann vor allem vor einer gesundheitlichen und wirtschaftlichen Selbstschädigung geschützt werden.[486] In diesem Fall ist die Fähigkeit zur freien Willensbildung mit hoher Wahrscheinlichkeit abzulehnen, da bei einer Gefahr der Selbstschädigung nicht davon ausgegangen werden kann, dass der Betroffene imstande ist, seine eigene Verfassung richtig einzuschätzen. Dies muss durch ein Sachverständigengutachten nachgewiesen werden. Zudem ist auch in diesem Fall, wie immer bei der Bestellung eines Betreuers, der Verhältnismäßigkeitsgrundsatz zu beachten.[487] So können möglicherweise schon rein technische, einfache Maßnahmen Abhilfe schaffen, wie im Beispielsfall die Lieferung von Essen

483 BGH, FGPrax 2018, 29, 29.

484 BVerfG, NJW 1967, 1795, 1800; BayObLG, FamRZ 1993, 600, 600.

485 OLG Hamm, FamRZ 2009, 1436, 1437; Bienwald/Sonnenfeld/Harm/Bienwald-*W. Bienwald*, § 1896 BGB Rn. 55.

486 OLG Hamm, FamRZ 2009, 1436, 1437.

487 BayObLG, FamRZ 1994, 1551, 1552; Bienwald/Sonnenfeld/Harm/Bienwald-*W. Bienwald*, § 1896 BGB Rn. 51.

durch den Verein „Essen auf Rädern" oder dem Einbau eines modernen Herds, bei welchem die Gefahr eines Brandes nicht besteht.[488]

Auch in dieser Konstellation, des Schutzes des Betroffenen vor einer Selbstschädigung, muss Art. 12 UN-BRK beachtet werden. So könnte ein Verstoß gegen diesen vorliegen, da es sich um eine Fremdbestimmung und nicht um eine Unterstützung handelt. Da allerdings die Handlungsfähigkeit des Betroffenen nicht beeinträchtigt wird, ist ein Eingriff wohl abzulehnen und auch bei Annahme eines Eingriffes in Art. 12 UN-BRK liegt mit dem Schutz des Betroffenen ein legitimer Zweck vor, welcher diesen Eingriff rechtfertigen würde.[489]

(b) Erforderlichkeitsgrundsatz

Bei der möglichen Bestellung eines Betreuers muss neben der in der Person liegenden Umstände auch immer gem. § 1896 II 1 BGB die Erforderlichkeit der Betreuung für den konkreten Aufgabenkreis vorliegen. Der Erforderlichkeitsgrundsatz ist eines der wesentlichen Prinzipien des Betreuungsrechts und hat bei einem Eingriff in die Freiheit des Betroffenen durch die Anordnung der Betreuung Verfassungsrang.[490] Eine Ausprägung des Erforderlichkeitsgrundsatzes ist der oben dargestellte Subsidiaritätsgrundsatz. Bei der Prüfung der Erforderlichkeit ist die konkrete Feststellung erforderlich, dass die Bestellung eines Betreuers notwendig ist, weil der Betroffenen auf diese Hilfe angewiesen ist und keine milderen Mittel in Betracht kommen.[491] Die Erforderlichkeit der Betreuung ist von der gegenwärtigen, konkreten Lebenssituation des Betroffenen aus zu beurteilen.[492] Allerdings sind auch die verschiedenen Interessenlagen und die wechselnden gesellschaftlichen Ansichten im Laufe der Zeit zu beachten.[493] Liegt die notwendige Erforderlichkeit nicht vor, kann der Betreuer auch nicht mit Zustimmung des Betroffenen bestellt werden, da der Erforderlichkeitsgrundsatz auch dem öffentlichen Interesse dient und für den Betroffenen nicht zur Disposition steht.[494]

---

488 *Coeppicus*, FamRZ 1992, 741, 745.
489 *V. Lipp*, FamRZ 2012, 669, 676.
490 MüKo-*Schwab*, § 1896 BGB Rn. 39.
491 Bienwald/Sonnenfeld/Harm/Bienwald-*W. Bienwald*, § 1896 BGB Rn. 44.
492 BGH, NJW-RR 2011, 1506, 1507.
493 Damrau/Zimmermann-*Damrau/W. Zimmermann*, § 1896 BGB Rn. 48.
494 OLG Köln, FamRZ 1996, 249, 250.

(c) Drittinteresse

Ausgenommen des Falls des § 1896 Ia BGB ist nicht erforderlich, dass die Bestellung eines Betreuers im alleinigen Interesse des Betroffenen liegt, sondern es ist möglich, dass ein Betreuer auf Grund des ausschließlichen Interesses eines Dritten bestellt wird.[495] Dies kommt z.B. bei der Kündigung einer Wohnung gegenüber einem geschäftsunfähigen Betroffenen in Betracht sowie bei der Geltendmachung von Ansprüchen eines Dritten, bei welchen die Vertretung eines prozessunfähigen Betroffenen im Prozess gesichert werden muss, um dem klagenden Dritten die Möglichkeit einzuräumen, seine Forderung durchzusetzen.[496] Auf Grund der Geschäftsunfähigkeit kann in diesem Fall auch kein Verstoß gegen § 1896 Ia BGB vorliegen. Ansonsten wird die Bestellung eines Betreuers nur im Interesse eines Dritten der Ausnahmefall sein, da in den meisten Fällen der Betroffene selbst so erheblich beeinträchtigt sein wird, dass die Bestellung eines Betreuers schon in seinem eigenen Interesse liegen wird.[497] So ist dies z.B. bei den Fällen der Fremdgefährdung, bei denen auch immer eine Selbstgefährdung vorliegen wird, wie der oben ausgeführte Fall um die Brandgefahr zeigt.

(2) Der Betreuer

Liegen die Voraussetzungen für die Bestellung eines Betreuers vor, muss das Gericht einen Betreuer auswählen und bestimmen, welche Angelegenheiten des Betroffenen dem Betreuer übertragen werden sollen.

(a) Aufgabenkreis

Zunächst stellt sich für das Gericht die Frage, welche Aufgabenkreise von der Betreuung umfasst sein sollen.

(aa) Allgemein

Der Umfang der Betreuung richtet sich gem. § 1896 II 1 BGB nach dem Erforderlichkeitsgrundsatz. Das Gericht muss danach auf Grund der konkreten gegenwärtigen Lebenssituation des Betroffenen entscheiden, ob und für welchen Aufgabenkreis ein Betreuer bestellt werden muss. Entscheidend ist, ob eine gegenwärtige Gefahr besteht, dass der Betroffene in dem Aufgabenkreis einen Schaden erleidet, wobei ein aktueller Handlungsbedarf nicht bestehen müsse,

---

495 Staudinger-*W. Bienwald*, § 1896 BGB Rn. 32; *Neuhausen*, RNotZ 2003, 158, 159 f.
496 Siehe z.B.: BGH, NJW 2011, 1739, 1740; BayObLG, NJW-RR 1998, 1459, 1459.
497 *Jürgens et al.*, Betreuungsrecht kompakt, Rn. 37.

sondern es genügen soll, dass der Handlungsbedarf in dem Aufgabenkreis jederzeit auftreten kann.[498] Dabei soll, mangels gesetzlichen Ausschlusses, auch eine Betreuung in „allen Angelegenheiten“ möglich sein.[499] Auf Grund der Tatsache, dass der Betreuer gem. § 1902 BGB gesetzlicher Vertreter des Betroffenen ist, können allerdings nur solche Angelegenheiten von der Betreuung erfasst werden, die einen rechtlichen Bezug aufweisen.[500] Die rechtliche Betreuung muss strikt von der tatsächlichen Pflege getrennt werden.

Auf Grund des tiefgreifenden Eingriffs in das Selbstbestimmungsrecht[501] des Betroffenen muss für die gerichtliche Bestellung eines Vertreters für einen unterstützungsbedürftigen Erwachsenen gefordert werden, dass ein konkreter Handlungsbedarf besteht und nicht nur die abstrakte Möglichkeit eines solchen. Dafür sprechen auch die Bestimmungen der UN-BRK, welche das Selbstbestimmungsrecht des Betroffenen stärken und dieses als Mittelpunkt des Erwachsenenschutzes statuieren. Der Aufgabenkreis der Betreuung darf nicht nur aus Zweckmäßigkeitserwägungen weit gefasst werden, um so ein mögliches neues Betreuungsverfahren zu verhindern.[502] Der Erforderlichkeitsgrundsatz wäre redundant, wenn auch ein vollkommen abstrakter Handlungsbedarf für die Bestellung eines Betreuers genüge. Allerdings dürfen an die Konkretheit des Handlungsbedarfs auch keine zu strengen Anforderungen gestellt werden, da ansonsten die Gefahr besteht, dass für gewisse Aufgabenkreise keine Vertretungsmacht des Betreuers besteht und immer wieder neue Betreuungsverfahren, zur Erweiterung des Betreuungsumfangs, durchgeführt werden müssen. Ein angemessener Ausgleich zwischen dem Schutz des Selbstbestimmungsrechts des Betroffenen und der Verhinderung zu vieler weiterer Verfahren wird erreicht, indem gefordert wird, dass der Handlungsbedarf für die Zukunft konkret absehbar sein muss, wie es z.B. bei bestimmten psychischen Erkrankungen der Fall ist.[503] Dies muss durch das obligatorische Sachverständigengutachten bestätigt werden. Nur wenn das Gutachten diese konkrete Zukunftsprognose stellt, kann für den bestimmten Aufgabenkreis ein Betreuer bestellt werden. Eine Betreuerbestellung, welche sich nicht auf einen absehbaren und bevorstehenden Handlungsbedarf stützt, verstößt gegen den Erforderlichkeitsgrundsatz und

498 BGH, FamRZ 2015, 649, 650.
499 Soergel-*W. Zimmermann*, § 1896 BGB Rn. 45.
500 Damrau/Zimmermann-*Damrau/W. Zimmermann*, § 1896 BGB Rn. 18.
501 Ausführlich zu diesem Eingriff: *Fröschle*, NJOZ 2018, 801, 801 ff.
502 BGH, FamRZ 2012, 1365, 1366.
503 *Jürgens et al.*, Betreuungsrecht kompakt, Rn. 62.

ist unzulässig.[504] Der Erforderlichkeitsgrundsatz darf somit nur im begrenzten Umfang vorausschauend gehandhabt werden. Auf Grund dessen darf auch nicht nur auf Grund der Geschäftsunfähigkeit des Betroffenen ein Betreuer bestellt werden, solange kein konkreter Entscheidungsbedarf besteht.[505] Da die Bestellung eines Betreuers die Geschäftsfähigkeit des Betroffenen nicht beeinflusst, kann im Umkehrschluss die Geschäftsunfähigkeit auch nicht Grund für die Bestellung eines Betreuers sein. Die Geschäftsfähigkeit bzw. -unfähigkeit ist nicht der zentrale Begriff im Betreuungsverfahren, wie es noch im Entmündigungsverfahren der Fall war.

Auf Grund der geforderten Konkretheit des Betreuungsbedarfs müssen auch an die Bestellung eines Betreuers für alle Angelegenheiten strenge Voraussetzungen gestellt werden. Eine Betreuung für alle Angelegenheiten kann nur in Betracht kommen, wenn der Betroffene im Grunde keine einzige Angelegenheit mehr selbst regeln kann und auf Grund dessen nicht mehr in der Lage ist, am Alltag teilzunehmen, wobei auf seine konkrete Lebenssituation abzustellen ist.[506] Eine grundsätzliche Ablehnung der Betreuung für alle Angelegenheiten, wie in Österreich, ist allerdings nicht zweckdienlich, da diese in bestimmten schwerwiegenden Fällen die Vertretung des Betroffenen erheblich vereinfachen kann und Rechtssicherheit schafft. Allerdings sollte sie nur die ultima ratio darstellen und bei der Bestellung des Betreuers immer eine Aufzählung und Abgrenzung der betroffenen Aufgabenkreise erfolgen.

Auf Grund der Gefahr des Missbrauchs müssen die Aufgabenkreise richtigerweise eng gefasst sein, da ansonsten die Gefahr besteht, dass der Betreuer und ein Dritter den Umfang der Aufgabenkreise so auslegen, wie es für sie zweckdienlich ist.[507] Bei der konkreten Bezeichnung der Aufgabenkreise müssen allerdings, wie oben ausgeführt, auch die verschiedenen Interessenlagen beachtet werden und dass das erneute Betreuungsverfahren i.S.v. § 293 FamFG eine starke Belastung für den Betroffenen darstellt. Deswegen dürfen die Aufgabenkreise bei der Bestellung des Betreuers auch nicht zu eng gefasst werden, um so eine hohe Anzahl von weiteren Betreuungsverfahren in der Zukunft zu verhindern. Zudem kann eine zu konkrete Bezeichnung des Aufgabenkreises zu

---

504 So auch: Staudinger-*W. Bienwald*, § 1896 Rn. 122.

505 Staudinger-*W. Bienwald*, § 1896 Rn. 118.

506 So auch: *Jürgens et al.*, Betreuungsrecht kompakt, Rn. 61 f.; *Knittel*, Der Beitrag des Bayerischen Obersten Landesgerichts zur Fortentwicklung des Betreuungs- und Unterbringungsrechts, 145, 155.

507 *Coeppicus*, FamRZ 1993, 1017, 1025.

Problemen bei Rechtsgeschäften mit Dritten, wie z.B. Banken, führen, weil diese die Erfassung des Rechtsgeschäfts von der Vertretungsmacht möglicherweise anzweifeln.[508] Des Weiteren können sich die Aufgabenkreise überschneiden, sodass Probleme auftreten können, wenn einer der betroffenen Aufgabenkreise nicht von der Betreuung umfasst ist. Ein Beispiel dafür wäre der Abschluss eines Vertrages mit einem Arzt über eine Behandlung als Privatpatient. In diesem Fall wird es bei der geforderten Konkretheit der Bezeichnung der Aufgabenkreise wohl nicht genügen, dass dem Betreuer die Gesundheitssorge übertragen wurde, da auf Grund der Kosten der Behandlung auch die Vermögenssorge betroffen ist. Der Betreuer könnte den Betroffenen nicht wirksam vertreten und es müsste ein erneutes Betreuungsverfahren eingeleitet werden. Auch wenn eine reine Standardisierung der Aufgabenkreise gegen den Erforderlichkeitsgrundsatz verstößt und unzulässig ist, erscheint es aus Gründen der Rechtssicherheit praktikabler von Standartaufgabenkreisen, wie den früheren „Big Five" in Österreich, auszugehen und bei diesen im Einzelfall zu prüfen, welche konkreten Angelegenheiten erfasst sein sollen und welche auszunehmen sind. Dies sollte in der Weise erfolgen, dass nur die Angelegenheiten konkret benannt werden, welche nicht von der Betreuung erfasst sein sollen (Beispiel: Die Vermögenssorge mit Ausnahme der Verwaltung der Einkünfte). So können die verbliebenen Fähigkeiten des Betroffenen berücksichtigt und von der Betreuung ausgenommen werden, wodurch sein Selbstbestimmungsrecht gewahrt wird und auch kein Verstoß gegen den Erforderlichkeitsgrundsatz gegeben ist, da keine reine Standardisierung von Aufgabenkreisen vorliegt. Für einen Dritten ist in diesem Fall erkennbar, für welche Angelegenheiten keine Vertretungsmacht besteht und er kann im Umkehrschluss davon ausgehen, dass ansonsten eine Vertretungsmacht besteht, wodurch Rechtssicherheit geschaffen wird.

(bb) Aufgabenkreis der Aufenthaltsbestimmung

Eine Besonderheit stellt der oft angeordnete Aufgabenkreis der „Aufenthaltsbestimmung" dar. Dieser wurde in der Vergangenheit häufig so ausgelegt, dass er auch das Recht zur zwangsweisen Heimeinweisung erfasse.[509] Der Betreuer und das Heim konnten so einen Heimvertrag für den Betroffenen abschließen, obwohl dieser dies gar nicht wünschte. Dies stellt einen tiefen Eingriff in das Selbstbestimmungsrecht des Betroffenen dar, gegen den dieser sich grundsätzlich nicht zur Wehr setzen kann. Auch wenn § 1907 BGB die Wohnung als

---

508 So auch: *Pardey/Kieß*, Betreuungs- und Unterbringungsrecht, § 7 Rn. 12.
509 *Coeppicus*, FamRZ 1993, 1017, 1024.

den räumlichen Lebensmittelpunkt zum Wohl des Betroffenen schützt, bietet er keinen umfassenden Schutz vor einer ungewollten und unberechtigten Aufnahme in ein Heim.[510] Trotz der sich daraus wohl ergebenden grundsätzlichen Pflicht der Genehmigung eines Heimvertrages durch das Betreuungsgericht gem. § 1907 III BGB wird in den meisten Fällen, auf Grund von Kündigungsmöglichkeiten, eine Genehmigung nicht erforderlich sein.[511] Diese Kündigungsmöglichkeit ist für den Betroffenen bei der Aufnahme in ein Heim allerdings kein effektiver Schutzmechanismus, da eine wirksame Ausübung des Kündigungsrechts durch ihn selbst immer angezweifelt werden wird und er somit mit großer Wahrscheinlichkeit im Heim bleiben muss. Der Betreuer wird in den seltensten Fällen den abgeschlossenen Vertrag wieder kündigen. Deswegen muss gefordert werden, dass die Befugnis zum Abschluss eines Heimvertrages bzw. zur Vertretung gegenüber einem Heim immer konkret bezeichnet wird, indem sie als eigener Aufgabenkreis benannt oder ausdrücklich bei dem Aufgabenkreis der Aufenthaltsbestimmung genannt wird.[512] Wurde bei der Bestellung des Betreuers keine solche Regelung getroffen, ist im Falle der möglichen notwendigen Heimaufnahme ein erneutes Betreuerverfahren i.S.d. § 293 FamFG nötig. So kann gewährleistet werden, dass die Notwendigkeit zur Aufnahme in ein Heim auch wirklich vorliegt und diese nicht zwangsweise gegen den Wunsch des Betroffenen erfolgt. Dadurch wird sein Selbstbestimmungsrecht gewahrt.

(b) Auswahl des Betreuers

Neben der Festlegung des Aufgabenkreises muss das Gericht entscheiden, wer als Betreuer eingesetzt wird.

(aa) Allgemeines

Die Auswahl des Betreuers richtet sich nach den §§ 1897–1900 BGB. Nach § 1897 I 1 BGB ist vom Betreuungsgericht eine natürliche Person zum Betreuer zu bestellen, die geeignet ist, die Angelegenheiten in den betroffenen Aufgabenkreisen rechtlich zu besorgen und den Betroffenen im erforderlichen Umfang persönlich zu betreuen. Die natürliche Person ist geeignet, wenn sie für die Besorgung der betroffenen Angelegenheiten eine ausreichende Qualifikation

---

510 Weitere Ausführungen dazu: *Coeppicus*, FamRZ 1993, 1017, 1025 f.

511 *Pardey/Kieß*, Betreuungs- und Unterbringungsrecht, § 10 Rn. 39.

512 So auch: *Coeppicus*, FamRZ 1993, 1017, 1025; Bienwald/Sonnenfeld/Harm/Bienwald-*W. Bienwald*, § 1896 BGB Rn. 157 S. 124; *Harm*, Die Rechte pflegebedürftiger Menschen in Einrichtungen der Pflege und ihre rechtliche Vertretung, 99, 109.

besitzt. Aus § 1897 I 1 BGB ergibt sich zudem der Grundsatz, dass nur eine einzelne Person als Betreuer bestellt werden soll.[513] Eine Betreuung durch mehrere natürliche Personen kommt gem. § 1899 I 1 BGB nur in Betracht, wenn die Angelegenheiten des Betroffenen dadurch besser besorgt werden können. Sind mehrere Betreuer für einen Aufgabenkreis bestellt, können sie gem. § 1899 III BGB nur gemeinsam für den Betroffenen handeln, es sei denn es würde durch den Aufschub eine Gefahr für den Betroffenen entstehen oder das Gericht hat etwas anderes angeordnet, wie gem. § 1899 IV BGB, dass ein Betreuer nur handeln kann, wenn der andere Betreuer verhindert ist. Von den natürlichen Personen werden gem. § 1897 II BGB auch Vereinsbetreuer und Behördenbetreuer erfasst. Dies sind Mitarbeiter eines nach § 1908f BGB anerkannten Betreuungsvereins oder einer für Betreuungsangelegenheiten zuständigen Behörde, die dort teilweise oder ausschließlich als Betreuer tätig sind. Für die Übernahme der Betreuung muss allerdings die Einwilligung des Vereins bzw. der Behörde vorliegen. Bei der Auswahl der natürlichen Person als Betreuer hat das Betreuungsgericht gem. § 1897 IV BGB die Wünsche des Betroffenen sowie eine etwaige Betreuungsverfügung oder (auf Grund fehlender Geschäftsfähigkeit unwirksame) Vorsorgevollmacht zu beachten, wobei dem Richter in diesem Fall kein Ermessen zusteht, sondern die gewünschte natürliche Person zum Betreuer zu bestellen ist. Eine Ausnahme besteht nur, wenn dies gegen das Wohl des Betroffenen verstieße.[514] Der Umstand, dass möglicherweise geeignetere Personen als Betreuer in Betracht kommen, muss, auf Grund des zu beachtenden Selbstbestimmungsrechts des Betroffenen, für seinen Wunsch und die Auswahl durch das Gericht irrelevant sein.[515] Allerdings ist bei dem Wunsch nach einem Berufsbetreuer möglicherweise der grundsätzliche Vorrang der ehrenamtlichen Betreuung gem. § 1897 VI 1 BGB zu beachten.[516] Für die Äußerung eines Betreuerwunsches i.S.v. § 1897 IV 1 BGB muss der Betroffene weder geschäftsfähig sein, noch die natürliche Einsichtsfähigkeit besitzen, sondern es genügt, dass er seinen Wunsch kundtut, wobei auch die Intention dieses Wunsches irrelevant ist, solange der Wunsch dem Wohl des Betroffenen nicht zuwiderläuft.[517] Im Gegensatz zu dem

---

513 Bienwald/Sonnenfeld/Harm/Bienwald-*W. Bienwald*, § 1897 BGB Rn. 30.

514 BGH, NJW 2017, 3301, 3302.

515 So auch: BGH, NZFam 2017, 993, 996 Anm. Weber; *V. Lipp*, Die Betreuungsverfügung als Instrument privater Vorsorge, 177, 184.

516 Siehe dazu S. 133 ff.

517 BGH, NJW 2017, 3301, 3302; Bienwald/Sonnenfeld/Harm/Bienwald-*W. Bienwald*, § 1897 BGB Rn. 84.

positiven Wunsch, muss auf die Ablehnung einer bestimmten Person durch den Betroffenen vom Gericht gem. § 1897 IV 2 BGB nur Rücksicht genommen werden. Liegt keine Äußerung eines Wunsches durch den Betroffenen vor, hat das Betreuungsgericht gem. § 1897 V BGB auf die verwandtschaftlichen und sonstigen persönlichen Bindungen sowie auf mögliche Interessenkonflikte Rücksicht zu nehmen. Als absoluter Ausschlussgrund für die Bestellung als Betreuer gilt nur § 1897 III BGB, welcher auch bei einem Wunsch des Betroffenen zu beachten ist. Nach § 1898 I BGB ist der vom Gericht ausgewählte Betreuer grundsätzlich verpflichtet, die Betreuung zu übernehmen, es sei denn, er ist nicht dazu geeignet oder die Übernahme der Betreuung ist ihm auf Grund von familiären, beruflichen oder sonstigen Gründen nicht zumutbar. Die Ablehnung der Betreuung ist grundsätzlich sanktionslos, außer wenn eine Ablehnung ohne Grund und ein Verschulden vorliegen, denn in diesem Fall hat der ablehnende Betreuer gem. § 1787 I BGB i.V.m. § 1908i I BGB den Schaden zu ersetzen, der dem Betroffenen auf Grund der verzögerten Bestellung des Betreuers entsteht.

Kommt keine natürliche Person als Betreuer in Betracht, kann gem. § 1900 I 1 BGB subsidiär ein Betreuungsverein als Betreuer bestellt werden, wobei gem. § 1900 I 2 BGB die Einwilligung des Vereins vorliegen muss. Kann auch kein Betreuungsverein die Betreuung übernehmen, bestellt das Betreuungsgericht gem. § 1900 IV 1 BGB eine Betreuungsbehörde als Betreuer, wobei die Behörde die Bestellung nicht ablehnen kann. Die Erledigung der Angelegenheiten in der Betreuung überträgt der Verein oder die Behörde gem. § 1900 II 1 BGB einzelnen Personen, wobei die Wünsche des Betroffenen gem. § 1900 II 2 BGB zu berücksichtigen sind. Erfährt der Verein oder die Behörde nach der Bestellung als Betreuer von Umständen, die belegen, dass der Betroffene durch eine oder mehrere natürliche Personen hinreichend betreut werden kann, so hat es, im Sinne des Grundsatzes der Subsidiarität der Betreuung durch einen Verein oder eine Behörde, das Gericht darüber zu informieren. Die Folge ist gem. § 1908b V BGB, dass der Verein oder die Behörde als Betreuer entlassen wird. Dies wird vor allem bei Betreuungsvereinen der Fall sein, wenn einer ihrer Mitarbeiter die Betreuung übernehmen kann.[518] Somit besteht, wie in Österreich, auch in Deutschland ein Stufensystem bei der Bestellung eines Betreuers.[519]

518 Bienwald/Sonnenfeld/Harm/Bienwald-*W. Bienwald*, § 1900 BGB Rn. 15.
519 Übersicht dieses Stufensystems: MüKo-*Schwab*, § 1897 BGB Rn. 4.

(bb) *Ehrenamtliche vs. berufliche Betreuung*

Einen weiteren Subsidiaritätsgrundsatz bei der Bestellung eines Betreuers statuiert § 1897 VI 1 BGB, welcher vorschreibt, dass eine ehrenamtliche Betreuung einer beruflichen Betreuung i.S.d. § 1836 I 2 BGB vorzuziehen ist. Die Intention des Gesetzgebers bei dieser Vorschrift war die Verhinderung einer „überqualifizierten Betreuung“ und die Entlastung der Staatskasse bei mittellosen Betreuten, wobei die Vorschrift auch für vermögende Betroffene gilt.[520] Eine ehrenamtliche Tätigkeit liegt vor, wenn eine Person eine Tätigkeit übernimmt, ohne dass eine Amtsverpflichtung oder ein verwandtschaftliches Verhältnis besteht und dafür auch kein Entgelt erhält.[521] Eine berufsmäßige Betreuung hingegen liegt gem. § 1 I 2 VBVG im Regelfall vor, wenn der Betreuer mehr als zehn Betreuungen führt (§ 1 I 2 Nr. 1 VBVG) oder für die Führung der Betreuung voraussichtlich nicht weniger als 20 Stunden in der Woche benötigt (§ 1 I 2 Nr. 2 VBVG).

Zunächst ist fraglich, ob dieser Grundsatz auch gilt, wenn der Betroffenen gem. § 1897 IV 1 BGB einen bestimmten Berufsbetreuer wünscht. So wird von Stimmen in der Literatur und der Rechtsprechung angenommen, dass das Gericht in diesem Fall nicht an den Wunsch des Betroffenen gebunden ist, wenn eine ehrenamtliche Betreuung möglich ist, selbst wenn der Betroffene die Vergütung des Berufsbetreuers mit eigenen Mitteln finanzieren könnte.[522] Dies kann nicht überzeugen. Kann der Betroffene den Berufsbetreuer mit eigenen Mittel bezahlen, ist schon der Hauptgrund des § 1897 VI 1 BGB, nämlich die Entlastung der Staatskasse, nicht tangiert, da sich der Vergütungsanspruch des Berufsbetreuers gem. § 1908i I BGB i.V.m. § 1836 BGB i.V.m. § 1 VBVG gegen den vermögenden Betreuten bzw. dessen Erben richtet.[523] Verfügt der Betroffene nur über ein geringes Vermögen, kann allenfalls in Frage stehen, ob die Bestellung eines Berufsbetreuers seinem Wohl widerspricht, da ein finanzielles Risiko bestehen könnte.

Des Weiteren kann auch eine generelle Ablehnung des Wunsches eines Berufsbetreuers gegenüber einem ehrenamtlichen Betreuer nicht überzeugen. Dafür spricht zunächst schon die historische Auslegung der Vorschrift. So war der heutige Absatz 5 in der ursprünglichen Entwurfsfassung als sechster Absatz der letzte Absatz von § 1897 BGB.[524] Der Absatz 6 wurde erst später eingefügt,

---

520 BT-Drucks. 13/7158 S. 50.

521 *Adler*, FPR 2012, 36, 36.

522 So z.B.: Staudinger-*W. Bienwald*, § 1897 BGB Rn. 52; OLG Jena, NJW-RR 2001, 796, 797; OLG Thüringen, FamRZ 2001, 714, 715; LG Kleve, FamRZ 2016, 2034, 2034.

523 So auch: *M. Weber*, NZFam 2017, 247, 252.

524 BT-Drucks. 11/4528 S. 15.

was so verstanden werden muss, dass Absatz 6 nur einschlägig sein kann, wenn gar kein Wunsch des Betroffenen vorliegt.[525] Auch die amtliche Begründung zu § 1897 VI BGB enthält keine Hinweise dazu, dass der Grundsatz auch bei einem Wunsch des Betroffenen gelten soll.[526] Zudem ist der Wortlaut von § 1897 IV 1 BGB und § 1897 VI 1 BGB zu beachten. § 1897 IV 1 BGB ordnet ausdrücklich an, dass dem Wunsch des Betroffenen zu entsprechen „ist", wobei gem. § 1897 VI 1 BGB der ehrenamtliche einem beruflichen Betreuer vorgezogen werden „soll", sodass aus dem Wortlaut geschlossen werden muss, dass der Wunsch des Betroffenen stärker wiegt als der Vorrang der ehrenamtlichen Betreuung.[527] Die Missachtung des Wunsches des Betroffenen, obwohl dieser nicht seinem Wohl zuwiderläuft, verstößt eindeutig gegen sein Selbstbestimmungsrecht. Zudem ergibt sich aus § 1897 IV 1 BGB, dass das entscheidende Kriterium bei der Auswahl des Betreuers das Wohl des Betreuten ist. Schlägt der Betroffene eine Person als Betreuer vor, muss davon ausgegangen werden, dass dieser Vorschlag mit seinem Wohl harmoniert.[528] Es sind keine Gründe ersichtlich, weswegen die Bestellung eines Berufsbetreuers generell gegen das Wohl des Betroffenen verstoßen könnte. Es wird dem Betroffenen, auf Grund der vorliegenden Fachkenntnisse des Berufsbetreuers, vielmehr dienen. Wird dem Betroffenen ein anderer Betreuer, als der gewünschte Betreuer „aufgezwungen", wird der Betroffene diesen womöglich ablehnen, sodass ein Fall der Unbetreubarkeit[529] eintritt und auf Grund dessen ein Widerspruch zum Wohl des Betroffenen besteht. Dabei kann es keinen Unterschied machen, ob ein Familienmitglied oder ein Berufsbetreuer als Betreuer gewünscht wird. Somit kann, wie *Lipp* richtig anmerkt, § 1897 IV 1 BGB nur ein Kriterium für die Ausübung des Ermessens des Gerichts bei der Auswahl des Betreuers sein, wenn der Betroffene keinen Wunsch äußert.[530] Liegt ein Wunsch des Betroffenen vor, darf § 1897 IV 1 BGB nicht zur Auswahl des Betreuers herangezogen werden.

Neben des speziellen Falls des Vorschlags eines Betreuers durch den Betreuten, ist es generell fraglich, ob die Bevorzugung einer ehrenamtlichen Betreuung sinnvoll erscheint.

---

525 *Jlussi*, NZFam 2016, 814, 814.

526 BT-Drucks. 13/7158 S. 50.

527 So auch: *Jlussi*, NZFam 2016, 814, 814; *V. Lipp*, Die Betreuungsverfügung als Instrument privater Vorsorge, 177, 183.

528 MüKo-*Schwab*, § 1897 BGB Rn. 22.

529 Siehe dazu S. 146 ff.

530 *V. Lipp*, Die Betreuungsverfügung als Instrument privater Vorsorge, 177, 184.

Zunächst kann die Intention des Gesetzgebers, durch § 1897 VI 1 BGB Kosten zu senken, nicht überzeugen und ist nicht haltbar. Bei einem vermögenden Betreuten hat dieser, wie oben ausgeführt, die Kosten für die Betreuung durch einen Berufsbetreuer selbst zu tragen. Ist dem Betreuer der Aufgabenkreis der Vermögenssorge übertragen worden, kann er sich selbst aus dem Vermögen des Betroffenen befriedigen; ansonsten muss er die Festsetzung des Gerichts gem. §§ 292, 168 I 1 Nr. 1 FamFG beantragen.[531] Ist der Betreuer mittelos, erfolgt die Vergütung gem. § 1908i I BGB i.V.m. § 1836 BGB i.V.m. § 1 II 2 VBVG aus der Staatskasse. Der Betroffene ist mittelos, wenn ihm auf Grund seiner wirtschaftlichen Verhältnisse nicht zugemutet werden kann, die Vergütung des Betreuers selbst zu zahlen.[532] Somit erfolgt bei der Betreuung durch einen Berufsbetreuer zunächst eine Belastung der Staatskasse. Allerdings ist zu beachten, dass es sich bei der Vergütung durch die Staatskasse nur um eine Vorleistung handelt. Diese kann gem. § 1908i BGB i.V.m. § 1836e I 1 BGB im Wege des Regresses eine gezahlte Vergütung an den Berufsbetreuer vom Betroffenen zurückfordern. Der Forderungsanspruch des Berufsbetreuers gegen den Betreuten geht ipso iure auf die Staatskasse über. Der Regress ist vor allem dann möglich, wenn der Betroffene Vermögen erwirbt, welches über der Grenze zur Mittellosigkeit liegt. Dazu zählen gem. § 1836c Nr. 1 S. 3 BGB auch etwaige Unterhaltsansprüche, wobei § 1836e II BGB zu beachten ist. Nach dem Tod des Betroffenen geht der Regressanspruch gegen den Betroffenen im Wege der Gesamtrechtsnachfolge auf die Erben über, wobei der Anspruch gem. § 1836e I 2 BGB auf den Wert des Nachlasses beschränkt ist. Allerdings können sich die Erben nicht auf die Haftungsbeschränkungen des § 1836c BGB berufen. Somit besteht für die Staatskasse in vielen Fällen die Möglichkeit Regress zu nehmen, sodass keine oder nur eine geringe Belastung der Staatskasse vorliegt. Der Regressanspruch gem. § 1908i BGB i.V.m. § 1836e I 1 BGB stellt deshalb ein geeignetes und ausreichendes Mittel zur Verhinderung einer zu hohen Belastung der Staatskasse dar.

Zudem muss beachtet werden, dass in vielen Fällen auch die ehrenamtliche Betreuung „vergütet“ wird, denn bei der Betreuung eines mittellosen Betroffenen durch einen ehrenamtlichen Betreuer muss die Staatskasse ebenfalls gem. § 1908i BGB i.V.m. § 1835a I 1, III BGB eine pauschale Aufwandsentschädigung zahlen, welche gem. § 1835a I 1 BGB i.V.m. § 22 S. 1 JVEG 399,00 Euro beträgt. Auch wenn die Kosten bei einer ehrenamtlichen Betreuung geringer ausfallen, wird die Staatskasse auch dabei im Wege einer Aufwandsentschädigung belastet.

531 *M. Scharf*, FPR 2012, 32, 33.
532 *W. Zimmermann*, FPR 2002, 431, 432.

Des Weiteren ist in vielen Fällen nicht eindeutig, ob der Betreuer ehrenamtlich oder beruflich handelt. Die ehrenamtliche Betreuung wird oftmals nur als Durchgangsstation zum Start als Berufsbetreuer genutzt, was bei einem deutlich höheren Verdienst nicht verwunderlich ist. Sicherlich sollte bei einem ehrenamtlichen Engagement die Höhe der Vergütung bzw. Aufwandsentschädigung nicht entscheidend sein, doch ist es nicht überraschend, dass eine ehrenamtliche Tätigkeit in eine berufliche Tätigkeit umgewandelt wird, wenn dort für dieselbe Tätigkeit mehr verdient und diese Tätigkeit zudem noch neben dem eigentlichen Beruf ausgeübt werden kann. Somit führt auch die (zunächst ausgeübte) ehrenamtliche Betreuung zu einer Belastung der Staatskasse.

Der weitgehende Ausschluss einer Berufsbetreuung gegenüber einer ehrenamtlichen Betreuung zu Lasten des Betroffenen, mit dem Ziel der Entlastung der Staatskasse, ist alles in allem nicht notwendig.

Neben der Intention des Gesetzgebers, die Staatskasse zu entlasten, war das Ziel der Einführung von § 1897 VI 1 BGB, überqualifizierte Betreuungen zu verhindern. Diese von *Schwab* milde ausgedrückt als „merkwürdig" titulierte Begründung[533], ist in keiner Weise haltbar und kann eine Bevorzugung der ehrenamtlichen Tätigkeit ebenfalls nicht rechtfertigen. Selbstverständlich muss gewährleistet werden, dass Betroffene, die eine qualifizierte Betreuung benötigen, diese auch erhalten. Jedoch darf dies nicht zu Lasten der Betroffenen geschehen, sondern der Staat muss Maßnahmen vornehmen, um den Qualitätsstandard der Betreuungen und die Verfügbarkeit von qualifizierten Betreuern zu erhöhen.[534] Sinn und Zweck der Betreuung es ist den Betroffenen bestmöglich rechtlich zu unterstützen. Es widerspricht klar diesem Zweck, wenn Betroffene nicht die qualifizierte Betreuung erhalten, die sie erhalten könnten. Deswegen muss jeder den Anspruch auf eine qualifizierte Betreuung besitzen. Kann ein Berufsbetreuer die Angelegenheiten zum Wohl des Betroffenen eindeutig besser wahrnehmen als der ehrenamtliche Betreuer, so muss dieser auch zum Betreuer bestellt werden.[535] Die einzige Ausnahme davon kann, wie oben ausgeführt, ein Wunsch des Betroffenen sein. Zudem wird es kaum möglich sein festzustellen, wann eine überqualifizierte Betreuung vorliegt, denn bei fast jeder Betreuung können Probleme und komplexe Rechtsfragen auftreten. In der Praxis sind Fehler des Gerichts bei der Ermittlung der Eignung einer Person für die konkrete Betreuung, insbesondere durch falsche Einschätzung des Umfangs der

533 MüKo-*Schwab*, § 1897 BGB, Rn. 41 Fn. 153.

534 Siehe dazu S. 138 ff.

535 So auch: MüKo-*Schwab*, § 1897 BGB Rn. 45.

Aufgabenkreise und der Schwierigkeit der Wahrnehmung der übertragenen Aufgaben nicht selten.[536] Auch können die Betreuer wohl nur schwer nach verschiedenen abgestuften Qualifikationen eingestuft werden.

Des Weiteren scheint der Gesetzgeber die Folgen eines Vorrangs der ehrenamtlichen Betreuung zur Verhinderung von überqualifizierten Betreuungen nicht bedacht zu haben. Werden immer nur ehrenamtliche Betreuer bestellt, besteht die Gefahr, dass die Berufsbetreuer in finanzielle Probleme geraten und die berufliche Betreuung nicht mehr ausüben können. Die Folge ist, dass eine überqualifizierte Betreuung in einem leichten Fall verhindert wird, zugleich aber eine qualifizierte Betreuung in einem schweren Fall nicht mehr möglich ist.

Mithin ist der gesetzlich statuierte Vorrang der ehrenamtlichen Betreuung gegenüber der beruflichen Betreuung nicht haltbar und dem Gesetzgeber ist anzuraten, § 1897 VI BGB zu streichen.

(cc) Qualifikation des Betreuers

Neben dem nicht haltbaren gesetzlich statuierten Vorrang der ehrenamtlichen Betreuung, stellt sich generell die Frage, welche Qualifikation ein Betreuer besitzen muss.

Dazu muss die Unterscheidung zwischen der Pflege und der Betreuung beachtet werden. Bei der Pflege handelt es sich um die tatsächliche Unterstützung des Betroffenen. Bei der Betreuung hingegen handelt es sich gem. § 1902 BGB um die rechtliche Vertretung des Betroffenen. Dabei kann der Betreuer vor schwierige und weitreichende Entscheidungen gestellt werden, wie z.B. im Aufgabenkreis der Gesundheitssorge. Deswegen sind oftmals medizinische, soziale und psychologische Kenntnisse von großer Bedeutung und es sind neben dem Betreuungs- und Vormundschaftsrecht sowie dem Verfahrensrecht, auch häufig vertiefte Kenntnisse im Sozialrecht nötig, wobei auch alle anderen Rechtsgebiete betroffen sein können.[537]

Als mögliche Betreuer kommen Familienangehörige und Dritte in Betracht, die die Betreuung ehrenamtlich oder beruflich übernehmen, wobei auch bei diesen weitere Abstufungen vorzunehmen sind. Zunächst ist festzuhalten, dass nach richtiger Ansicht Familienangehörige nicht als ehrenamtliche Betreuer einzuordnen sind.[538] Die Familienangehörigen werden in den folgenden Ausführungen herausgenommen, da bei diesen die Besonderheit einer meist engen

---

536 *C. Bienwald*, FPR 2012, 28, 29.

537 *Fiala/Deinert*, FamRZ 2017, 1899, 1902.

538 Ausführlich dazu: *Adler*, FPR 2012, 36, 37 f.

Bindung zum Betroffenen vorliegt. Dadurch werden sie trotz möglicher Schwierigkeiten in den meisten Fällen den Anreiz besitzen, die Betreuung bestmöglich zu übernehmen, sodass es inadäquat wäre, von Familienangehörigen eine gewisse Qualifikation für die Übernahme der Betreuung zu fordern. Es sollten allerdings durch die Betreuungsvereine, -behörden und -gerichte Beratungen und Informationen für familiäre Betreuer angeboten werden, sodass diese bei aufkommenden Fragen oder erforderlicher Unterstützung einen Ansprechpartner haben.

Bei ehrenamtlichen und beruflichen Betreuern besteht hingegen keine enge Bindung zum Betroffenen. Somit müssen diese eine gewisse Qualifikation zur Übernahme der Betreuung aufweisen. Dabei muss wiederrum zwischen einer ehrenamtlichen und einer beruflichen Tätigkeit unterschieden werden. Ehrenamtlich Tätige wollen meistens keine rechtliche Verantwortung übernehmen, sondern zur Lösung von tatsächlichen Problemen beitragen, sodass eine Betreuung für viele zu umfangreich oder komplex ist.[539] Sie müssen für die Bestellung als Betreuer keine akademische Vorbildung oder sonstige Mindeststandards erfüllen.[540] Bei dem im Auftrag des BMJV durchgeführten Forschungsprojekt „Qualität in der rechtlichen Betreuung“ von November 2015 bis November 2017 gab die Hälfte der ehrenamtlichen Betreuer an, dass sie oft der Meinung sind, in bestimmten Bereichen zu wenig Kenntnisse zu besitzen.[541] In diesem Fall müssen sie zur Erledigung der Angelegenheiten Fachleute hinzuziehen.[542] Übt jemand hingegen einen Beruf aus, wird er vor Beginn der Ausübung eine spezifische Ausbildung erhalten haben. Bei der Betreuung allerdings gibt es keine solche spezifische Ausbildung. Grundsätzlich kann jede Person ehrenamtlicher oder beruflicher Betreuer werden. Entscheidend ist nur, dass er gem. § 1897 I BGB für die Bestellung als Betreuer geeignet ist. Für die Bestellung als Berufsbetreuer verlangen viele Betreuungsbehörden und Betreuungsgerichte inzwischen Nachweise über die Absolvierung von Seminaren und Fachlehrgängen im Betreuungsrecht. Einen Standard für die Qualifikation als Berufsbetreuer gibt es allerdings dennoch nicht. Die Statuierung einer solchen notwendigen Qualifikation für Betreuer wurde vom Gesetzgeber in der Vergangenheit auch nie in Erwägung gezogen, sondern sein primäres Ziel war immer die Senkung der Kosten im Betreuungsverfahren und der Finanzierung von Betreuern.[543] Dieser

---

539 *Adler*, FPR 2012, 36, 40.

540 *Christl*, FamRZ 2019, 422, 422.

541 *Matta et al.*, Kapitel 10 – Zentrale Ergebnisse und Handlungsempfehlungen, S. 565.

542 *Christl*, FamRZ 2019, 422, 422.

543 *V. Lipp*, FamRZ 2012, 669, 669.

Umstand ist nicht hinnehmbar! In den letzten Jahrzehnten lag das Augenmerk des Gesetzgebers im Familienrecht vor allem auf dem Kindschaftsrecht. Das Kindschaftsrecht ist unumstritten eines der bedeutsamsten Rechtsgebiete des Familienrechts und muss geschützt und gestärkt werden. Allerdings ist es nicht akzeptabel, dass in einem anderen sehr bedeutsamen Bereich des Familienrechts, dem Recht der alten Menschen, das einzige Ziel die Senkung von Kosten ist. Alte Menschen sind wie Kinder auf Hilfe angewiesen und müssen eine qualitative Unterstützung erhalten. Aus diesem Grund muss der Gesetzgeber tätig werden. Es müssen klare Voraussetzungen für Betreuer geschaffen werden, wobei zwischen ehrenamtlichen und beruflichen Betreuern unterschieden werden muss.

Eine ehrenamtliche Tätigkeit erfolgt grundsätzlich, wie oben ausgeführt, ohne Vergütung und aus altruistischen Motiven. Aus diesem Grund kann von ehrenamtlichen Betreuern nicht verlangt werden, dass sie eine richtige Ausbildung oder ein Studium absolvieren und denselben Wissensstand besitzen wie Berufsbetreuer. Daraus muss sich auch die Unterscheidung bei der Bestellung eines ehrenamtlichen und eines beruflichen Betreuers ergeben. Ein ehrenamtlicher Betreuer sollte nur bestellt werden, wenn die Betreuung weniger verantwortungs- und anspruchsvolle Angelegenheiten umfasst.[544] Sind hingegen vertiefte juristische oder sonstige Kenntnisse erforderlich, sollte ein Berufsbetreuer bestellt werden. So wird die notwendige Qualität der Betreuung gewährleistet und eine Überforderung eines ehrenamtlichen Betreuers verhindert. Daraus folgt nicht, dass die ehrenamtliche Betreuung als zweitklassig anzusehen ist, denn in vielen Fällen wird eine umfassende Betreuung durch einen Berufsbetreuer nicht erforderlich sein, sodass oftmals ein ehrenamtlicher Betreuer bestellt werden wird. Sobald allerdings vertiefte Kenntnisse erforderlich sind, muss die ehrenamtliche Betreuung hinter die Berufsbetreuung zurücktreten. Die Feststellung, ob eine ehrenamtliche oder berufliche Betreuung notwendig ist, sollte durch das Berufungsgericht in Zusammenarbeit mit den Betreuungsvereinen und -behörden getroffenen werden. Allerdings sollten auch ehrenamtliche Betreuer sich gewisse Kenntnisse aneignen müssen. So muss verlangt werden, dass sie Seminare besuchen, in denen sie geschult werden und das notwendige Wissen für eine Betreuung erhalten. Wichtig ist insbesondere, dass ihnen die Möglichkeiten der unterstützenden Entscheidungsfindung aufgezeigt werden und ihnen gelehrt wird, zwischen den Wünschen des Betroffenen und ihren eigenen Vorstellungen unterscheiden zu können. Diese Seminare sollten von den Betreuungsvereinen durchgeführt werden, zu deren Querschnittssaufgaben die Einführung,

544 So auch: *Adler*, FPR 2012, 36, 40.

Unterstützung und Fortbildung der ehrenamtlichen Betreuer gehören.[545] Die Mitarbeiter des Vereines besitzen die notwendigen Kenntnisse und sind zudem nicht nur mit der Theorie einer Betreuung, sondern auch mit der Praxis vertraut. Erheblich ist dafür, dass die Vereine eine ausreichende Finanzierung durch öffentliche Mittel erhalten.

Bei einem Berufsbetreuer hingegen muss eine obligatorische Ausbildung verlangt werden. Auf Grund der möglichen umfassenden Betreuung übernimmt er große Verantwortung, wozu umfängliche Fachkenntnisse auf verschiedenen Gebieten erforderlich sind.[546] Der Auffassung der Bund-Länder-Arbeitsgruppe, welche eine Qualifikation von Betreuern weder für erforderlich, noch für sinnvoll erachtetet und die Auswahl nach der Geeignetheit für ausreichend ansieht[547], muss deswegen klar widersprochen werden. Berufsbetreuer müssen eine gewisse, einheitliche Mindestqualifikation besitzen.[548] Die Schaffung einer solchen Qualifikation wäre möglich, indem der Bachelorstudiengang „gesetzlicher Berufsbetreuer" an den Fachhochschulen eingeführt wird. In diesem Studiengang könnten den Studierenden die notwendigen Kenntnisse in den verschiedenen Fachbereichen gelehrt werden.[549] Erfahrungen zu einem berufsbegleitenden Hochschulstudium für Betreuer zeigen, dass sich die Absolventen eines solchen Studiums bei ihrer Arbeit sicherer und qualitativ verbessert fühlen.[550] Nach Abschluss des Studiums mit dem akademischen Grad des Bachelors wären die Absolventen berechtigt, als Berufsbetreuer tätig zu werden. Dabei muss zwischen Personen, welche noch gar keine Qualifikationen besitzen und solchen welche schon eine gewisse Qualifikation besitzen, wie z.B. Juristen oder Sozialpädagogen, differenziert werden. Von Letzteren kann nicht verlangt werden, dass sie ein erneutes Studium absolvieren. Allerdings sollten auch sie obligatorische Schulungen absolvieren.

545 *Scheffer/Busch*, DStR 2015, 2451, 2452.

546 Umfassende Auflistung der möglich notwendigen Kenntnisse und Fähigkeiten: https://www.bundesanzeiger-verlag.de/betreuung/wiki/Ausbildung (zuletzt aufgerufen am 23.09.2019).

547 *Bund-Länder-Arbeitsgruppe „Betreuungsrecht"*, Abschlussbericht 2003, S. 193.

548 So auch: *T. Becker*, Das Berufsrecht der Berufsbetreuer/innen, 215, 228 f.; *Harm*, BtPrax 2015, 135, 137.

549 Als Beispiel für den möglichen Aufbau eines solchen Studiums: Der Lehrplan des Fernstudiums „Bachelor Berufsbetreuer" an der Hochschule Wismar: https://www.wings.hs-wismar.de/de/fernstudium_bachelor/berufsbetreuer/inhalte (zuletzt aufgerufen am 23.09.2019).

550 *Ahrend*, BtPrax 2010, 221, 222.

Diese Forderung des Stufensystems und einer Mindestqualifikation von Berufsbetreuern führt zwangsläufig auch zu der Anpassung des Vergütungssystems für Betreuer. Nach § 4 VBVG und § 5 VBVG wird zur Zeit ein Pauschalbetrag bezahlt, welcher sich aus zwei Komponenten zusammensetzt: Den für den Betreuer geltenden Stundensatz gem. § 4 VBVG und den für die Betreuung geltenden Stundensatz gem. § 5 VBVG.[551] Die Zahlung eines solchen Pauschalbetrags setzt allerdings schon falsche Anreize für den Berufsbetreuer, denn für die gewünschte Unterstützung des Betroffenen muss der Betreuer Zeit aufwenden, für welche er keine Vergütung erhält, sodass die Gefahr besteht, dass er die Assistenzkomponente der Betreuung vernachlässigt.[552] Im Rahmen des Forschungsprojekts „Qualität in der rechtlichen Betreuung" sagten fast alle Berufsbetreuer aus, dass die vergüteten Stundensätze zu gering seien, um den Betroffenen realistisch in einem guten Umfang bei einer eigenen Entscheidungsfindung zu unterstützen, sodass oftmals ersetzende Entscheidungen vorlägen.[553] Zur Sicherung der Unterstützung der Betroffenen und der Qualität der Betreuung muss verlangt werden, dass die Vergütung sich nach der tatsächlich geleisteten Arbeit und dem Umfang der konkreten Betreuung richtet. So wird ein Anreiz geschaffen, die Betreuung bestmöglich und umfänglich wahrzunehmen und die Berufsbetreuung erlangt zudem deutlich mehr Attraktivität. Der Zweck der Erhöhung der Qualität der Betreuung überwiegt gegenüber der Kosten für die Betreuten, welche nicht mittellos sind. Aus diesem Grund ist der Gesetzentwurf zur Anpassung der Betreuer- und Vormündervergütung begrüßenswert.[554] In diesem wird als ausdrückliches Ziel angegeben, dass die Vergütung eines Berufsbetreuers seiner Qualifikation und Tätigkeit angemessen sein soll.[555] Nach dem Entwurf soll sich die Vergütung nicht mehr nach einem pauschalen Zeitaufwand bemessen, sondern gem. § 4 I VBVG-E nach monatlichen Fallpauschalen, die in Vergütungstabellen[556] festgelegt sind, wobei gem. § 4 II und III VBVG-E zwischen Betreuern ohne und mit besonderen Kenntnissen differenziert werden soll.[557] Würde eine obligatorische Ausbildung für Berufsbetreuer eingeführt werden,

---

551 Jurgeleit-*Maier*, § 4 VBVG Rn 1.
552 *V. Lipp*, FamRZ 2017, 4, 11.
553 *Matta et al.*, Kapitel 10 – Zentrale Ergebnisse und Handlungsempfehlungen, S. 580.
554 BT-Drucks. 19/8694.
555 BT-Drucks. 19/8694 S. 16.
556 BT-Drucks. 19/8694 S. 11 ff.
557 Ausführlich zu diesem Entwurf: *Fröschle*, FamRZ 2019, 678.

müsste eine Differenzierung nicht mehr durchgeführt werden, sondern es wäre nur die konkrete Betreuung ausschlaggebend für die Höhe der Vergütung.

Bei den Berufsbetreuern muss des Weiteren der besondere Fall beachtet werden, bei dem ein Rechtsanwalt die Betreuung als Berufsbetreuer im Wege einer Nebentätigkeit übernimmt. Rechtsanwälte besitzen unstreitig die notwendigen juristischen Kenntnisse. Wie oben ausgeführt, sind allerdings für eine Betreuung auch Kenntnisse in anderen Fachbereichen notwendig, welche sich die Rechtsanwälte durch obligatorische Schulungen aneignen sollten. Zudem führt die Übernahme von Betreuungen für Rechtsanwälte oftmals zu einem ungewohnten Arbeitsablauf und sie besitzen auf Grund ihres Hauptberufs wenig Zeit.[558] Auf Grund dessen besteht die Gefahr, dass sich die Qualität der Betreuungen verringert, indem ein Rechtsanwalt nicht die notwendige Zeit für eine qualitative Betreuungen aufbringen kann oder er nicht erreichbar ist. Um dies zu verhindern, sollte die Übernahme einer Betreuung durch einen Rechtsanwalt, wie in Österreich, grundsätzlich an letzter Stelle stehen. Entspricht die Übernahme der Betreuung durch einen Rechtsanwalt dem Wohl des Betroffenen am besten, z.B. weil die zu besorgenden Angelegenheiten im Kern nur juristische Kenntnisse voraussetzen, sollte von diesem Grundsatz eine Ausnahme gemacht werden.

(dd) Zwischenergebnis

Alles in allem sollte das Stufensystem der Betreuerauswahl in Deutschland angepasst werden. Der gesetzlich statuierte Vorrang der ehrenamtlichen Betreuung in § 1897 VI 1 BGB sollte abgeschafft werden. Für die Entscheidung zwischen einer ehrenamtlichen und beruflichen Betreuung sollte die Komplexität des Einzelfalls entscheidend sein. Des Weiteren sollten Berufsbetreuer und auch ehrenamtliche Betreuer eine gewisse Mindestqualifikation besitzen. Die Bestellung eines Rechtsanwalts als Betreuer in Form eines Berufsbetreuers sollte, wie in Österreich, die letzte Stufe bei der Auswahl darstellen. Bei allen Diskussionen über die verschiedenen Arten von Betreuungen und den Vorrang oder die Subsidiarität von diesen, muss jedoch immer beachtet werden, dass sich die Betreuung nach dem Wohl des Betroffenen richten muss. Dieses stellt den Mittelpunkt im Betreuungsrecht dar und ist somit auch für die Auswahl des Betreuers maßgebend.

558 Zu der früheren Übernahme einer Sachwalterschaft durch einen Rechtsanwalt in Österreich: *Hohenauer-Hlebaina*, iFamZ 2012, 291, 292.

(c) Höchstzahlbegrenzung an Betreuungen

Neben der Sicherung der Qualität der Betreuungen durch die Statuierung einer Mindestqualifikation für Betreuer, ist es überlegenswert, die Qualität der Betreuungen zusätzlich zu sichern, indem eine Obergrenze für die Übernahme von Betreuungen gilt. Dadurch könnte gewährleistet werden, dass der Betreuer ausreichend Zeit für die einzelnen Betreuungen aufbringen würde.

In Deutschland gibt es, im Gegensatz zu Österreich, keine solche Obergrenze. § 55 SGB VIII betrifft nur die Führung von Vormundschaften, Beistandschaften und Pflegschaften durch die Jugendämter. Ein Betreuer für unterstützungsbedürftige Erwachsene kann auf Grund dessen bis zur Grenze seiner Leistungsfähigkeit für weitere Betreuungen bestellt werden, solange er geeignet ist, die ihm übertragenen Angelegenheiten zu besorgen und die dafür erforderliche persönliche Betreuung gewährleistet ist.[559] Die Anzahl der Betreuungen ist nur ein Kriterium für die Abgrenzung einer berufsmäßigen zu einer ehrenamtlichen Betreuung. So liegt gem. § 1908i I BGB i.V.m. § 1836 BGB i.V.m. § 1 I 2 VBVG in der Regel eine berufsmäßige Betreuung vor, wenn der Betreuer mehr als zehn Betreuungen übernommen hat. Diese Abgrenzung auf Grund der Anzahl der Betreuungen wäre nach dem oben geforderten obligatorischen Studium und der daraus resultierenden Abgrenzung auf Grund der Ausbildung nicht mehr notwendig.

Die Einführung einer Begrenzung für die Anzahl der Betreuungen erscheint im Hinblick auf die Qualitätssicherung der Betreuungen sinnvoll. Allerdings sollte dabei nicht wie in Österreich eine feste Obergrenze an zulässigen Betreuungen festgelegt werden. Es macht einen deutlichen Unterschied, ob ein Betreuer 15 umfangreiche Betreuungen oder 15 Betreuungen mit einem geringen Umfang übernimmt. Sollte das oben dargestellte Stufensystem zwischen ehrenamtlichen und beruflichen Betreuern verwirklicht werden, so würden die ehrenamtlichen Betreuungen in vielen Fällen einen geringen Umfang besitzen, sodass ein ehrenamtlicher Betreuer mehr Betreuungen übernehmen könnte. Auch ist nicht nachvollziehbar, weshalb in Österreich ein Notar oder ein Rechtsanwalt, welcher auf einer speziellen Liste steht, mehr als 15 Erwachsenenvertretungen übernehmen kann, ein gewerblicher Dienstleister (i.S.e. Berufsbetreuers) hingegen nicht.[560] Bei der Qualität der Erwachsenenvertretungen wird es, außer möglicherweise im rechtlichen Bereich, keine großen Unterschiede geben. Im Gegenteil, ein gewerblicher Dienstleister wird im Zweifel mehr Zeit für die

---

559 Staudinger-*W. Bienwald*, Vor. zu § 1897 BGB Rn. 34.

560 So auch: *Schauer*, iFamZ 2017, 148, 155.

einzelnen Erwachsenenvertretungen aufbringen können als ein Rechtsanwalt, der die Erwachsenenvertretungen nicht hauptberuflich übernimmt. Deshalb sollte die Entscheidung über die zulässige Anzahl an Betreuungen immer einzelfallabhängig geschehen. Die Betreuungsgerichte müssen prüfen, ob der ausgewählte Betreuer bei der bisherigen Anzahl der von ihm übernommenen Betreuungen geeignet erscheint, eine weitere Betreuung pflichtgemäß übernehmen zu können.

(d) Dauer der Vertretung

Wurde ein geeigneter Betreuer bestellt, stellt sich die Frage, ob seine Bestellung zeitlich zu begrenzen ist und wenn ja, für welchen Zeitraum.

Die Gerichte sind gem. § 294 III FamFG verpflichtet, sieben Jahre nach der Bestellung des Betreuers über die Aufhebung der Betreuung zu entscheiden, außer das Betreuungsgericht legt gem. § 286 III FamFG in der Beschlussformel fest, dass eine erneute Überprüfung der Notwendigkeit der Betreuung nach dem Ablauf einer kürzeren Frist erfolgen muss. Eine Befristung der Betreuung ist somit möglich, aber keine Pflicht der Gerichte. Eine Versäumung der Frist hat zudem nicht das Ende der Betreuung zur Folge.[561]

Grundsätzlich ist die Befristung der Betreuung notwendig. Durch eine Vollmacht wählt der Betroffene selbstbestimmt seinen Vertreter aus. Bei einer Betreuung hingegen kann er zwar Wünsche äußern, die Auswahl des Betreuers erfolgt jedoch nicht durch ihn, sondern durch das Gericht. Die Bestellung eines Betreuers stellt einen Eingriff in sein Selbstbestimmungsrecht und somit eine Beschränkung seiner Rechte dar.[562] Zudem wird nur in den seltensten Fällen der Betroffene selbst den Antrag zur Eröffnung eines Betreuungsverfahrens stellen. Die Betreuung beruht somit nicht auf der persönlichen Willensbildung des Betroffenen. Zum Schutze des Betroffenen muss deshalb eine Kontrolle durch das Betreuungsgericht erfolgen, bei welcher zu prüfen ist, ob die Notwendigkeit der Betreuung noch besteht. Denn sollte diese nicht mehr vorliegen, muss gewährleistet werden, dass der Betroffene seine Rechte, insbesondere sein Selbstbestimmungsrecht, wieder selbst ausüben kann. Ziel des Betreuungsrechts ist neben der qualifizierten Unterstützung der Betreuten auch immer, die Betreuung so zu führen, dass der Betreute im Idealfall dazu befähigt wird, seine Angelegenheiten

561 Bassenge/Roth-*Bassenge*, § 294 FamFG Rn. 9; Dutta/Jacoby/Schwab-*Schneider*, § 294 FamFG Rn. 12.

562 BVerfG, FamRZ 2008, 2260, 2261; ausführlich dazu: *Fröschle*, NJOZ 2018, 801, 801 ff.; a. A. *Wesche*, Rpfleger 1988, 227, 231.

wieder selbst zu besorgen. Die Kontrolle durch das Betreuungsgericht würde zu einer erheblichen Stärkung der Position der Betreuten führen. Dem Argument, dass eine Frist bei dem Betroffenen den Eindruck erwecken könnte, dass in der Zeit bis zum Ablauf der Frist keine Änderungsmöglichkeit bestehe [563], muss entgegengehalten werden, dass dies in der Praxis eben nicht der Fall ist. Diese Annahme kann durch eine einfache und schnelle Aufklärung zu der Bedeutung der Frist durch den Betreuungsrichter beseitigt werden.

Eine Frist von drei Jahren, wie sie in Österreich gilt, erscheint allerdings in vielen Fällen zu kurz bemessen. Zudem würde eine verpflichtende Überprüfung der Betreuung nach drei Jahren zu einer sehr hohen Belastung der Betreuungsgerichte führen. Es bestünde die Gefahr, dass die Betreuungsgerichte dazu tendieren, die Notwendigkeit der Betreuung anstandslos weiterhin als gegeben anzusehen, um so eine zeitaufwendige Kontrolle zu umgehen. Allerdings muss auch beachtet werden, dass eine zu lange Frist den Betroffenen in seinen Rechten beeinträchtigt.[564] Zudem darf die Frist bei gewissen Krankheiten, wie z.B. einer Alzheimer-Demenz, nicht zu lang bemessen sein, da diese Krankheit, wie oben dargestellt, im Schnitt nach sechs Jahren zum Tod führt. In § 69 I Nr. 5 FGG-E aus dem Jahr 1989 war eine Frist von fünf Jahren vorgesehen.[565]

Jedoch wird bei der Statuierung einer starren Frist für die Überprüfung der Betreuung übersehen, dass es keinen klassischen Betreuungsfall gibt, sondern die Betreuungsfälle einzelfallabhängig sind. Auf Grund dessen ist eine starre Frist nicht sachdienlich. Es erscheint opportun, wenn die Gerichte die Frist immer für den individuellen Einzelfall festlegen müssen, wie es nach der Rechtslage in Deutschland der Fall ist. Die Gerichte sind verpflichtet, eine kürzere Frist als sieben Jahre zu bestimmen, wenn Anhaltspunkte dafür bestehen, dass sich der Zustand des Betroffenen ändern könnte.[566] Entscheidend für die Wahl der Frist muss deswegen vor allem das Sachverständigengutachten sein, welches unter anderem eine Prognose zu der weiteren Entwicklung des Zustands des Betroffenen enthalten muss. Der Richter sollte sich bei der Bestimmung der Frist

---

563 So: *Wesche*, Rpfleger 1988, 227, 230.

564 So auch der BGH zu einer durch das Betreuungsgericht gem. § 286 III FamFG festgelegten Überprüfungsfrist: BGH, NJW-RR 2013, 194, 195.

565 BT-Drucks. 11/4528 S. 21.

566 BayObLG, NJW-RR 1995, 1274, 1275; Bienwald/Sonnenfeld/Harm/Bienwald-*Sonnenfeld*, § 294 FamFG Rn. 26 ff.; Dutta/Jacoby/Schwab-*Schneider*, § 294 FamFG Rn. 9.

nach diesem Gutachten und dem Sozialbericht der Betreuungsbehörde richten.[567] Nach Ablauf der durch das Gericht bestimmten Frist sollte eine erneute Überprüfung der Voraussetzungen der Betreuung erfolgen, ansonsten sollte die Betreuung, entgegen der bestehenden Rechtslage, ipso iure erlöschen. Nur so kann das Selbstbestimmungsrecht des Betroffenen effektiv gewahrt werden.

(e) *Die Beendigung der Betreuung*

(aa) *Die Aufhebung*

Neben der Möglichkeit der Befristung der Betreuung, bestehen Fallkonstellationen, in denen die Betreuung durch die Gerichte aufgehoben werden kann oder sogar muss.

So ist die Betreuung gem. § 1908d I 1 BGB aufzuheben, wenn die Voraussetzungen für diese weggefallen sind. Sind nur für gewisse Angelegenheiten die Voraussetzungen weggefallen, so wird gem. § 1908d I 2 BGB nur für diese Angelegenheiten die Betreuung aufgehoben. Es genügt dabei, dass eine Voraussetzung wegfällt, wobei die Aufhebung vor allem in Betracht kommt, wenn die Krankheit oder Behinderung des Betreuten sich in dem Umfang gebessert hat, dass er seine Angelegenheiten wieder selbst wahrnehmen kann oder wenn er mit freiem Willen gem. § 1896 Ia BGB die Weiterführung der Betreuung ablehnt bzw. die Betreuung wünscht, aber nur mit einer von ihm gewünschten Person, welche aus Sicht des Betreuungsgerichts allerdings ungeeignet erscheint.[568]

Ein besonderer Fall liegt bei der sog. „Unbetreubarkeit" des Betroffenen vor, bei welcher der Betroffene jeden Kontakt mit dem Betreuer verweigert und der Betreuer deshalb handlungsunfähig ist, sodass die Erforderlichkeit der Betreuung im Einzelfall abgelehnt werden kann.[569] Bei der Feststellung einer solchen „Unbetreubarkeit" ist allerdings Zurückhaltung geboten, da die Ablehnung des Betreuers oftmals Ausdruck der Erkrankung des Betreuten sein kann.[570] Zudem kann ein Fall der „Unbetreubarkeit" nur vorliegen, wenn der Betreute keinen freien Willen i.S.v. § 1896 Ia BGB besitzt, da es ansonsten an einer Voraussetzung der Betreuung fehlen würde, sodass diese bereits gem. § 1908d I 1 BGB aufgehoben werden müsste. Aus diesen Gründen sollten die Betreuungsgerichte

---

567 Zu dem Sachverständigengutachten siehe S. 168 ff.; zu dem Sozialbericht siehe S. 164 ff.

568 Staudinger-*W. Bienwald*, § 1908d BGB Rn. 43; BGH, FamRZ 2017, 473.

569 Siehe z.B.: BGH, FamRZ 2015, 650.

570 BGH, NJW-RR 2017, 1474, 1475.

sich zunächst bemühen, mit verschiedenen Maßnahmen eine Kooperation des Betreuten mit seinem Betreuer zu ermöglichen oder den Betreuer zu wechseln, bevor die Betreuung insgesamt aufgehoben wird.[571] Der Betreute wird in den meisten Fällen auf die notwendige Unterstützung durch den Betreuer angewiesen sein, sodass die Betreuung aufrechterhalten werden sollte. Der BGH führt diesen Gedankengang so weit, dass er die Erforderlichkeit der Betreuung auch noch als gegeben ansieht, wenn der Betreuer trotz Ablehnung durch den Betreuten ohne Kommunikation mit diesem zu dessen Wohl und in dessen Interesse rechtlich tätig werden kann.[572] Diese Ansicht ist jedoch zu weitgehend und nicht mit Art. 12 UN-BRK vereinbar. Ziel des Erwachsenenschutzrechts ist es gem. Art. 12 III UN-BRK, dass der Betroffene unterstützt wird. Es soll keine Fremdbestimmung vorliegen und eine Stellvertretung soll nur eine Notlösung darstellen.[573] Für eine Unterstützung ist aber eine wie auch immer ausgestaltete Form der Kommunikation erforderlich, denn es muss eine Willensäußerung vorliegen, an welche die Unterstützung angeknüpft werden kann. So ist der Erwachsenenvertreter in Österreich gem. § 241 II 1 ABGB verpflichtet, den Betroffenen über beabsichtigte Entscheidungen rechtzeitig zu verständigen und muss ihm die Möglichkeit geben, sich in einer angemessen Frist dazu zu äußern. Handelt der Betreuer bei Ablehnung durch den Betroffenen „vom Schreibtisch aus" für diesen, liegt eine Fremdbestimmung vor, da der Betreuer für sich selbst erschließen muss, was die Interessen und das Wohl des Betreuten darstellen. Die Weiterführung der Betreuung durch den abgelehnten Betreuer gleicht einer Zwangsbetreuung, welche nicht zulässig ist.

Problematisch erscheint allerdings, wie sich dies zu der unumstritten zulässigen Bestellung eines Betreuers verhält, wenn diese gegen den Willen des Betroffenen erfolgt, welcher jedoch keinen freien Willen i.S.v. § 1896 Ia BGB bilden kann. Dabei ist nur fraglich, ob generell ein Betreuer gegen den Willen des Betroffenen bestellt werden kann. Bei der Auswahl des Betreuers hingegen muss der Wille des Betroffenen gem. § 1897 IV 1 BGB beachtet werden, da für diesen weder erforderlich sein kann, dass der Wunsch auf einem dauerhaften, eigenständigen und ernsthaften Willen beruht, noch, dass der Betroffene Geschäftsfähigkeit oder natürliche Einsichtsfähigkeit besitzt. Es muss genügen, dass der Betroffene seinen Wunsch kundtut.[574] Nur so kann die von Art. 12 UN-BRK

571 So auch: Staudinger-*W. Bienwald*, § 1908d BGB Rn. 43.

572 BGH, FamRZ 2016, 1350, 1351 f.

573 *R. Müller*, iFamZ 2017, 327, 331.

574 BGH, FamRZ 2011, 285, 286; MüKo-*Schwab*, § 1897 BGB Rn. 23; andere Ansicht: z.B. BayObLG, FamRZ 2003, 1871; BayObLG, FamRZ 2005, 548.

geforderte Selbstbestimmung des Betroffenen gewahrt werden. Die Ablehnung der Betreuung vor Bestellung eines Betreuers und die Ablehnung des Betreuers nach Bestellung des Betreuers sind somit nicht vergleichbar, da bei der Bestellung eines Betreuers der Wunsch des Betroffenen beachtet werden muss; bei der Ablehnung des bestellten Betreuers hingegen wird der vorliegende und zu beachtende Wunsch, in Form der Ablehnung, übergangen. Ein Aufrechterhalten der Betreuung, wenn der Betreuer die ihm übertragenen Angelegenheiten ohne Kommunikation mit dem Betreuten wahrnehmen kann, ist abzulehnen. Die Betreuungsgerichte sollten in einem solchen Fall einen Betreuerwechsel anordnen, wozu sie den Betroffenen anhören sollten, um einen möglichen Betreuerwunsch beachten zu können.

(bb) Der Tod des Betreuers

Stirbt der Betreuer, erlischt seine Vertretungsmacht. Allerdings endet durch den Tod des Betreuers nicht zugleich die generelle Bestellung eines Vertreters. Die Gerichte haben in diesem Fall gem. § 1908c BGB die Pflicht, einen neuen Betreuer zu bestellen. Für die Auswahl des neuen Vertreters gelten die gleichen Voraussetzungen wie bei der Erstbestellung.[575]

(3) Handeln zum Wohl des Betroffenen

Nachdem der Betreuer für die Aufgabenkreise bestellt wurde, ist es seine Aufgabe, die ihm übertragenen Angelegenheiten nach dem Wohl des Betroffenen zu besorgen. Dies ergibt sich ausdrücklich aus § 1901 II 1 BGB, wobei dies sowohl für die Entscheidung, als auch die Entscheidungsfindung des Betreuers gilt.[576] Das Wohl des Betroffenen stellt zudem gem. § 1901 III BGB die Grenze für die Berücksichtigung von Wünschen des Betroffenen dar. Von diesem „Wohl" ist gem. § 1901 II 2 BGB auch die Möglichkeit des Betroffenen umfasst, dass er sein Leben nach seinen Wünschen und Vorstellungen gestaltet.

(a) Definition des Begriffs „Wohl"

Eine weitere Definition des Begriffs „Wohl" ist im Gesetz nicht zu finden. Auf Grund der Vielzahl von möglichen Fallgestaltungen hat der Gesetzgeber bewusst auf eine Konkretisierung des Begriffs verzichtet und diesen allgemein gehalten.[577] Dies führt in der Praxis allerdings zu erheblichen Problemen und

575 Bienwald/Sonnenfeld/Harm/Bienwald-*W. Bienwald*, § 1908c BGB Rn. 9.

576 *Jürgens et al.*, Betreuungsrecht kompakt, Rn. 142.

577 BT-Drucks. 11/4528, S. 133.

entscheidende Fragen werden nicht geklärt: Inwieweit darf der Betreuer gegen den Willen des Betroffenen handeln und ab welchem Zeitpunkt setzt das „Wohl" die Grenze für die Wünsche des Betroffenen? Ist dies schon der Fall, wenn der Wunsch dem „Wohl" nur leicht zuwiderläuft oder muss der Wunsch klar gegen das „Wohl" verstoßen? Ab wann entspricht eine Aufnahme in ein Heim dem „Wohl" des Betroffenen, wenn dieser dadurch immer aus seinem gewohnten Umfeld gerissen wird? Fragen wie diese sind ohne eine Ausgestaltung des Begriffs „Wohl" kaum zu beantworten.

Möglichweise kann jedoch ein Vergleich zum Begriff des „Kindeswohls" gezogen werden, welcher der zentrale Rechtsbegriff im Kindschaftsrecht ist, wie z.B. in § 1666 BGB, § 1671 BGB oder § 1685 BGB. Auch bei dem Begriff des „Kindeswohls" handelt es sich um einen undefinierten Rechtsbegriff, wobei ihm jedoch zwei Grundprinzipien entnommen werden können: Zum einen der Vorrang des Kindesinteresses vor den Interessen andere Beteiligter und zum anderen der Vorrang der Einzelfallgerechtigkeit.[578] Auf Grund der Unterstützungsbedürftigkeit und Schutzwürdigkeit sowie der Bedeutsamkeit der Familie besteht eine vergleichbare Situation zwischen einem Kind und einem alten Menschen, sodass es überlegenswert erscheint, die Maßstäbe, die für das „Kindeswohl" gelten, auch auf das „Wohl" i.S.v. § 1901 II 1 BGB anzuwenden, wodurch das „Kindeswohl" als Modell für ein „Altenwohl" dienen könnte. Allerdings können das „Wohl" eines Kindes und eines alten Menschen nicht völlig gleichgesetzt werden, da alte Menschen im Gegensatz zu Kindern schon nicht erziehungsbedürftig sind.[579] Die Eltern sollen durch ihre Erziehung ihr minderjähriges Kind dazu bringen, ein selbstbestimmtes Leben zu führen, während der Betreuer den betroffenen Volljährigen nicht erziehen, sondern bei dem Führen eines selbstbestimmten Lebens unterstützen soll.

Aus diesem Ziel der Betreuung und mit Blick auf Art. 12 UN-BRK ergibt sich allerdings eine viel näherliegende und konsequentere Definition des Begriffs „Wohl": Das Wohl des Betroffenen ist es, sein Leben nach seinen eigenen Vorstellungen und Wünschen zu gestalten.[580] Das Selbstbestimmungsrecht stellt den Mittelpunkt bei der Unterstützung eines Betroffenen dar, sodass es auch als das „Wohl" des Betroffenen angesehen werden und so den Mittelpunkt des

---

578 NK-Familienrecht-*Rakete-Dombek*, § 1666 BGB Rn. 9; Staudinger-*Coester*, § 1666 BGB Rn. 66.

579 *Zenz,* Autonomie und Abhängigkeit – familienrechtliche Schutzbelange im Alter, Rn. 49.

580 So auch: *Fröschle*, ZRP 2018, 110, 111.

Betreuungsrechts darstellen kann. Die Definition könnte in § 1901 II 2 BGB statuiert werden. Der Betreuer sollte allerdings gegen das Wohl und somit auch gegen den Willen des Betroffenen handeln dürfen, wenn durch dessen Wünsche und Vorstellungen erhebliche Nachteile für ihn drohen, diese sein Selbstbestimmungsrecht beschränken oder ein Entsprechen dieser dem Betreuer nicht zuzumuten ist. Dies könnte in § 1901 III 1 BGB statuiert werden. Zudem muss der Betreuer verpflichtet sein, zu prüfen, ob der geäußerte Wunsch des Betroffenen von Dauer ist oder nur eine spontane Äußerung darstellt, an welcher der Betroffene nicht lange festhalten wird. Dies könnte durch eine Anpassung von § 1901 III 2 BGB geschehen. Ist der Wunsch erkennbar nur eine spontane Äußerung, sollte der Betreuer prüfen, ob ein Entsprechen des Wunsches für den Betroffenen objektiv von Vorteil wäre. Nur in einem solchen Fall sollte der Betreuer diesen spontanen Wunsch verwirklichen.

(b) Der persönliche Kontakt zum Betroffenen

Fraglich erscheint, ob der Betreuer zum Wohl des Betreuten verpflichtet sein sollte, zu diesem regelmäßig persönlichen Kontakt zu halten.

In Österreich ist der Erwachsenenvertreter gem. § 247 S. 1 ABGB verpflichtet, im erforderlichen Maß persönlichen Kontakt mit dem Betroffenen zu halten, wobei dieser Kontakt gem. § 247 S. 2 ABGB mindestens einmal im Monat erfolgen muss. Etwas anderes gilt nur, wenn dem Erwachsenenvertreter ausschließlich Angelegenheiten übertragen wurden, deren Besorgung vorwiegend Kenntnisse der Vermögensverwaltung oder des Rechts erfordern. Der Kontakt mit dem Betroffenen muss aber immer in dem Umfang erfolgen, dass sich der Erwachsenenvertreter einen laufenden Eindruck verschaffen kann.[581]

In Deutschland ist der Betreuer gem. § 1901 III 3 BGB verpflichtet, vor der Erledigung wichtiger Angelegenheiten, diese mit dem Betreuten zu besprechen. Dies stellt die Minimalvoraussetzung des persönlichen Kontakts dar.[582] Nach § 1908b I 1, 2 BGB ist der Betreuer zudem zu entlassen, wenn er nicht den erforderlichen Kontakt zum Betreuten gehalten hat. Des Weiteren ist er gem. 1908i I 1 BGB i.V.m. § 1840 I 2 BGB verpflichtet, Bericht über den persönlichen Kontakt abzulegen und das Betreuungsgericht ist gem. § 1908 I 1 BGB i.V.m. § 1837 II 2 BGB verpflichtet, die Einhaltung des persönlichen Kontakts zu beaufsichtigen. Allerdings ergebe sich nach Ansicht der Rechtsprechung weder aus dem Wortlaut noch aus dem Zweck der Vorschriften eine konkret

581 ErlRV 1461 BlgNR XXV. GP. S. 26.
582 *Kollmer,* Selbstbestimmung im Betreuungsrecht, S. 153.

erforderliche Besuchsanzahl.[583] Für die Erreichung des Zwecks des persönlichen Kontakts, nämlich die Anpassung der Betreuung an die Wünsche und Bedürfnisse des Betroffenen, seien ständige Besuche nicht erforderlich, da der Betreuer auch auf anderen Wegen ausreichend Informationen erlangen könne, um die Betreuung an diesen auszurichten.[584] Auch könne nicht auf die für die Vormundschaft bestimmte Besuchsfrequenz von in der Regel einem Monat aus § 1793 Ia 2 BGB abgestellt werden, da § 1908i I BGB nicht auf diesen verweist, sodass er im Betreuungsrecht nicht anwendbar sei.[585] Zudem spreche auch der Wille des Gesetzgebers gegen eine regelmäßige Besuchsfrequenz, da dieser die erforderliche Häufigkeit der Besuche nach dem konkreten Bedürfnis und dem Umfang der Betreuung ausrichte.[586]

Richtig ist, dass sich aus dem Wortlaut keine erforderliche Besuchsfrequenz ergibt und § 1793 Ia 2 BGB im Betreuungsrecht nicht anwendbar ist. Allerdings kann der Ansicht, dass der Zweck des persönlichen Kontakts auch mit unregelmäßigen Besuchen erreicht werden kann, nicht gefolgt werden. Damit der Betreuer sein Handeln an dem oben definierten, Wohl des Betroffenen ausrichten kann, ist es unerlässlich, dass er einen persönlichen Kontakt zum Betroffenen pflegt, denn nur so kann er die Vorstellungen und Wünsche des Betroffenen in Kenntnis bringen. Handelt der Betreuer ohne diesen regelmäßigen Kontakt muss von einer Fremd- und keiner Selbstbestimmung ausgegangen werden und es läge ein Verstoß gegen Art. 12 III UN-BRK vor. Zudem sollte sich die Intensität der Besuchspflicht nicht nach dem Umfang der konkreten Betreuung richten, sondern die Anzahl der Betreuungen durch den Betreuer sollte unter anderem unter Berücksichtigung der Intensivität der Besuchspflichten festgelegt werden. Dafür müssen die Gerichte, nach dem oben geforderten Verhältnis zwischen ehrenamtlicher und beruflicher Betreuung, vor Bestellung des Betreuers prüfen, ob dieser die Kapazität besitzt, eine weitere Betreuung zu übernehmen. Bei dieser Prüfung sollte die erforderliche Verpflichtung des regelmäßigen Kontakts zu berücksichtigen sein und geprüft werden, ob der Betreuer die Zeit besitzt, diesen Kontakt einzuhalten. Dabei ist auch die räumliche Entfernung zwischen Betreuer und Betreutem zu beachten. Bei der Festlegung der Besuchsfrequenz muss die Unterscheidung zwischen der rechtlichen Betreuung und der tatsächlichen Pflege beachtet werden. Aus diesem Grund muss der Betreuer auch nicht

583 LG Nürnberg-Fürth, BeckRS 2014, 15707.
584 LG Nürnberg-Fürth, BeckRS 2014, 15707.
585 LG Hamburg, BTPrax 2012, 81, 83.
586 LG Nürnberg-Fürth, BeckRS 2014, 15707; BT-Drucks. 11/4528 S. 68.

wöchentlich persönlichen Kontakt zum Betreuten haben. In Notfällen muss er allerdings erreichbar sein und schnellstmöglich Kontakt zum Betreuten aufnehmen. Die Festlegung eines obligatorischen Mindestkontakts sollte sich an der Rechtslage in Österreich orientieren. Es sollte eine Verpflichtung zum monatlichen Kontakt gesetzlich statuiert werden, ausgenommen bei der ausschließlichen Vermögensverwaltung oder Übernahme von rechtlichen Angelegenheiten.[587] Dies entspricht der Ansicht von Teilen der Rechtsprechung und Teilen der Literatur, welche früher in der Regel ein oder maximal zwei Besuche für erforderlich hielten.[588] Durch diese Besuchsfrequenz wird gesichert, dass die Betreuung an den Wünschen und Vorstellungen des Betroffenen ausgerichtet wird. Allerdings sollten die Gerichte verpflichtet werden, zu prüfen, ob im konkreten Fall eine höhere Kontaktfrequenz erforderlich ist.[589] In besonderen Fällen, wie z.B. bei konkreten Angelegenheiten der Gesundheitssorge, sollte der Betreuer dann von dem Betreuungsgericht verpflichtet werden, häufiger als einmal im Monat persönlichen Kontakt zum Betreuten zu haben.[590] Der Mehraufwand für die Betreuer würde durch die oben geforderte Anpassung des VBVGs abgegolten werden. Der Ansicht des *LG Koblenz*[591], dass der Berufsbetreuer seine Arbeit so kostengünstig wie möglich durchführen soll, muss auf Grund der vorherigen Ausführungen in dieser Arbeit deutlich widersprochen werden. Die Kostenaspekte dürfen mit Blick auf den Sinn und Zweck der Unterstützung eines Erwachsenen keine Auswirkungen auf den persönlichen Kontakt zwischen Betreuer und Betreutem haben.

(4) Rechtsfolgen der Bestellung eines Betreuers

Bestellt das Gericht einen Betreuer, vertritt dieser den Betroffenen gem. § 1902 BGB im Rechtsverkehr. Die Bestellung eines Betreuers hat keine Auswirkungen auf die Geschäftsfähigkeit des Betroffenen. Dies ist im BGB nicht ausdrücklich angeordnet, ergibt sich aber daraus, dass das BGB Regelungen enthält (z.B.

---

587 a.A.: *Fröschle*, ZRP 2018, 110, 113 f. welcher die Statuierung eines obligatorischen Mindestkontaks für nicht hilfreich hält.

588 LG Leipzig, FamRZ 2000, 1047; BayObLG, FamRZ 2003, 633; Jurgeleit-*Kieß*, § 1901 BGB Rn. 21; *Knittel*, Betreuungsgesetz (BtG), § 1836 BGB Rn. 27.

589 Ähnlich: *Matta et al.*, Kapitel 10 – Zentrale Ergebnisse und Handlungsempfehlungen, S. 579, welche allerdings die Bestimmung des Mindestkontakts nicht gesetzlich statuieren wollen, sondern, dass die Betreuungsgerichte zur Bestimmung einer solchen verpflichten wollen.

590 Siehe als Beispielsfall: BayObLG, FamRZ 2003, 633.

591 LG Koblenz, FamRZ 2004, 220.

§ 1411 I 3 BGB), die sich ausdrücklich auf einen geschäftsfähigen Betreuten beziehen. Das Gesetz selbst geht daher davon aus, dass die Bestellung eines Betreuers keine Auswirkung auf die Geschäftsfähigkeit des Betreuten hat.[592]

Obwohl die Geschäftsfähigkeit des Betroffenen durch die Betreuerbestellung unberührt bleibt, kann diese Auswirkungen auf das Wahlrecht des Betroffenen haben, denn gem. § 13 Nr. 2 BWahlG ist eine Betreuter vom Wahlrecht ausgeschlossen, wenn für ihn eine Betreuung in allen Angelegenheiten angeordnet wurde. In Österreich hingegen findet sich in § 22 NRWO keine solche Regelung. Allerdings hat das BVerfG mit Beschluss vom 29.01.2019 entschieden, dass dieser in Deutschland bestehende Wahlrechtsausschluss verfassungswidrig ist, da er den Kreis der von einem Wahlrechtsausschluss Betroffenen ohne hinreichenden sachlichen Grund in gleichheitswidriger Weise bestimmt und somit nicht mit Art. 3 III 2 GG und dem Grundsatz der Allgemeinheit der Wahl aus Art. 38 I 1 GG vereinbar ist.[593]

(5) Verschwiegenheitspflicht

Wurde ein Dritter als Betreuer bestellt, stellt sich die Frage, ob die Angehörigen des Betroffenen einen Anspruch auf Auskunft gegenüber dem Betreuer haben oder ob für diesen eine Verschwiegenheitspflicht besteht.

(a) Gesetzliche Statuierung

In Österreich ist eine solche Verschwiegenheitspflicht für den Erwachsenenvertreter in § 248 I ABGB statuiert. Allerdings wurde durch das 2. Erwachsenenschutz-Gesetz eine Ausnahme gegenüber bestimmten Angehörigen eingefügt. Nach § 248 II 1 ABGB hat der Vorsorgebevollmächtigte dem Ehegatten, dem eingetragenen Partner oder Lebensgefährten, den Eltern und den Kindern des Betroffenen auf Antrag Auskunft über dessen geistiges und körperliches Befinden, dessen Wohnort und seinen eigenen Wirkungsbereich zu geben. Eine Ausnahme besteht gem. § 248 II 2 ABGB davon nur, wenn der Betroffene diese Auskunftserteilung mit der erforderlichen Entscheidungsfähigkeit untersagt oder zu erkennen gegeben hat, dass er diese nicht möchte sowie wenn diese dem Wohl des Betroffenen zuwiderläuft. Mit den geistigen und körperlichen Befinden sind keine detaillierten medizinischen Daten gemeint, sondern nur ein allgemeiner Überblick.[594]

---

592 *G. Müller*, Betreuung und Geschäftsfähigkeit, S. 49.
593 Beschluss nachlesbar: BVerfG, NJW 2019, 1201.
594 ErlRV 1461 BlgNR XXV. GP. S. 27.

In Deutschland ist im BGB keine solche Verschwiegenheitspflicht des Betreuers geregelt. Möglicherweise ist der Betreuer jedoch ein möglicher Täter des § 203 StGB. Dafür müsste er in einen der Täterkreise des § 203 I oder II StGB einzuordnen sein. Nach § 203 I Nr. 3 StGB sind Rechtsanwälte taugliche Tatsubjekte des § 203 StGB. Wird ein Rechtsanwalt als Betreuer bestellt, könnte für diesen somit eine Verschwiegenheitspflicht gelten. Der Betreuer als rechtlicher Betreuer an sich, ist jedoch nicht von § 203 I Nr. 3 StGB erfasst. Aus diesem Grund muss § 203 I Nr. 3 StGB so ausgelegt werden, dass auch Rechtsanwälte nur eine Verschwiegenheitspflicht trifft, wenn sie in ihrem Beruf als Rechtsanwalt fungieren. Der Betreuer wird nicht von § 203 I Nr. 3 StGB erfasst.

Möglicherweise kann der Betreuer jedoch von § 203 II 1 Nr. 1 StGB erfasst sein. Dafür müsste er ein Amtsträger sein. Nach § 11 I Nr. 2c) StGB ist ein Amtsträger unter anderem, wer dazu bestellt wird, bei einer Behörde oder einer sonstigen Stellung oder in deren Auftrag Aufgaben der öffentlichen Verwaltung unbeschadet der zur Aufgabenerfüllung gewählten Organisationsform wahrzunehmen. Möglicherweise könnte der Betreuer eine bestehende Fürsorgepflicht des Staates wahrnehmen, indem er den Betroffenen rechtlich vertritt. Die erforderliche Bestellung i.S.v. § 11 I Nr. 2c StGB könnte die Ernennung durch das Gericht darstellen. Allerdings ist das Rechtsverhältnis zwischen dem Betreuten und dem Betreuer privatrechtlicher Natur und die Betreuung dient dem Interesse des Betreuten und nicht dem des Staates. Dies ergibt sich schon aus § 1896 II BGB, welcher besagt, dass dem Betreuer Angelegenheiten des Betroffenen übertragen werden und nicht solche des Staates.[595] Zudem entstehen bei vermögensrechtlichen Verfehlungen des Betreuers keine Amtshaftungsansprüche gem. Art. 34 GG i.V.m. § 839 BGB, sondern der Betreuer haftet nach den Vorgaben des Privatrechts.[596] Des Weiteren besteht der Vergütungsanspruch des Betreuers, wie oben dargestellt, gegen den Betreuten und nicht gegen den Staat. Neben dem fehlenden öffentlich-rechtlichen Charakter der Betreuung liegt auch keine förmliche Bestellung des Betreuers vor. Zwar wird der Betreuer gem. § 289 FamFG verpflichtet, allerdings ist dies keine Voraussetzung für die Wirksamkeit der Bestellung als Betreuer, sondern stellt nur einen Formalakt dar.[597] Aus diesen Gründen ist der Betreuer kein Amtsträger i.S.v. § 11 I Nr. 2c StGB und insgesamt kein tauglicher Täter des § 203 StGB, sodass sich aus diesem keine Verschwiegenheitspflicht für den Betreuer ergibt.

---

595 OLG München, NJW 2009, 2837, 2838.
596 OLG München, NJW 2009, 2837, 2838.
597 Noch zum FGG: OLG München, NJW 2009, 2837, 2837 f.

Allerdings ist in 3.1.1. der Berufsordnung für Berufsbetreuer/innen eine Verschwiegenheitspflicht für diese normiert. Nach 3.1.1.1. müssen Berufsbetreuer Informationen, die sie im Wege der Betreuung erlangen, streng vertraulich behandeln und dürfen diese nur in dem Umfang an Dritte weitergeben, wie es für die ordnungsgemäße Betreuung oder dem Nachkommen einer gesetzlichen Meldepflicht erforderlich ist. Zudem sind die Berufsbetreuer gem. 3.1.1.2. der Berufsordnung befugt, Informationen weiterzugeben, wenn dies für den Schutz eines höheren Rechtsguts erforderlich ist. Auch bleiben gesetzliche Aussagen und Anzeigepflicht unberührt. Jedoch gilt diese Verschwiegenheitspflicht nur für Berufsbetreuer. Ehrenamtliche Betreuer sind nicht an die Schweigepflicht aus der Berufsordnung gebunden. Zudem ergeben sich aus dieser keine strafrechtlichen und zivilrechtlichen Konsequenzen für den Betreuer, wenn er gegen die Schweigepflicht verstößt.

Dieser Umstand ist nicht hinnehmbar. Das Betreuungsverhältnis ist ein von Vertrauen geprägtes Verhältnis zwischen Betreutem und Betreuer. Der Betreute muss die Gewissheit haben, dass der Betreuer keine Informationen an Dritte weitergibt, da nur so das notwendige Vertrauensverhältnis entstehen bzw. bestehen bleiben kann.[598] Dies ist insbesondere bei Angelegenheiten der Gesundheitssorge bedeutsam. Muss der Betreuer für den Betreuten in Behandlungsmethoden einwilligen, muss er dafür alle Informationen über den Gesundheitszustand und die möglichen Behandlungsmethoden erfahren. Den Arzt trifft dabei grundsätzlich die Schweigepflicht bzgl. dieser Informationen, welche die Intimsphäre betreffen; den Betreuer im Folgenden allerdings nicht.[599] Diese Problematik wurde auch vom Gesetzgeber erkannt, welcher in der Beschlussempfehlung vorschreibt, dass der Betreuer bei Beratungen mit Dritten den Willen des Betroffenen zur Weitergabe der krankheitsrelevanten Daten zu achten hat.[600] Unverständlich ist, weshalb der Gesetzgeber dies nicht als Pflicht gesetzlich statuiert hat. Zudem hat der Gesetzgeber nur den Fall bedacht, dass der Betroffene die Fähigkeit besitzt, einen freien Willen zu bilden. Kann er dies nicht mehr, kann der Betreuer die Informationen grundsätzlich an Dritte weitergeben. Durch diese Weitergabe der Informationen wird die Intimsphäre des Betreuten verletzt, ohne dass dies verhindert werden kann. Sicherlich muss der Betreuer zur ordnungsgemäßen Vertretung des Betreuten Informationen an bestimmte

598 OLG Köln, NJWE-FER 1999, 191, 191.

599 http://www.betreuungsrecht.de/betreuung-allgemein/gilt-fur-den-betreuer-eine-schweigepflicht/ (zuletzt aufgerufen am 23.09.2019).

600 BT-Drucks. 16/13314 S. 21.

Dritte weitergeben. Allerdings liegt es im Ermessen des Betreuers, wer diese Informationen erhält. Auf Grund der hoch sensiblen Daten, die der Betreuer auf Grund des Betreuungsverhältnisses erfährt, ist dies in keiner Weise akzeptabel. Dies wird bestärkt durch die Entscheidung des *BVerfGs*, dass schon die bloße Mitteilung, dass für den Betroffenen ein gerichtlicher Vertreter bestellt wurde, ein Eingriff in das allgemeine Persönlichkeitsrecht darstellen kann.[601] Hinzukommt, dass in der Praxis oftmals von Dritten Druck auf die Betreuer ausgeübt wird, Informationen über den Betreuten (pauschal) weiterzugeben.[602]

Aus diesen Gründen muss die Gesetzeslücke vom Gesetzgeber geschlossen werden. Der Betreuer muss als Tatsubjekt in § 203 I Nr. 3 StGB aufgenommen und seine Verschwiegenheitspflicht im BGB statuiert werden. Es sollte jedoch auch gesetzlich statuiert werden, dass der Vertreter zu Weitergabe der Informationen berechtigt ist, wenn der Betroffene ihn von seiner Verschwiegenheitspflicht entbunden hat, eine gesetzliche Offenlegungspflicht besteht oder die Weitergabe von Informationen zur ordnungsgemäßen Vertretung des Betroffenen erforderlich ist.

(b) Ausnahme gegenüber Angehörigen

Fraglich erscheint, ob, wie in Österreich, gegenüber bestimmten Angehörigen des Betroffenen eine Ausnahme von dieser Verschwiegenheitspflicht gelten sollte. Diese Frage stellt sich, da bei einer Verschwiegenheitspflicht keine generelle Offenbarungsbefugnis gegenüber Angehörigen besteht.[603] Bei der Statuierung einer Verschwiegenheitspflicht dürfte der Betreuer auch dem Ehegatten und den Kindern des Betroffenen keine Auskünfte geben. Nur wenn der Betroffene seinen Vertreter von der Verschwiegenheitspflicht entbunden hätte, könnte dieser Informationen weitergeben. Eine Geltung der Verschwiegenheitspflicht auch gegenüber dem Ehegatten und nächsten Angehörigen erscheint schon mit Blick auf Art. 6 I GG bedenklich. Durch diesen wird das ungestörte Zusammenleben in Ehe und Familie geschützt und er stellt ein Abwehrrecht gegen staatliche Eingriffe dar, welche den persönlichen Bereich der Ehe und Familie beeinträchtigen.[604] Der Staat ist verpflichtet, die familiären Bindungen zu berücksichtigen und alles zu unterlassen, was Familie und Ehe schädigen oder in sonstiger Weise beeinträchtigen kann.[605] Zudem stellt Art. 6 I GG eine Grundsatznorm

---

601 Noch zur Entmündigung: BVerfG, NJW 1991, 2411, 2412.

602 *Pardey*, BtPrax 1998, 92, 95.

603 *Klein*, RDG 2010, 172, 176.

604 Sachs-*Coelln*, Art. 6 GG Rn. 22.

605 *Epping*, Grundrechte, Rn. 508.

dar, sodass verbindliche Wertentscheidungen für den gesamten Bereich des Ehe- und Familienrechts getroffen werden, wodurch, über die Abwehr gegen Eingriffe hinaus, eine Pflicht zum Schutz und der Förderung besteht.[606] Familie meint dabei die tatsächliche Lebensgemeinschaft zwischen Kindern und Eltern, wobei es irrelevant ist, ob die Kinder minder- oder volljährig sind.[607]

Durch die gesetzliche Statuierung der Verschwiegenheitspflicht könnte ein Eingriff in Art. 6 I GG vorliegen. Durch die Verschwiegenheitspflicht des Vertreters wird die eheliche und familiäre Bindung beeinträchtigt, da der Ehegatte und die Kinder sowie die Eltern des Betroffenen von dessen Leben isoliert werden. Allerdings würde nicht schon durch das Gesetz eingegriffen, sondern erst durch die gerichtliche Bestellung eines Betreuers. Die gerichtliche Bestellung stellt einen Akt der Judikative und somit ein dem Staat zurechenbares Handeln dar. Wird ein Betreuer bestellt, würde für diesen ab Bestellung die gesetzliche Verschwiegenheitspflicht gelten, sodass nach dem erweiterten Eingriffsbegriff ein Eingriff in Art. 6 I GG vorläge, da der Eintritt der Verschwiegenheitspflicht für das Betreuungsgericht auch vorhersehbar wäre. Aus diesem Grund sollte für die Verschwiegenheitspflicht gegenüber dem Ehegatten, den Eltern und den Kindern eine Ausnahme bestehen. Es sollte ein Recht der nächsten Angehörigen auf Auskunft gegenüber dem Betreuer statuiert werden. Von dieser Offenbarungsbefugnis sollten aber, wie auch in Österreich, nur allgemeine Informationen über den gesundheitlichen und geistigen Zustand des Betroffenen sowie über dessen aktuellen Wohnsitz umfasst sein. So wird das Recht auf informationelle Selbstbestimmung des Betroffenen gewahrt. Von der Weitergabe der Informationen sollte allerdings abgesehen werden, wenn sie erkennbar zu Nachteilen für den Betroffenen führen würde, wie z.B. bei bestehenden innerfamiliären Streitigkeiten, und, wenn der Betroffene die Weitergabe ablehnt.

(c) Zwischenergebnis

Dem Gesetzgeber ist dringend anzuraten, die Gesetzeslücke um die Verschwiegenheitspflicht eines Betreuers zu schließen, wobei er einen Auskunftsanspruch des Ehegatten, der Kindern und der Eltern gesetzlich statuieren sollte.

bb) Die Kontrolle des Betreuers

Um den Betroffenen vor einem Missbrauch der Vertretungsmacht zu schützen, müssen effektive Schutzmechanismen geschaffen werden.

606 Sachs-*Coelln*, Art. 6 GG Rn. 34.
607 Jarass/Pieroth-*Jarass*, Art. 6 GG Rn. 8.

Gem. § 1908i I 1 BGB i.V.m. § 1837 II 1 BGB besteht die Verpflichtung der Familiengerichte, die gesamte Tätigkeit des Betreuers bzw. Kontrollbetreuers zu überwachen. Den Betreuer trifft unter anderem, wie auch in Österreich, die Pflicht, gem. § 1908i I 1 BGB i.V.m. § 1840 I BGB jährlich einen Bericht über die persönlichen Verhältnisse abzulegen. Zudem ist der Betreuer gem. § 1908i I 1 BGB i.V.m. § 1840 II BGB auch für jedes Jahr rechnungslegungspflichtig. Das Rechnungsjahr wird dabei gem. § 1908i I 1 BGB i.V.m. § 1840 III 2 BGB vom Familiengericht bestimmt. Diese Berichte sollten von den Rechtspflegern, auch bei keinem Vorliegen eines Verdachts des Missbrauchs der Betreuung zumindest stichprobenhaft überprüft werden, wozu ausreichend Kapazitäten an den Gerichten geschaffen werden sollten.[608] Wie auch in Österreich besteht allerdings für bestimmte Vertreter eine Befreiung von der Rechnungslegungspflicht. Nach § 1908i I 1 BGB i.V.m. §§ 1857a, 1854 BGB unterliegen die gem. § 1900 BGB als Betreuer eingesetzten Betreuungsbehörden und -vereine sowie gem. § 1908i II 2 BGB i.V.m. §§ 1857a, 1854 BGB der Vereinsbetreuer, der Behördenbetreuer, der Ehegatte, der Lebenspartner, die Abkömmlinge und die Eltern nicht der Rechnungslegungspflicht. Diese Befreiung der Verwandten ist, wie auch die Befreiung der Verwandten in Österreich, nicht haltbar.[609] Die Befreiung der Vereins- und Behördenbetreuer ist allerdings nachvollziehbar, da diese zusätzlich von ihrer Institution kontrolliert werden, sodass ein Missbrauch nahezu ausgeschlossen ist. Auch die Befreiung der Institutionen an sich von der Rechnungslegungspflicht erscheint auf Grund der internen Kontrollmechanismen gerechtfertigt. Allerdings sollten die Gerichte vor der Bestellung des Betreuers prüfen, ob eine solche interne Kontrolle sichergestellt ist.

cc) *Der Kontrollbetreuer*

Eine besondere Form der Betreuung stellt in Deutschland die sog. Kontrollbetreuung dar. Eine Kontrollbetreuung liegt gem. § 1896 III BGB vor, wenn die Betreuung als Aufgabenkreis die Geltendmachung von Rechten des Betreuten gegenüber seinem Bevollmächtigten umfasst. Die Aufgabe des Kontrollbetreuers besteht somit darin, die Interessen des Betroffenen gegenüber dem Bevollmächtigten zu wahren.[610] Bei der Bestellung eines Kontrollbetreuers müssen die gleichen Voraussetzungen vorliegen wie bei der Bestellung eines „normalen"

608 So auch: *Matta et al.*, Kapitel 10 – Zentrale Ergebnisse und Handlungsempfehlungen, S. 576.

609 Siehe S. 109 ff.; So auch: *Kirsch*, Rpfleger 1989, 485, 486.

610 *Kurze*, NJW 2007, 2220, 2200.

Betreuers.[611] Voraussetzung ist zudem, dass der Vollmachtgeber den wirksam Bevollmächtigten nicht mehr selber kontrollieren kann.[612] Des Weiteren muss der Erforderlichkeitsgrundsatz aus § 1896 II BGB beachtet werden, nach welchem eine wirksame Vorsorgevollmacht die Bestellung eines Betreuers grundsätzlich ausschließt. Aus diesem Grund müssen hinreichende tatsächliche Anhaltspunkte bestehen, dass die Vorsorgevollmacht dem Betreuungsbedarf nicht genügt.[613] Dies ist vor allem dann der Fall, wenn der Bevollmächtigte ungeeignet erscheint, die Angelegenheiten des Vollmachtgebers zu besorgen, insbesondere weil die Befürchtung besteht, dass durch die Wahrnehmung der Angelegenheiten durch den Bevollmächtigten eine konkrete Gefahr für das Wohl des Vollmachtgebers vorliegt.[614] Die konkrete Gefahr ist insbesondere gegeben, wenn erhebliche Bedenken an der Geeignetheit und Redlichkeit des Bevollmächtigten bestehen.[615] Ist eine Verletzung des Wohls des Betroffenen mit hinreichender Wahrscheinlichkeit und mit erheblicher Schwere absehbar, kann dem Kontrollbetreuer der Aufgabenkreis des Widerrufs der Vollmacht übertragen werden, wenn keine milderen Mittel zur Abwehr der Gefahr des Wohls in Betracht kommen.[616] Diese Zuweisung des Aufgabenkreises muss ausdrücklich vorliegen und darf nur in Ausnahmefällen angeordnet werden, da der Widerruf einer Vollmacht durch einen Kontrollbetreuer einen tiefgreifenden Eingriff in das Selbstbestimmungsrecht des Betroffenen darstellt.[617] Zu beachten ist, dass für die Bestellung eines Kontrollbetreuers gem. §§ 3 Nr. 2b, 15 I 2 RPflG der Rechtspfleger des Betreuungsgerichts zuständig ist. Auf Grund der Tatsache, dass bei der Kontrollbetreuung das Vorliegen der gleichen Voraussetzungen wie bei einer „normalen“ Betreuung zu prüfen ist, ist die Zuweisung, milde ausgedrückt, nicht nachvollziehbar.[618] Auf Grund des tiefgreifenden Eingriffs in das grundrechtlich geschützte Selbstbestimmungsrecht muss bei der Zuweisung des Aufgabenkreises des Widerrufs der Vorsorgevollmacht eine gerichtliche Entscheidung des Richters vorliegen. Dieser Eingriff in das Selbstbestimmungsrecht fällt bei der Bestellung eines Kontrollbetreuers mit dem Aufgabenkreis des

---

611 Staudinger-*W. Bienwald*, § 1896 BGB Rn. 322.

612 *Kurze*, NJW 2007, 2220, 2220 f.; *Mensch*, BtPrax 2016, 92, 93.

613 BGH, NJW 2016, 3297, 3300; *Seibl*, NJW 2016, 3277, 3278.

614 BGH, NJW-RR 2017, 1281, 1282.

615 BGH, NJW-RR 2017, 1281, 1282.

616 Staudinger-*W. Bienwald*, § 1896 BGB Rn. 325; *Seibl*, NJW 2016, 3277, 3278.

617 BGH, NJW 2015, 3572, 3572 f.; *Milzer*, NZFam 2015, 982, 982; *Mensch*, BtPrax 2016, 92, 93 f.

618 So auch: *W. Zimmermann*, FamRZ 2015, 1702, 1706.

Widerrufs der Vorsorgevollmacht schwerwiegender aus als bei der Bestellung eines „normalen“ Betreuers, da durch die Vorsorgevollmacht eine Ausübung des Selbstbestimmungsrechts durch den Betroffenen vorliegt, welche durch den Widerruf irreversibel aufgehoben wird, ohne dass der Betroffene sich dagegen schützen kann.[619] Zudem kann nur durch eine gerichtliche Entscheidung die Rechtsweggarantie aus Art. 19 IV GG gewahrt werden.

Auch die UN-BRK spricht dafür, dass für die Bestellung eines Kontrollbetreuers die Richter zuständig sein sollten. Nach Art. 12 IV 1 UN-BRK müssen die Vertragsstaaten geeignete Schutzmaßnahmen schaffen. Diese Schutzmechanismen müssen gem. Art. 12 IV 2 UN-BRK regelmäßig durch eine zuständige, unabhängige und unparteiische Behörde oder gerichtliche Stelle überprüft werden. Bei der Kontrollbetreuung handelt es sich um einen solchen Schutzmechanismus, weswegen diese, vor allem bei Übertragung des Aufgabenkreises des Widerrufs einer Vollmacht, den Richtern unterstehen muss.[620]

In Österreich besteht für die Gerichte gem. § 246 II Nr. 1 ABGB die Möglichkeit, einen gerichtlichen Erwachsenenvertreter zu bestellen, wenn der Vertreter nicht oder pflichtwidrig tätig wird oder es sonst das Wohl des Betroffenen erfordert. In diesem Fall wird jedoch kein Erwachsenenvertreter zur Kontrolle des Bevollmächtigten bestellt, sondern das Gericht ordnet die Beendigung der Vorsorgevollmacht an und der gerichtliche Erwachsenenvertreter wird an Stelle des Vorsorgebevollmächtigten bestellt.[621] Mit Blick auf das Selbstbestimmungsrecht des Betroffenen erscheint diese ausschließliche Möglichkeit der sofortigen Beendigung der Bevollmächtigung nicht verhältnismäßig. Es sollte zunächst versucht werden, den Willen des Betroffenen zu respektieren und durch eine Kontrollbetreuung im Einklang mit seinem Wohl durchzusetzen. Die in Deutschland bestehende Möglichkeit der Kontrollbetreuung ist somit vorzugswürdiger.

dd) Der Einwilligungsvorbehalt

Auf Grund der Tatsache, dass die Geschäftsfähigkeit des Betroffenen durch die Bestellung eines Betreuers unberührt bleibt, kann der Betroffene grundsätzlich selbst Rechtsgeschäfte vornehmen, auch wenn für den betroffenen Aufgabenkreis eine Betreuung angeordnet wurde. Allerdings kann die Notwendigkeit bestehen, den Betroffenen über die Bestellung des Betreuers hinaus zu schützen. Einen solchen Schutzmechanismus stellt die Möglichkeit der Gerichte dar, in

619 *Nedden-Boeger*, FamRZ 2014, 1589, 1590.
620 So auch: *Mensch*, BtPrax 2016, 92, 95.
621 ErlRV 1461 BlgNR XXV. GP. S. 26.

bestimmten Fällen einen Vorbehalt anzuordnen. Nach § 1903 I 1 BGB können die Gerichte zur Abwendung einer erheblichen Gefahr für den Betreuten oder dessen Vermögen anordnen, dass die Wirksamkeit einer Willenserklärung des Betroffenen, die den Aufgabenkreis des Betreuers betrifft, von der Einwilligung, also gem. § 183 BGB der vorherigen Zustimmung, des Betreuers abhängig ist, ausgenommen der Rechtsgeschäfte in § 1903 II BGB und gem. § 1903 III 1 BGB, der Willenserklärungen, die dem Betreuten einen lediglich rechtlichen Vorteil bringen. Bei Verträgen genügt die nachträgliche Zustimmung (Genehmigung) i.S.v. § 184 I BGB.[622] Bei der Anordnung eines Einwilligungsvorbehalts besteht somit in den betroffenen Bereichen eine ähnliche Rechtslage wie bei einem beschränkt Geschäftsfähigen. Die Anordnung des Vorbehaltes kann, wie in Österreich, zusammen mit der Betreuerbestellung oder nachträglich erfolgen.[623] Der Unterschied zwischen der österreichischen und der deutschen Regelung besteht somit in den Rechtsfolgen der Vorbehalte. In Österreich kann der Betroffene, bei Anordnung eines Genehmigungsvorbehalts durch das Gericht gem. § 242 II 1 ABGB, eine Willenserklärung abgeben und das abgeschlossene Rechtsgeschäft ist schwebend unwirksam; in Deutschland hingegen kann der Betreute schon gar keine wirksame Willenserklärung abgeben. Vorzugswürdiger ist dabei der Einwilligungsvorbehalt. Der Einwilligungs- und der Genehmigungsvorbehalt schützen den Betroffenen im gleichen Maße, jedoch erfolgt durch den Einwilligungsvorbehalt ein effektiverer Schutz des Rechtsverkehrs, da gar kein Rechtsgeschäft abgeschlossen werden kann, sodass von Anfang an Rechtssicherheit besteht.

Durch die Einführung des Einwilligungsvorbehalts wurde durch den Gesetzgeber die Entmündigung abgeschafft. Allerdings könnte in der Rechtsfolge eines Einwilligungsvorbehalts eine entmündigende Wirkung zu sehen sein, indem der Betreute für die betroffenen Aufgabenkreise in der Form in seiner Geschäftsfähigkeit beschränkt wird, dass er ohne Zustimmung seines Betreuers keine wirksame Willenserklärung abgeben kann.[624] Dies hätte zur Folge, dass möglicherweise kein „supported decision-making“ vorläge und ein Verstoß gegen Art. 12 UN-BRK in Betracht käme.[625] Zunächst ist zu beachten, dass keine umfängliche entmündigungsgleiche Wirkung vorliegt, sondern die Rechtsfolgen

622 Staudinger-*W. Bienwald*, § 1903 BGB Rn. 4; Jurgeleit-*Kieß*, § 1903 BGB Rn. 1.
623 Damrau/Zimmermann-*Damrau/W. Zimmermann*, § 1903 BGB Rn. 11.
624 So z.B.: Jurgeleit-*Kieß*, § 1903 BGB Rn. 5.
625 So z.B. das UN-Komitee in seinem Abschlussbericht bzgl. der ersten Staatenprüfung Deutschlands; Nachweis siehe Fn. 99.

nur die vom Einwilligungsvorbehalt umfassten Aufgabenkreise betreffen und nicht weiter reichen.[626] Somit ist der Eingriff durch die Anordnung eines Einwilligungsvorbehaltes nicht so einschneidend wie bei der früheren Entmündigung oder der Beschränkung der Geschäftsfähigkeit bei Minderjährigen.[627] Zudem wird der Betreute bei Anordnung eines Einwilligungsvorbehalts rechtlich nicht zum beschränkt Geschäftsfähigen, sondern die Rechtsstellung ähnelt nur der eines beschränkt Geschäftsfähigen. Ihn treffen nicht alle Einschränkungen eines beschränkt Geschäftsfähigen, wie z.B. die generelle schwebende Unwirksamkeit aller Geschäfte gem. § 108 I BGB. Des Weiteren muss beachtet werden, dass die Grundsätze aus § 1901 BGB für jegliches Handeln des Betreuers gelten und der Betreuer somit auch bei einem Einwilligungsvorbehalt gem. § 1901 III 1 BGB die Wünsche und den Willen des Betreuten beachten muss, sodass im Endeffekt dennoch ein „supported decision-making" vorliegt.[628]

Auch wenn ein solches „supported decision-making" vorliegt, ist zu beachten, dass bei einem Einwilligungsvorbehalt ein schwererer Eingriff in die Handlungsfähigkeit bzw. das Selbstbestimmungsrecht vorliegt als bei der bloßen Bestellung eines Betreuers, da die Betreuerbestellung die Geschäftsfähigkeit und somit die Fähigkeit zum rechtsgeschäftlichen Handeln des Betreuten unberührt lässt.[629] Auf Grund dieses stärkeren Eingriffs müssen für die Anordnung eines Einwilligungsvorbehalts mindestens dieselben Voraussetzungen gelten wie für die Bestellung eines Betreuers. Somit kann der Einwilligungsvorbehalt nicht gegen den freien Willen des Betreuten angeordnet werden und die Gerichte müssen sorgsam prüfen, ob der Einwilligungsvorbehalt erforderlich ist und in welchem Umfang er anzuordnen ist.[630] Die Amtspflicht der Betreuungsgerichte zur genauen Sachverhaltsaufklärung gem. § 26 FamFG ist bei einem Einwilligungsvorbehalt intensiviert und die Voraussetzungen des Einwilligungsvorbehalts sind konkret festzustellen.[631] Dies muss auch für den Fall gelten, dass der Betroffene ein umfangreiches Vermögen besitzt, sodass in diesem Fall nicht nur auf Grund des Vermögens ein Einwilligungsvorbehalt angeordnet werden kann.[632]

---

626 Staudinger-*W. Bienwald*, § 1903 BGB Rn. 19.

627 Erman-*A. Roth*, § 1903 BGB Rn. 15; Damrau/Zimmermann-*Damrau/W. Zimmermann*, § 1903 BGB Rn. 2.

628 *V. Lipp*, FamRZ 2017, 4, 8.

629 Damrau/Zimmermann-*Damrau/W. Zimmermann*, § 1903 BGB Rn. 14.

630 BGH, FGPrax 2017, 176, 176; BGH, FGPrax 2017, 124, 125.

631 *Gietl*, NZFam 2017, 1021, 1021.

632 So auch: BGH, NJW-RR 2017, 1345, 1346.

b) Das Verfahren in Österreich und Deutschland

Nachdem die materiellen Voraussetzungen und Rechtsfolgen einer Betreuerbestellung herausgearbeitet wurden, sollen im Folgenden die Verfahren zur Bestellung eines Betreuers und eines gerichtlichen Erwachsenenvertreters dargestellt und kritisch betrachtet werden.

aa) Einleitung des Verfahrens

In Österreich wird das Verfahren über die Bestellung eines Erwachsenenvertreters gem. § 117 I AußStrG durch Antrag des Betroffenen oder von Amts wegen, z.B. auf Grund einer Mitteilung, eingeleitet. Auch in Deutschland wird das Verfahren gem. § 1896 I 1 BGB durch einen Antrag des Betroffenen oder von Amts wegen eingeleitet. Bei einem „lediglich" körperlich behinderten Volljährigen kann ein Betreuungsverfahren gem. § 1896 I 3 BGB allerdings nur durch seinen Antrag eingeleitet werden, es sei denn er kann seinen Willen nicht kundtun. Die Anregung zur Einleitung des Verfahrens kann sowohl in Deutschland als auch in Österreich von jedermann erfolgen.[633] In der Praxis erfolgt die Anregung oftmals durch Angehörige, Krankenhäuser, Altenheime, soziale und sozialpsychiatrische Dienste, Einrichtungen der Altenhilfe, Behörden sowie Vermietern und Wohnungsverwaltungen.[634]

Wurde das Verfahren in Deutschland eingeleitet, haben die Gerichte gem. § 26 FamFG von Amts wegen die zur Feststellung der entscheidungserheblichen Tatsachen erforderlichen Ermittlungen durchzuführen. In welchem Umfang und in welcher Reihenfolge die Ermittlungen durchzuführen sind, wird von § 26 FamFG nicht bestimmt.[635]

bb) Auskunft beim ZVR

Wurde das Verfahren eingeleitet, besteht für die Betreuungsgerichte gem. § 78b BNotO die Möglichkeit, beim ZVR anzufragen, ob eine Vorsorgevollmacht vom Betroffenen erteilt wurde. Allerdings sind die Gerichte nicht verpflichtet, eine solche Überprüfung durchzuführen, sodass in einem Viertel der Betreuungsverfahren die Gerichte nicht prüfen, ob eine Vollmacht eingetragen wurde.[636] Wird die Eintragung der neuen „echten" Vorsorgevollmacht verpflichtend, sollte auch die Überprüfung der Gerichte beim ZVR obligatorisch sein. So

---

633 Staudinger-*W. Bienwald*, § 1896 BGB Rn. 353; *Neuhausen*, RNotZ 2003, 158, 164.

634 Staudinger-*W. Bienwald*, § 1896 BGB Rn. 353.

635 Staudinger-*W. Bienwald*, § 1896 BGB Rn. 353.

636 *Deinert*, BtPrax 2017, 59, 60.

wird gewährleistet, dass eine Betreuung durch die eingetragene Vorsorgevollmacht wirklich verhindert wird. Aus diesem Grund sollte die Überprüfung der Gerichte als Pflicht im FamFG statuiert werden. Diese Überprüfung würde auch zu keiner großen zeitlichen Verzögerung des Verfahrens führen.

cc) Das Clearing/der Sozialbericht

Nach Antrag oder Anregung des Verfahrens zur Bestellung eines gerichtlichen Erwachsenenvertreters, müssen die Gerichte in Österreich zunächst gem. § 117a I 1 AußStrG die Erwachsenenschutzvereine mit der Abklärung gem. § 4a ErwSchVG beauftragen. Diese Abklärung stellt das sog. Clearing dar.[637] Dabei erfolgt die Abklärung nicht aus medizinischer, sondern nur aus sozialer Sicht, insbesondere über die in § 4a I ErwSchVG genannten Punkte.[638] Zudem können die Vereine keine rechtliche Beurteilung treffen.[639] Der Erwachsenenschutzverein ist gem. § 4a II ErwSchVG verpflichtet, dem Gericht innerhalb von fünf Wochen die Ergebnisse des Clearings vorzulegen. Das primäre Ziel der Abklärung ist es, die Bestellung eines Erwachsenenvertreters zu verhindern, welches schon zur Zeit der Sachwalterschaft in Bezug auf die Bestellung eines Sachwalters effektiv erreicht wurde, da die Anzahl der Einstellungen eines Verfahrens im Vergleich zu der Anzahl der Bestellungen eines Sachwalters deutlich anstieg, sodass die gewünschte Filterwirkung des Clearings bestätigt werden konnte.[640]

Von März 2014 bis Dezember 2015 wurde in Österreich eine erweiterte Form des Clearings erprobt, das sog. Clearing Plus. Dabei erfolgte eine weitreichendere Abklärung und eine längere Beobachtung bzw. Unterstützung bei der Suche nach einer Alternative zu einer Sachwalterschaft.[641] Nach Auswertung der Studie zeigte sich, dass bei der Durchführung eines Clearings Plus deutlich mehr Einstellungsempfehlungen durch die Erwachsenenschutzvereine ausgesprochen wurden als bei einem reinen Clearing.[642] Das Clearing und insbesondere das Clearing Plus stellen somit eine effektive Möglichkeit dar, eine Erwachsenenvertretung zu verhindern und so das Selbstbestimmungsrecht des Betroffenen zu wahren.

---

637 ErlRV 1461 BlgNR XXV. GP. S. 65; Zur Definition des Clearings siehe S. 11.
638 ErlRV 1461 BlgNR XXV. GP. S. 85.
639 ErlRV 1461 BlgNR XXV. GP. S. 85.
640 *Fuchs/Hammerschick*, iFamZ 2014, 71, 72.
641 *Hammerschick/Mayrhofer*, iFamZ 2016, 92, 92.
642 *Mayrhofer/Hammerschick*, Soziologische Begleitforschung und Evaluierung des Modellprojekts „Unterstützung zur Selbstbestimmung", S. 9.

Auch in Deutschland sind die Betreuungsbehörden gem. § 8 I 1 BtBG verpflichtet, die Betreuungsgerichte zu unterstützen, wozu gem. § 8 I 2 Nr. 1 BtBG die Aufgabe zählt, einen Bericht (den sog. Sozialbericht) im Rahmen der gerichtlichen Anhörung abzulegen. Dafür ist die Betreuungsbehörde gem. § 279 II 1 FamFG bei der Bestellung eines Betreuers oder der Anordnung eines Einwilligungsvorbehaltes verpflichtend durch das Gericht anzuhören. Der Inhalt der Anhörung bezieht sich dabei vor allem auf die in § 279 II 2 FamFG aufgezählten Bereiche, welche im Großen und Ganzen denen aus § 4a I ErwSchVG in Österreich entsprechen. Durch die Änderung des § 279 FamFG im Rahmen des Gesetzes zur Stärkung der Funktion der Betreuungsbehörden im Jahr 2014 wurde somit der Sozialbericht kodifiziert.[643] Auch wenn das Gesetz selbst den Begriff des „Sozialberichts" nicht erwähnt, hat er sich in der Praxis etabliert.[644] Ziel dieser Stärkung der Betreuungsbehörden war es, wie in Österreich bei dem Clearing, effektivere Möglichkeiten zu schaffen, um Alternativen zu einer möglichen Betreuung zu finden und so die Bestellung eines Betreuers zu verhindern sowie eine Schnittstelle zwischen dem Erwachsenenschutzrecht und dem Sozialrecht herzustellen.[645] Im Hinblick darauf kann sich die Aufgabe der Betreuungsbehörden nicht nur auf eine bloße Faktenlieferung beschränken, sondern sie müssen, unabhängig von Informationen in medizinscher oder psychiatrischer Sicht, eine eigene soziale Einschätzung abgeben.[646] Die obligatorische Verfassung eines Sozialberichts entspricht somit im Großen und Ganzen dem Clearing in Österreich. Allerdings regelt § 279 FamFG, im Gegensatz zu § 4a II ErwSchVG nicht zu welchem Zeitpunkt die Abklärung durch die Betreuungsbehörde erfolgen soll. Aus § 280 II 2 FamFG ergibt sich jedoch, dass die Anhörung der Betreuungsbehörde vor der Beauftragung eines Sachverständigen erfolgen sollte, da es vom Gesetz gewollt ist, dass die Sachverständigen den Sozialbericht berücksichtigen, auch wenn eine Abweichung von diesem möglich ist.[647] Auf Grund des Ziels der Verhinderung einer möglichen Betreuung sollte die Anhörung der Betreuungsbehörde, wie in Österreich, der primäre Akt nach Einleitung des Verfahrens sein. So kann zudem eine Entlastung der Gerichte und der Sachverständigen erreicht werden, indem die Bestellung eines Betreuers unmittelbar nach Ablegung des Sozialberichts abgelehnt werden kann und nicht

643 Dutta/Jacoby/Schwab-*Schneider*, § 279 FamFG Rn. 4.
644 Jurgeleit-*Kania*, § 8 BtBG Rn. 12; *Fischer/Rohrmann*, BtPrax 2017, 99, 99.
645 BT-Drucks. 17/13419 S. 7.
646 Jurgeleit-*Kania*, § 8 BtBG Rn. 13, 15.
647 BGH, NJW 2015, 1752, 1753; MüKo-*Schmidt-Recla*, § 279 FamFG Rn. 17.

erst nach Durchführung einer, auf Grund der Ergebnisse des Sozialberichtes, verzichtbaren Anhörung des Betroffenen und eines Sachverständigen.

Im Hinblick auf diese bedeutsame Aufgabe der Betreuungsbehörden muss deren finanzielle Unterstützung gesichert sein. In der Vergangenheit zeigte sich, dass die Betreuungsbehörden die Prüfung der Erforderlichkeit der Betreuung und das Ausarbeiten von Alternativen zu dieser nicht im gebotenen Umfang durchführen konnten, weil sie nicht ausreichend personell ausgestattet waren.[648] Wird bei der Finanzierung der Betreuungsbehörden bzw. Erwachsenenschutzvereine gespart, kann der Sinn und Zweck des Sozialberichts bzw. des Clearings nicht erreicht werden.[649] Aus diesem Grund muss die Mindestfinanzierung der Betreuungsbehörden in Deutschland gesetzlich gesichert werden.[650] In Österreich ist dies durch § 8 I 1 ErwSchVG geschehen.

dd) Die Erstanhörung

Gelangt das Gericht in Folge des Sozialberichts bzw. des Clearings zu dem Entschluss, dass die Bestellung eines Betreuers bzw. Erwachsenenvertreters in Betracht kommt, muss der Betroffene angehört werden. In Deutschland ist die Erstanhörung in § 278 FamFG und in Österreich in § 118 AußStrG geregelt. Das Gesetz enthält dabei in Deutschland keine Angaben zum Zeitpunkt dieser Anhörung. In Österreich ergibt sich aus der Gesamtschau der §§ 117–119 ErwSchVG, dass die Erstanhörung nach dem Clearing und vor anderen Maßnahmen des Gerichts zu erfolgen hat. Diesen in Österreich gesetzlich statuierten Ablauf hat das BVerfG richtigerweise auch für Deutschland bestimmt, indem es ausführt, dass dem Betroffenen vor Beauftragung eines Sachverständigen Gelegenheiten zur Stellungnahme oder einer persönlichen Anhörung einzuräumen ist, sodass er die Möglichkeit besitzt, auf das Verfahren einzuwirken.[651]

Neben der Anhörung ist vor allem wichtig, dass sich das Gericht einen persönlichen Eindruck von dem Betroffenen macht. Diese Pflicht des Gerichts wird in § 278 I 2 FamFG und § 118 I 1 ErwSchVG ausdrücklich vorgeschrieben, sodass sich das Gericht nicht auf eine rein formelle mündliche Anhörung, z.B. mittels eines Telefons, stützen darf.[652] Gem. § 278 I 3 FamFG soll sich das Gericht den persönlichen Eindruck grundsätzlich in dessen persönlichem

648 *Schulte*, FPR 2012, 24, 26.
649 So auch: *Barth*, iFamZ 2017, 73, 73.
650 So auch: *Matta et al.*, Kapitel 10 – Zentrale Ergebnisse und Handlungsempfehlungen, 578.
651 BVerfG, NJW 2011, 1275, 1275 f.
652 MüKo-*Schmidt-Recla*, § 278 FamFG Rn. 12.

Umfeld verschaffen. Die Ausführungen der Betreuungsbehörde in ihrem Sozialbericht zu ihrem Eindruck der Person und ihres Umfelds können diese eigene Pflicht des Gerichts nicht ersetzen.[653] Die Verpflichtung der Gerichte zur Verschaffung eines persönlichen Eindrucks stellt eine bedeutsame Maßnahme dar, da der Richter so einen besseren Eindruck der Persönlichkeit und des Zustands des Betroffenen sowie seines sozialen Umfelds erlangen kann und in Folge dessen zu einer besseren Einschätzung bzgl. der Betreuerbestellung und insbesondere dem Ergebnis des Sachverständigengutachtens gelangt.

Die Anhörung ist in Deutschland gem. § 278 IV FamFG i.V.m. § 34 II FamFG entbehrlich, wenn diese zu erheblichen Nachteilen für den Gesundheitszustand des Betroffenen führen würde oder dieser offensichtlich nicht in der Lage ist, seinen Willen verbal oder nonverbal kundzutun.[654] Der BGH indes sieht neben § 34 II FamFG auch die Ausschlussgründe des § 34 III FamFG auf das Betreuungsverfahren anwendbar, sodass die Anhörung des Betroffenen nicht notwendig sei, wenn dieser darauf hingewiesen wird, dass auch bei seinem Nichterscheinen zu der Anhörung eine Entscheidung getroffen wird.[655] Diese Ansicht ist generell schon auf Grund der oben ausgeführten, besonderen Bedeutung der Erstanhörung abzulehnen.[656] Zudem muss dem Richter auf Grund von § 1896 Ia BGB und der darauf auszurichtenden Beauftragung eines Sachverständigen bewusst sein, ob die Bestellung des Betreuers möglicherweise gegen den freien Willen des Betroffenen erfolgt. Dazu ist die Anhörung des Betroffenen unerlässlich. Zudem spricht die Gesetzessystematik gegen die Ansicht des BGHs. § 278 IV FamFG verweist nur auf § 34 II FamFG und § 278 V FamFG berechtigt das Gericht, den Betroffenen zwangsweise vorführen zulassen. Diese zwangsweise Vorführung wäre jedoch obsolet, wenn die Entscheidung auch ohne Anhörung des Betroffenen erfolgen kann. Auch aus diesem Grund hat der BGH seine Ansicht angepasst und fordert nun weitergehend für eine Anwendung von § 34 III FamFG, dass die gem. § 278 V–VII FamFG zur Verfügung stehende mögliche zwangsweise Vorführung des Betroffenen unverhältnismäßig ist und alle sonstigen zwangslosen Möglichkeiten der Anhörungen ausgeschöpft wurden.[657] Der österreichische Gesetzgeber sieht eine zwangsweise Vorführung des Betroffenen sogar generell als unangemessen an und hat diese auf Grund

653 Bienwald/Sonnenfeld/Harm/Bienwald-*W. Bienwald*, § 278 FamFG Rn. 11.
654 *M. Weber*, NZFam 2017, 247, 247.
655 BGH, FamRZ 2010, 1650, 1651.
656 *Müther*, FPR 2012, 1, 3.
657 BGH, NJW 2015, 693, 694.

dessen in § 118 II 2 AußStrG ausgeschlossen.[658] Gegen eine generelle Unverhältnismäßigkeit spricht jedoch schon die mögliche Bestellung eines Betreuers gegen den Willen des Betroffenen. Führt man die Ansicht des BGHs weiter, so sieht er die Bestellung eines Betreuers gegen den Willen des Betroffenen ohne ausreichende Sachverhaltsermittlung, auf Grund der fehlenden Anhörung, als geringeres Übel an als die zwangsweise Anhörung.[659] Dies erscheint nicht überzeugend. Die zwangsweise Bestellung eines Betreuers stellt einen erheblichen Eingriff in die Rechte des Betroffenen dar, welcher nicht mit der zwangsweisen Anhörung vergleichbar ist. Eine generelle Unverhältnismäßigkeit, wie sie in Österreich angeordnet ist, kann auf Grund dessen nicht vorliegen.

Allerdings ist auch die Ansicht des BGHs, dass § 34 III FamFG anwendbar sei, wenn die zwangsweise Vorführung unverhältnismäßig sei, mit Blick auf § 283 FamFG nicht haltbar. Dieser schreibt in Satz 1 des Absatzes 1 vor, dass der Betroffene für das Sachverständigengutachten auch zwangsweise vorgeführt werden darf. Es ist widersprüchlich, dass die Unverhältnismäßigkeit der zwangsweisen Vorführung für das Sachverständigengutachten ausgeschlossen ist, bei der zwangsweisen Vorführungen für die Erstanhörung, welche einen geringeren Eingriff in die Rechte des Betroffenen darstellt, jedoch möglich ist.[660] Zudem ist es möglich die Erstanhörung mit dem Beginn der Begutachtung durch den Sachverständigen zu kombinieren.

Alles in allem ist die Ansicht des BGHs somit abzulehnen und § 278 FamFG als abschließende Spezialregelung zu § 34 FamFG anzusehen, sodass nur eine Anwendung von § 34 II FamFG in Betracht kommt.[661]

ee) *Das Gutachten des Sachverständigen*

Neben dem Sozialbericht und der Erstanhörung des Betroffenen ist vor allem das Gutachten eines Sachverständigen ausschlaggebend für die Entscheidung des Richters. In Deutschland ist die Einholung eines Sachverständigengutachtens gem. § 280 I 1 FamFG deswegen obligatorisch, ausgenommen der Konstellationen in den §§ 281, 282 FamFG. Der erforderliche Inhalt des Gutachtens wird in § 280 III FamFG normiert, wobei die Aufzählung nicht abschließend ist und Nr. 4 der Aufzählung in der Praxis wohl am bedeutsamsten sein wird,

658 ErlRV 1461 BlgNR XXV. GP. S. 66.
659 So auch: Keidel-*Budde*, § 278 FamFG Rn. 23.
660 Keidel-*Budde*, § 278 FamFG Rn. 23.
661 So auch: Bassenge/Roth-*Bassenge*, § 280 FamFG Rn. 13; Keidel-*Budde*, § 280 FamFG Rn. 23.

da begutachtet werden soll, auf welche Lebensbereiche sich die Betreuung auf Grund der Krankheit erstrecken sollte.[662] Im Gutachten müssen vor allem Ausführungen zu der Frage erfolgen, ob der Betroffene ungeachtet seiner Erkrankung imstande ist, einen freien Willen zu bilden und nach getroffener Einsicht zu handeln bzw. im Fall von § 1896 Ia BGB, ob die freie Willensbestimmung aufgrund der Erkrankung ausgeschlossen ist.[663] Kommt der Sachverständige zu dem Ergebnis, dass eine Betreuung erforderlich sei, muss er zudem eine Prognose zur weiteren Entwicklung abgeben.[664] Die Ausführungen in dem Gutachten müssen in der Weise dargestellt werden, dass das Gericht dieses auf seine wissenschaftliche Begründung, seine Schlüssigkeit und seine innere Logik hin überprüfen kann.[665]

In Österreich hingegen steht die Entscheidung über die Einholung eines Gutachtens nach dem 2. Erwachsenenschutz-Gesetz gem. § 120a I 1 AußStrG im Ermessen des Gerichts bzw. des Betroffenen. Damit wurde das bisher obligatorische Gutachten gem. § 121 AußStrG a.F. abgeschafft. Zu den Gründen dieser Entscheidung durch den Gesetzgeber enthalten die Gesetzeserläuterungen keine Angaben. Es ist zu vermuten, dass die Abschaffung des obligatorischen Gutachtens zum Schutz der Rechte des Betroffenen erfolgte, da die Begutachtung durch den Sachverständigen für den Betroffenen einen Eingriff in dessen Rechte und eine erhebliche Belastung im Betreuungsverfahren darstellt. Der Eingriff in seine Rechte kann dabei schon dadurch erfolgen, dass Dritte von der Anordnung der Begutachtung erfahren und auf Grund dessen die soziale Stellung des Betroffenen maßgeblich gefährdet wird.[666] Zudem wird oftmals angenommen, dass das Sachverständigengutachten in vielen Fällen überflüssig sei, weil die Betroffenen oftmals vollumfänglich diagnostiziert und alle therapeutischen Ansätze ausgeschöpft worden seien.[667] Dagegen muss eingewendet werden, dass die Begutachtung im Betreuungsverfahren mit dem Blick auf eine mögliche Bestellung eines Betreuers erfolgt und auf Grund dessen nur beschränkt mit vorherigen medizinischen Begutachtungen und Behandlungen vergleichbar ist. Der Sachverständige diagnostiziert nicht nur eine Krankheit, sondern muss vor allem feststellen,

---

662 Keidel-*Budde*, § 280 FamFG Rn. 5, 8.

663 Bumiller/Harders/Schwamb-*Bumiller*, § 280 FamFG Rn. 1; Keidel-*Budde*, § 280 FamFG Rn. 9.

664 Bumiller/Harders/Schwamb-*Bumiller*, § 280 FamFG Rn. 3.

665 BGH, FamRZ 2011, 637, 638; Beispiel für einen möglichen Aufbau des Gutachtens: *Nedopil*, Betreuungs- und Unterbringungrechts, S. 147.

666 BGH, NJW 2007, 3575, 3576.

667 So z.B.: *Coeppicus*, NJW 2014, 3703, 3706.

ob der Betroffene seine Angelegenheiten noch selbst besorgen kann. Durch das Gutachten wird gewährleistet, dass die Betreuung nur angeordnet wird, wenn sie aus medizinischer Sicht konkret erforderlich ist. Das Sachverständigengutachten ist somit maßgeblich für die Entscheidung über die Bestellung eines Betreuers. Auf Grund dieser Bedeutsamkeit des Gutachtens und des Eingriffs in die Rechte des Betroffenen ordnet § 280 I 1 FamFG richtigerweise ausdrücklich an, dass die Einholung und Verwertung des Gutachtens durch eine förmliche Beweisaufnahme, also im Wege des Strengbeweises, unter Heranziehung der §§ 402 ff. ZPO zu erfolgen hat, was eine Ausnahme zu den §§ 29, 30 FamFG darstellt.[668]

Bei dem Aspekt des Eingriffs in die Rechte des Betroffenen ist zu beachten, dass die Einholung eines Sachverständigengutachtens, nach dem Wortlaut von § 280 I 1 FamFG, nur erfolgt, wenn das Verfahren mit der Bestellung eines Betreuers endet.[669] Vor der Beauftragung des Sachverständigen muss das Gericht somit ausführlich prüfen, ob ausreichend Anhaltspunkte dafür bestehen, dass ein Betreuer bestellt werden muss.[670] Nur, wenn es zu dem Entschluss kommt, dass die Bestellung eines Betreuers hinreichend wahrscheinlich ist, kann es ein Sachverständigengutachten einfordern.[671] Die Begutachtung des Sachverständigen ist auf Grund dessen von Vorteil für den Betroffenen, da durch diese die Möglichkeit besteht, dass eine Betreuung entgegen der vorherigen Ansicht des Gerichts nicht oder in einem geringeren Umfang angeordnet wird. Das Gutachten durch den Sachverständigen stellt somit einen weiteren sehr bedeutsamen Mechanismus zur Verhinderung einer Betreuung dar.

Neben dem Vorteil, den die Begutachtung für den Betroffenen bringt, wird der Eingriffscharakter durch verschiedene Vorgaben für die Begutachtung abgeschwächt. So muss das Gutachten gem. § 37 II FamFG dem Betroffenen zur Verfügung gestellt und ihm die Möglichkeit sowie ausreichend Zeit gegeben werden, sich zu diesem zu äußern.[672] So wird das Recht auf rechtliches Gehör gewahrt und gesichert, dass der Betroffene auch noch nach Abschluss der Begutachtung Einfluss auf das Gutachten nehmen und somit mögliche Fehler des Sachverständigen korrigieren kann. Zudem wird deutlich, dass der Betroffene kein bloßes Objekt einer Begutachtung ist. Dies wird des Weiteren in § 280 II 1

---

668 Dutta/Jacoby/Schwab-*Schneider*, § 280 FamFG Rn 1.
669 BGH, NJW 2015, 1752, 1753; Keidel-*Budde*, § 280 FamFG Rn. 2.
670 BGH, NJW 2015, 1752, 1753.
671 Dies unterstreicht die Bedeutsamkeit des oben dargestellten Sozialberichts, welcher vor der Begutachtung durch einen Sachverständigen erfolgen soll.
672 *Dodegge*, NJW 2017, 2655, 2657.

FamFG hervorgehoben, welcher die persönliche Untersuchung und Befragung durch den Sachverständigen vorschreibt. Eine Begutachtung nach Aktenlage ist somit unzulässig.[673]

Auf Grund des schweren Eingriffs in die Rechte des Betroffenen durch die Bestellung eines Betreuers muss gesichert sein, dass eine fachgerechte Begutachtung erfolgt und ein qualitativ hochwertiges und fehlerfreies Gutachten erstellt wird, welches die Anordnung der Betreuung aus medizinischer Sicht korrekterweise rechtfertigt. Deswegen müssen hohe Anforderungen an die Qualifikation des Sachverständigen gestellt werden. § 280 I 2 FamFG schreibt vor, dass der Sachverständige Arzt für Psychiatrie oder Arzt mit Erfahrung auf dem Gebiet der Psychiatrie sein „soll". Auf Grund der Formulierung als „Soll-Vorschrift" ist allerdings nicht ausgeschlossen, dass ein Sachverständiger aus einem anderen Fachgebiet bestellt wird.[674] Jedoch muss das Gericht bei der Beauftragung eines Sachverständigen, welcher nicht die Voraussetzungen des § 280 II 1 FamFG erfüllt, die Auswahl des Sachverständigen in der Entscheidung besonderes begründen.[675] Ergibt sich die Sachkunde des beauftragten Sachverständigen nicht direkt aus seiner Berufsbezeichnung oder aus der Art seiner Berufstätigkeit, muss das Gericht die Sachkunde des Sachverständigen in seiner Entscheidung nachvollziehbar darlegen.[676] Die Beauftragung einer Institution, wie z.B. einer Klinik, ist nicht möglich, was sich schon aus der Verpflichtung zur persönlichen Untersuchung ergibt.[677] Die Entscheidung über die Auswahl des Sachverständigen trifft das Gericht nach pflichtgemäßem Ermessen gem. § 30 I FamFG.[678]

In Österreich enthält § 120a AußStrG keine Vorgaben zu der Qualifikation des Sachverständigen. Dadurch soll dem Umstand Rechnung getragen werden, dass nicht immer ein Gutachten aus psychiatrischer Sicht erforderlich sei, sondern auch Gutachten, welche sich auf andere Fachbereiche beziehen, genügen können.[679] Richtig ist, dass ein psychiatrisches Gutachten nicht in allen Fällen erforderlich ist. Bei einem lediglich körperlich behinderten Menschen wäre ein solches Gutachten überflüssig und nicht ergiebig. In den meisten Fällen wird

---

673 BGH, NJW-RR 2017, 963, 963; MüKo-*Schmidt-Recla*, § 280 FamFG Rn. 17.
674 BT-Drucks. 16/9733 S. 371.
675 BGH, FamRZ 2012, 1796, 1797.
676 BGH, NJW 2013, 3522, 3523.
677 Bienwald/Sonnenfeld/Harm/Bienwald-*W. Bienwald*, § 280–§ 284 FamFG Rn. 16; schon zum alten Verfahrensrecht des FGG: *W. Zimmermann*, FamRZ 1991, 270, 273.
678 Bienwald/Sonnenfeld/Harm/Bienwald-*W. Bienwald*, § 280–§ 284 FamFG Rn. 15.
679 ErlRV 1461 BlgNR XXV. GP. S. 67.

jedoch ein psychiatrisches Gutachten erforderlich sein, sodass die Vorgabe in § 280 I 2 FamFG als grundlegend angesehen werden muss. Das Gericht muss im Einzelfall entscheiden, ob ein psychiatrisches Gutachten sinnvoll ist oder ob nicht ein Sachverständiger aus einer anderen Fachrichtung beauftragt werden sollte. In den Gesetzeserläuterungen zum 2. Erwachsenenschutz-Gesetz wird ein pflegerisches Gutachten als Beispiel für ein solches anderweitiges Gutachten genannt.[680] Ein solches Gutachten ist allerdings für die Bestellung eines Betreuers irrelevant, da die rechtliche Betreuung strikt von der tatsächlichen Pflege abgegrenzt werden muss. Es kann auf Grund dessen nicht eingefordert werden.

Neben der erforderlichen Fachrichtung des Sachverständigen sollte dieser zudem eine gewisse Qualifikation auf einem Fachgebiet besitzen. In der Praxis werden jedoch in vielen Fällen Allgemeinärzte und Ärzte ohne Bezeichnung ihres Fachbereichs mit der Begutachtung beauftragt.[681] Dieser Umstand ist auf Grund der Bedeutsamkeit des Gutachtens nicht hinnehmbar, da dieses wegweisend für die Entscheidung des Richters ist. Das Gutachten muss von einem Sachverständigen mit hinreichender Qualifikation durchgeführt werden, da nur so gesichert wird, dass ein fehlerfreies Gutachten erstellt wird. Die Auswahl eines Sachverständigen, welcher keine solche Qualifikation besitzt, sollte grundsätzlich als unzulässig angesehen werden und nur in den Ausnahmefällen der §§ 281, 282 FamFG möglich sein. Bei der Auswahl eines solchen Sachverständigen muss gefordert werden, dass das Gericht die Auswahl ausdrücklich begründet und angibt, aus welchen Gründen dieser Sachverständige im Einzelfall der geeignetste Sachverständige sei.[682] Die Auswahl eines Sachverständigen ohne hinreichende Qualifikation mit fehlender oder nicht ausreichender Begründung durch das Gericht, muss, wie der BGH richtigerweise erkennt, einen Verfahrensfehler darstellen. Die Bestellung eines Betreuers muss in einem solchen Fall im Beschwerdeverfahren durch das Landgericht, welches gem. § 72 I 2 GVG die Beschwerdeinstanz im Betreuungsverfahren ist, aufgehoben werden.

Zusammenfassend stellt das Sachverständigengutachten zusammen mit dem Sozialbericht den Mittelpunkt des Betreuungsverfahrens dar.[683] Aus diesem Grund muss dessen Qualität ausreichend gesichert werden.

---

680 ErlRV 1461 BlgNR XXV. GP. S. 67.

681 BGH, FamRZ 2012, 1796, 1798 Anm. *Schmidt-Recla*.

682 So auch der BGH: BGH, FamRZ 2012, 1796, 1797.

683 *Schmidt-Recla* bezeichnet das Sachverständigengutachten sehr schön als „Herzstück des Betreuungsverfahrens“: MüKo-*Schmidt-Recla*, § 280 FamFG Rn. 1.

ff) Die Qualifikation der Richter

Mit Blick auf die vorherigen Ausführungen zu dem Verfahren wird deutlich, dass es sich bei einem Betreuungsverfahren um ein, nicht nur in juristischer, sondern vor allem in sozialer und medizinischer Sicht anspruchsvolles Verfahren handelt, welches einige Schwierigkeiten für den zuständigen Richter bietet. Auf Grund dessen sollte ein Betreuungsrichter einige zusätzliche Qualifikationen aufweisen. In der Praxis ist es allerdings üblich, dass ein Richter dem Betreuungsdezernat zugewiesen wird, ohne dass er sich zuvor mit Sachfragen der Betreuung befasst und auch keine sonstige spezielle Schulung erhalten hat, sodass sich sein Wissen in Angelegenheiten der Betreuung auf juristische Kenntnisse erschöpft.[684] Es wird dem Richter, als psychiatrischem und medizinischem Laien, in den meisten Fällen nicht gelingen, selbst schwerste psychische Einbußen des Betroffenen zu erkennen.[685] Auf Grund dieser fehlenden medizinischen Kenntnisse darf der Richter sich ohne ausführliche Begründung nicht über das Gutachten eines Sachverständigen hinwegsetzen.[686] Auch wenn die spezifische medizinische Abklärung richtigerweise durch die Sachverständigen erfolgen soll, muss erwartet werden, dass dem Richter zumindest die Grundzüge der Merkmale der verschiedenen Erkrankungen wie z.B. der Demenz bekannt sind. Nur so kann er eine passende Auswahl des Sachverständigen treffen. Zudem ist der Richter zu einer kritischen Würdigung des Sachverständigengutachtens verpflichtet.[687] Ohne die geringsten medizinischen Kenntnisse ist diese geforderte kritische Würdigung jedoch nicht möglich. Dies widerspricht dem Gesetz, welches jedem Betroffenen einen Richter garantiert, welcher die Ausführungen des Sachverständigen wertend handhaben kann.[688] Auch kann er ohne medizinische Kenntnisse nicht die oben geforderte Feststellung des Eintritts des Vorsorgefalls bei einer neuen „echten" Vorsorgevollmacht treffen.

Neben den medizinischen Aspekten werden dem Richter oftmals die vielfältigen „anderen Hilfen" zur Vermeidung einer Betreuung i.S.v. § 1896 II 2 BGB nicht bekannt sein.[689] Zu beachten ist des Weiteren, dass oftmals junge Richter dem Betreuungsverfahren vorsitzen und über die Interessen und Bedürfnisse deutlich älterer Menschen entscheiden, was im Hinblick auf die fehlende

684 *Coeppicus*, NJW 2014, 3703, 3708.
685 *Cording*, ZEV 2010, 115, 121; *Schmoeckel*, NJW 2016, 433, 436.
686 BGH, FamRZ 2016, 1352, 1353.
687 BGH, FamRZ 2012, 1796, 1797.
688 BGH, FamRZ 2012, 1796, 1798 Anm. *Schmidt-Recla*.
689 *Coeppicus*, NJW 2014, 3703, 3708.

Lebenserfahrung und der kaum möglichen Nachvollziehbarkeit der Lage der Betroffenen bedenklich erscheint.[690] Auf Grund dieser fehlenden Kenntnisse wird der Richter in vielen Fällen keine eigene Entscheidung treffen, sondern nur den Empfehlungen des Sozialberichts, des Sachverständigengutachtens oder des Verfahrenspflegers folgen. Mit Blick auf den schweren Eingriff in das Selbstbestimmungsrecht des Betroffenen ist die Entscheidung eines Richters ohne notwendige praktische Fachkenntnisse nicht hinnehmbar.[691] Aus diesen Gründen muss eine Fortbildungspflicht für Richter in Betreuungssachen eingeführt werden.[692] Diese Fortbildungen sollten durch die Betreuungsbehörden erfolgen, da diese den engsten Bezug zu den Betroffenen besitzen und es deren Aufgabe ist, durch Anfertigung des Sozialberichts Betreuungen zu verhindern. Den Richtern sollten in diesen Fortbildungen die notwendigen Grundkenntnisse in medizinischer und sozialer Sicht vermittelt werden. Es sollte erreicht werden, dass die Richter die Situation der Betroffenen besser wahrnehmen und einschätzen können.[693] Dazu zählen insbesondere das richtige Einordnen der Folgen der verschiedenen Erkrankungen und das aus diesen resultierende Verhalten der Betroffenen. Zudem sollten den Richtern Möglichkeiten aufgezeigt werden, wie die Erstanhörung des Betroffenen im Idealfall erfolgen sollte.[694] Auch eine Information über die verschiedenen anderen Arten der Unterstützungen sollte vermittelt werden.

gg) *Rechtsbeistand/Verfahrenspfleger*

Das Betreuungsverfahren wird durchgeführt, weil es möglich erscheint, dass der Betroffene bestimmte Angelegenheiten nicht mehr selbst erledigen kann. Aus diesem Grund erscheint es fraglich und problematisch, ob der Betroffene in der Verfassung ist, selbstständig am Verfahren teilzunehmen oder ob er dabei unterstützt werden muss.

In Österreich ordnet § 119 S. 1 AußStrG an, dass der Betroffene einen Rechtsbeistand besitzen muss. Der Rechtsbeistand ist ein geeigneter selbstgewählter

690 So auch: *Zenz,* Autonomie und Abhängigkeit – familienrechtliche Schutzbelange im Alter, S. 163.

691 So auch: *Coeppicus,* NJW 2014, 3703, 3708.

692 So auch: *W. Bienwald,* FamRZ 1988, 902, 908; *W. Bienwald,* FamRZ 2013, 258. 258; *Engelfried,* BtPrax 2016, 137, 139.

693 *Zenz,* Autonomie und Abhängigkeit – familienrechtliche Schutzbelange im Alter, S: 163.

694 Ein ausführlicher Vorschlag dazu: *Thar,* FPR 2012, 41

oder gesetzlicher Vertreter.[695] Der Betroffene hat die Möglichkeit, den Vertreter selbst auszuwählen. Besitzt er keinen gewählten Vertreter, muss gem. § 119 S. 2 AußStrG das Gericht einen Rechtsbeistand bestellten.

In Deutschland besteht keine solche Verpflichtung zum Besitz eines Rechtsbeistands. Der Betroffene ist grundsätzlich unabhängig von seiner Geschäftsfähigkeit verfahrensfähig.[696] § 276 I 1 FamFG schreibt lediglich vor, dass dem Betroffenen ein Verfahrensbeistand zu bestellen ist, wenn dies zur Wahrnehmung seiner Interessen erforderlich ist. Dies ist nicht erforderlich, wenn der Betroffene dem Betreuungsverfahren selbst folgen und sich zu diesem hinreichend äußern kann sowie, wenn nach dem aktuellen Verfahrensstand keine Beeinträchtigung der Interessen des Betroffenen vorhersehbar ist.[697] Die zwei Regelbeispiele in § 276 I 2 FamFG geben vor, in welchen Fällen ein Verfahrensbeistand zwingend zu bestellen ist. Zum einen bei Absehung von der Anhörung des Betroffenen gem. § 278 IV FamFG i.V.m. § 34 II FamFG (§ 276 I 2 Nr. 1 FamFG) und wenn das Verfahren die Betreuung für alle Angelegenheiten zum Gegenstand hat (§ 276 I 2 Nr. 2 FamFG). Für die Erfüllung des zweiten Regelbeispiels genügt, dass die Bestellung eines Betreuers für alle Angelegenheiten möglich erscheint.[698] Die Bestellung eines Verfahrenspflegers kann in diesen Fällen gem. § 276 II 1 FamFG nur unterbleiben, wenn offensichtlich kein Interesse des Betroffenen besteht. Das Absehen von der Bestellung muss in diesem Fall gem. § 276 II 2 FamFG ausdrücklich begründet werden, wobei bei einer fehlenden Begründung von einer fehlerhaften Ermessensausübung des Gerichts ausgegangen werden muss.[699]

Die Aufgaben des zu bestellenden Dritten sind in Deutschland und Österreich nahezu identisch. Er ist nicht von Weisungen des Betroffenen abhängig, sondern ist verpflichtet, die objektiven Interessen des Betroffenen wahrzunehmen, wozu er eigene selbständige Verfahrenshandlungen tätigen kann.[700] Neben den objektiven Interessen muss der Verfahrenspfleger auch die subjektiven Interessen des Betroffenen beachten und dem Gericht die Äußerungen und Wünsche des Betroffenen mitteilen.[701] Der Verfahrenspfleger tritt als Mittelsperson

695 ErlRV 1461 BlgNR XXV. GP. S. 66.
696 MüKo-*Schmidt-Recla*, § 276 FamFG Rn. 1.
697 Dutta/Jacoby/Schwab-*Schneider*, § 276 FamFG Rn. 3.
698 BGH, FGPrax 2018, 25, 26.
699 Dutta/Jacoby/Schwab-*Schneider*, § 276 FamFG Rn. 8.
700 ErlRV 1461 BlgNR XXV. GP. S. 66; MüKo-*Schmidt-Recla*, § 276 FamFG Rn. 3.
701 Dutta /Jacoby/Schwab-*Schneider*, § 276 FamFG Rn. 9.

zwischen Gericht und dem Betroffenen auf, wobei er vor allem dem Betroffenen das Verfahrensgeschehen verständlich machen muss.[702]

Der wesentliche Unterschied zwischen dem Rechtsbeistand in Österreich und dem Verfahrenspfleger in Deutschland ergibt sich aus der Rechtsstellung. Der Verfahrenspfleger ist, im Gegensatz zum Rechtsbeistand in Österreich, kein Vertreter des Betroffenen.[703] Dies ergibt sich aus dem Umstand, dass der Verfahrensbeistand gem. § 274 II FamFG ein selbstständiger Verfahrensbeteiligter ist.[704] Dennoch kann er im Namen des Betroffenen Erklärungen abgeben und Anträge stellen. Aus diesem Grund ist er als ein „Pfleger eigener Art" anzusehen.[705] Die Bezeichnung als „Pfleger" ist dabei irreführend, da von der Pflege nicht die rechtliche Unterstützung vor Gericht umfasst ist. Eine Diskussion über die Vor- und Nachteile der Rechtslagen in Deutschland und Österreich sowie über die mögliche Statuierung des Verfahrenspflegers als Vertreter erübrigt sich, da dieser Streit rein dogmatischer Natur ist und für die Praxis so gut wie keine Bedeutung hat.[706]

Die gerichtliche Auswahl ist, wie in Österreich, grundsätzlich gem. § 276 IV FamFG subsidiär zu einem selbstständig ausgewählten Vertreter.[707]

Bei der Auswahl des Verfahrenspflegers ist § 276 III FamFG zu beachten, welcher vorschreibt, dass die beruflich ausgeübte Verfahrenspflegschaft subsidiär zu der ehrenamtlichen Verfahrenspflegschaft ist. Ziel war, dass Personen aus dem näheren Umfeld des Betroffenen als Verfahrenspfleger für diesen eingesetzt werden sollten.[708] Wie auch schon bei der Auswahl des Betreuers ist auch diese gesetzliche Anordnung des Vorrangs des Ehrenamts nicht haltbar. Bei der Auswahl eines nahen Angehörigen als Verfahrenspfleger besteht schon die Gefahr einer Interessenkollision, weil er auf Grund des Drucks der Familie nur den Willen des Betroffenen wiedergeben oder auf Grund der Autorität des Gerichts dessen Ausführungen folgen könnte.[709] Der nahe Angehörige würde in diesen Fällen nicht objektiv handeln, was zu Lasten des Betroffenen geht. Zudem sind

---

702 Bienwald/Sonnenfeld/Harm/Bienwald-*W. Bienwald*, § 276 FamFG Rn. 7.

703 BGH, NJW 2012, 3509, 3509; MüKo-*Schmidt-Recla*, § 276 FamFG Rn. 3a.

704 Keidel-*Budde*, § 276 FamFG Rn. 26; Bassenge/Roth-*Bassenge*, § 276 FamFG Rn. 10; Haußleiter-*Heidebach*, § 276 FamFG Rn. 1

705 BT-Drucks. 16/6308 S. 265; Bienwald/Sonnenfeld/Harm/Bienwald-*W. Bienwald*, § 276 FamFG Rn. 16; *W. Zimmermann*, FamRZ 1991, 270, 274;

706 BeckOK FamFG-*Günter*, § 276 FamFG Rn. 2; *Leeb/M. Weber*, NJOZ 2014, 1201, 1208.

707 Haußleiter-*Heidebach*, § 276 FamFG Rn. 7; ErlRV 1461 BlgNR XXV. GP. S. 66.

708 BT-Drucks. 15/2494 S. 41.

709 *Leeb/M. Weber*, NJOZ 2014, 1201, 1206 f.

vor allem im Verfahren juristische Kenntnisse unerlässlich, welche Privatpersonen, die die Verfahrenspflegschaft ehrenamtlich ausüben möchten, in den meisten Fällen nicht besitzen werden. Des Weiteren besteht bei einem beruflichen Verfahrenspfleger nicht die Gefahr, dass er die Wahrnehmung der Interessen des Betroffenen auf Grund von kommerziellen Motiven vernachlässigt oder sogar gegen diese handelt, da er in seiner Rechtsstellung beschränkt ist und er so z.B. nicht auf das Vermögen des Betroffenen zugreifen kann.[710]

Aus diesen Gründen ist dem Gesetzgeber anzuraten, auch bei der Auswahl des Verfahrenspflegers den gesetzlich statuierten Vorrang des Ehrenamts in § 276 III FamFG abzuschaffen. Darauf folgend muss zudem § 277 II FamFG entsprechend geändert werden.[711] Die Abschaffung des Vorrangs der ehrenamtlichen Verfahrenspflegschaft entspricht der gerichtlichen Praxis, in welcher in den meisten Fällen berufsmäßige Verfahrenspfleger bestellt werden.[712] Ehrenamtliche Personen sollten bei der Verfahrenspflegschaft, wie auch schon bei der Auswahl des Betreuers gefordert, erst nach einer umfassenden Schulung, in welcher sie die notwendigen juristischen Kenntnisse und den Umgang mit älteren Menschen erlernen, berechtigt sein, dieses Amt auszuüben. Personen mit Rechtskenntnissen, wie z.B. Anwälte sollten allerdings ebenfalls eine obligatorische Weiterbildung erhalten, da sie nicht alleine auf Grund ihrer rechtlichen Vorkenntnisse geeignet sind, als Verfahrenspfleger zu agieren.[713] Sie müssen insbesondere lernen, wie sie mit älteren und psychisch kranken Menschen umgehen sollten. Dies ist für den Verfahrenspfleger, wie auch für den Richter, eine der größten Herausforderungen im Betreuungsverfahren. Das Betreuungsverfahren beschränkt sich im Vergleich zu anderen zivilrechtlichen Verfahren nun einmal nicht nur auf juristische Aspekte.

hh) Die Rolle der Angehörigen im Verfahren

Neben dem Verfahrenspfleger können auch Angehörige für den Betroffenen eine bedeutsame Unterstützungsfunktion besitzen. Um diese Funktion ausüben zu können, müssen die Angehörigen eine Verfahrensstellung besitzen.

In Österreich sind gem. § 127 I AußStrG von der Einleitung des Verfahrens der Ehegatte, der eingetragene Lebensgefährte oder Partner, die Eltern

---

710 MüKo-*Schmidt-Recla*, § 276 FamFG Rn. 24.

711 Eine Änderung des derzeitigen Vergütungssystems ist, im Gegensatz zu dem Vergütungssystem der Betreuer, nicht erforderlich.

712 *Leeb/M. Weber*, NJOZ 2014, 1201, 1207.

713 So auch: Bienwald/Sonnenfeld/Harm/Bienwald-*W. Bienwald*, § 276 FamFG Rn. 60.

und volljährigen Kinder sowie die in einer Erwachsenenvertreterverfügung gewünschte Person zu verständigen, außer wenn der Betroffene anders verfügt oder zu erkennen gegeben hat, dass eine solche Verständigung nicht seinem Willen entspricht. Durch diese Änderung im Wege des 2. Erwachsenenschutz-Gesetzes soll der Kritik entgegengekommen werden, dass Angehörigen im Verfahren keine Rechte zustanden.[714] Die Angehörigen besitzen nun eine eingeschränkte Verfahrensstellung.[715] Sie besitzen allerdings keine volle Parteistellung, um das Verfahren effizient führen zu können und Familienstreitigkeiten dem Verfahren fern zu halten.[716] Zudem trifft das Gericht keine Nachforschungspflicht bzgl. vorhandener Angehörige, sondern es sind nur die aktenkundigen Angehörigen zu informieren.[717] Dies ist gem. § 4a I Nr. 4 ErwSchVG und § 8 ErwSchVG Aufgabe der Erwachsenenschutzvereine bei Vornahme des Clearings. Aus diesem Grund und mangels Formvorschrift der Benachrichtigung, muss diese nicht zwingend von den Gerichten, sondern kann auch durch die Erwachsenenschutzvereine vorgenommen werden.[718] Auch muss das Gericht gem. § 127 IV AußStrG bei bekannten Angehörigen ohne bekannte Zustellungsadresse nur einen geringfügigen Aufwand betreiben, um eine Ablagestelle für die Benachrichtigung zu ermitteln. Es ist somit ausreichend, eine Zentralmeldeauskunft einzuholen.[719] Kann keine Ablagestelle des Angehörigen ermittelt werden oder ist der Angehörige zu einer Äußerung nicht nur vorübergehend nicht in der Lage, so ist er gem. § 127 IV AußStrG wie eine nicht aktenkundige Partei zu behandeln, was insbesondere zu Einschränkungen bei der Einlegung von Rechtsmitteln führt.[720]

In Deutschland haben der Ehegatte oder Lebenspartner des Betroffenen, wenn sie nicht dauerhaft getrennt leben, sowie dessen Eltern, Pflegeeltern, Großeltern Geschwister und Abkömmlinge gem. § 274 IV Nr. 1 FamFG die Stellung eines Kann-Beteiligten. Der Kreis der möglichen Beteiligten ist somit weiter gefasst als in Österreich. Zudem kann der Betroffene eine Person jederzeit, auch konkludent, zur Vertrauensperson bestellen und ihr so den Status eines Kann-Beteiligten geben. Die in § 274 IV Nr. 1 FamFG genannten Angehörigen

---

714 ErlRV 1461 BlgNR XXV. GP. S. 69.
715 *Fritz*, iFamZ 2017, 177, 179.
716 ErlRV 1461 BlgNR XXV. GP. S. 69.
717 ErlRV 1461 BlgNR XXV. GP. S. 69.
718 *Fritz*, iFamZ 2017, 177, 179.
719 ErlRV 1461 BlgNR XXV. GP. S. 70.
720 Siehe dazu S. 183.

können am Betreuungsverfahren beteiligt werden, wenn dies im Interesse des Betroffenen liegt. Das Interesse ist vom Gericht aus der Sicht des Betroffenen zu beurteilen und muss positiv festgestellt werden.[721] Dadurch soll verhindert werden, dass Angehörige, die nicht in ihren eigenen Rechten betroffen sind, am Verfahren teilnehmen können, obwohl dies nicht im Interesse des Betroffenen ist.[722] Bei Verletzung eigener Rechte ist der Angehörige unmittelbar gem. § 7 II Nr. 1 FamFG am Verfahren zu beteiligen. Die Beteiligung kann durch Beschluss nach § 7 FamFG, aber auch konkludent, wie z.B. durch die Ladung zu einem Termin oder der Zusendung von Schriftstücken, erfolgen.[723]

Fraglich erscheint, ob bei der Feststellung des Interesses des Betroffenen nur das objektive Interesse oder auch subjektive Kriterien in Form des Willens des Betroffenen zu berücksichtigen sind. Nach der Vorstellung des Gesetzgebers sollen zwar auch subjektive Kriterien entscheidend sein, jedoch soll die Beteiligung auch gegen den Willen des Betroffenen möglich sein.[724] Diese Ansicht ist schon nicht haltbar, weil der Mittelpunkt bei der rechtlichen Unterstützung eines Erwachsenen immer dessen Selbstbestimmungsrecht und Willen darstellt. Dies macht vor allem § 1896 Ia BGB deutlich, welcher bestimmt, dass eine Betreuerbestellung gegen den freien Willen des Betroffenen nicht möglich ist. Der Grundsatz der Ausrichtung der Handlungen des Gerichts am Willen des Betroffenen muss auch bei der Hinzuziehung von Angehörigen als Beteiligte am Verfahren gelten. Es ist kein Grund ersichtlich, weshalb der Wille dabei unbeachtlich sein sollte. Im Gegenteil: Wenn der Betroffene ausdrücklich wünscht, dass ein Angehöriger nicht am Verfahren beteiligt werden soll, wird dies einen Grund haben. Dieser könnte z.B. in Familienkonflikten liegen. Bei der Hinzuziehung eines Angehörigen gegen den Willen des Betroffenen besteht somit immer die Gefahr, dass (versteckte) Familienkonflikte ins Verfahren eingebracht werden. Zudem besteht ein weiteres Konfliktpotential in der Tatsache, dass es für den Betroffenen und seinen Vertreter bzw. Verfahrenspfleger, außer einer erneuten Interessenabwägung, keine prozessuale Möglichkeit gibt, der Beteiligung des unerwünschten Angehörigen zu widersprechen, wenn dieser vom Gericht

---

721 Bassenge/Roth-*Bassenge*, § 274 Rn. 12; MüKo-*Schmidt-Recla*, § 274 FamFG Rn. 12.

722 Bienwald/Sonnenfeld/Harm/Bienwald-*W. Bienwald*, § 274 FamFG Rn. 17.

723 BT-Drucks. 16/6308 S. 179; BGH, NJW 2014, 1885, 1885; Jurgeleit-*Stauch*, § 303 FamFG Rn. 40.

724 BT-Drucks. 16/6308 S. 266; folgend in der Literatur: Damrau/Zimmermann-*Damrau/W. Zimmermann*, § 274 FamFG Rn. 19; Prütting/Helms-*Fröschle*, § 274 FamFG Rn. 46; Dutta/Jacoby/Schwab-*Schneider*, § 274 FamFG Rn. 8.

als Beteiligter hinzugezogen worden ist.[725] Der Betroffene steht einer Beteiligung des unerwünschten Angehörigen somit wehrlos gegenüber und mögliche Familienkonflikte können nicht durch den Betroffenen aus dem Verfahren beseitigt werden. Aus diesen Gründen sollten die subjektiven Kriterien bei der Ermittlung des Interesses des Betroffenen gegenüber objektiven Kriterien überwiegen: Wünscht der Betroffene die Hinzuziehung eines Angehörigen, sollte diese vom Gericht vorgenommen werden, außer sie erscheint nicht sachgerecht. Wünscht der Betroffene ausdrücklich, einen Angehörigen nicht hinzuziehen, muss das Gericht davon absehen. Dieser Grundsatz könnte durch eine einfache Gesetzesänderung von § 274 IV Nr. 1 FamFG statuiert werden. Besitzt der Betroffene die Fähigkeit zur freien Willensbildung nicht mehr, sollte, mit Blick auf § 1896 Ia BGB, ein Angehöriger auch gegen den Wunsch des Betroffenen bestellt werden können, wenn ihm dies objektiv nützt.[726] In diesem Fall ist ein Verstoß gegen den Willen des Betroffenen nicht möglich, da ein solcher schon gar nicht vorliegt. Die Autonomie des Betroffenen ist nicht nur im materiellen, sondern auch im formellen Betreuungsrecht soweit es möglich ist, zu wahren und zu schützen.

Die Heranziehung eines Angehörigen gem. § 274 IV Nr. 1 FamFG steht im pflichtgemäßen Ermessen des Gerichts und kann auf Antrag oder von Amts wegen erfolgen.[727] Bei der Ermessensausübung muss das Gericht prüfen, ob die Heranziehung als Beteiligter sachgerecht und verfahrensfördernd ist.[728] Im Betreuungsverfahren müssen dafür insbesondere mögliche Familienstreitigkeiten vom Betreuungsgericht beachtet werden. Auf die Beteiligungsmöglichkeit sind die Angehörigen gem. § 7 IV 1 FamFG vom Gericht durch eine Benachrichtigung hinzuweisen. Es besteht somit, wie in Österreich, eine Benachrichtigungspflicht für die Gerichte. Dabei sind die Gerichte in Deutschland ebenso nicht zu einer aufwändigen und umfassenden Ermittlungstätigkeit verpflichtet, um so eine Verzögerung des Verfahrens zu verhindern.[729] Kann einem dem Gericht bekannten Angehörigen die Benachrichtigung nicht zugestellt werden, muss das Gericht dessen aktuelle Anschrift nicht zwingend selbst ermitteln, sondern kann die Feststellung von dieser grundsätzlich auch von den Beteiligten im Wege seiner Mitwirkungspflicht aus § 27 FamFG verlangen.[730] Allerdings ergibt

---

725 MüKo-*Schmidt-Recla*, § 274 FamFG Rn. 15.
726 So auch: Jurgeleit-*Bučić*, § 274 FamFG Rn. 22.
727 Bumiller/Harders/Schwamb-*Bumiller*, § 274 FamFG Rn. 10.
728 MüKo-*Pabst*, § 7 FamFG Rn. 22.
729 Bassenge/Roth-*Gottwald*, § 7 FamFG Rn. 12.
730 Bassenge/Roth-*Gottwald*, § 7 FamFG Rn. 12.

sich aus dem Amtsermittlungsgrundsatz des § 26 FamFG, dass das Gericht Anhaltspunkten zum Aufenthalt des Kann-Beteiligten nachzugehen hat.[731] Im Betreuungsverfahren besteht bei einem Antrag durch den Betroffenen zudem die Besonderheit, dass dieser sehr wahrscheinlich unterstützungsbedürftig ist. Eine Mitwirkung von ihm wird auf Grund dessen kaum möglich sein. Deswegen sollte sich die Benachrichtigungspflicht der Gerichte auf die Angehörigen beschränken, die diesem auf Grundlage der Akten bekannt und durch eine einfache (elektronische) Melderegisterauskunft auffindbar sind sowie auf die Angehörigen, die nach Einleitung des Verfahrens im Sozialbericht durch die Betreuungsbehörde benannt werden oder von denen das Gericht in sonstiger Weise erfährt und es für erforderlich hält, diese als Beteiligte hinzuzuziehen. Die Betreuungsbehörde muss dann die Verpflichtung treffen, umfassende Nachforschungen zu den Angehörigen vorzunehmen. Durch diese Verpflichtung kann eine Verzögerung des Betreuungsverfahrens effektiv verhindert werden.

Problematisch erscheint, ob dieses Verfahren mit Art. 103 I GG vereinbar ist, da dieser auch im Verfahren der freiwilligen Gerichtsbarkeit zu beachten ist.[732] Grundrechtsträger ist jedermann, der als Partei oder in ähnlicher Stellung an einem gerichtlichen Verfahren beteiligt ist und/oder unmittelbar rechtlich von dem Verfahren betroffen ist.[733] Eine unmittelbare rechtliche Betroffenheit liegt vor, wenn die gerichtliche Entscheidung materiell rechtlich gegen die Person wirkt.[734] In diesem Fall steht das Recht auf Gehör auch Nicht-Beteiligten zu. Zu unterscheiden sind davon aber Personen, auf die sich die gerichtliche Entscheidung nur „auswirkt" oder die nur ein allgemeines Prozessinteresse besitzen, denn solchen Personen kann das Recht auf Gehör nicht zustehen.[735] Zu diesen Personen sind im Familienrecht grundsätzlich die Angehörigen zu zählen.[736] Auch das Betreuungsverfahren wirkt grundsätzlich nicht materiell rechtlich gegen die Angehörigen. Eine Ausnahme liegt nur bei dem Ehegatten des Betroffenen vor. Wird eine andere Person als er selbst zum Betreuer bestellt, kann ein Eingriff

---

731 Musielak-*Borth/Grandel*, § 7 FamFG Rn. 16.

732 BVerfG, NJW 1965, 1267, 1267; BVerfG, NJW 1994, 1053, 1053.

733 Dreier-*Schulze-Fielitz*, Art. 103 GG Rn. 21.

734 BVerfG, NJW 1982, 1635, 1636; BVerfG, NJW 1994, 1053, 1053; *Bergen*, BWNotZ 1996, 137, 140; Damrau/Zimmermann-*Damrau/W. Zimmermann*, § 274 FamFG Rn. 28.

735 BGH NJW, 1982, 1652, 1653; Stern/Becker-*Brüning*, Art. 103 GG Rn. 92; Dreier-*Schulze-Fielitz*, Art. 103 GG Rn. 23.

736 Dreier-*Schulze-Fielitz*, Art. 103 GG Rn. 23; Beispiele für Ausnahmen des Grundsatzes: *Waldner*, Der Anspruch auf rechtliches Gehör, Rn. 319 ff.

in die durch Art. 6 I GG geschützte Ehe vorliegen, da der Betreuer als Vertreter des Betroffenen auftritt und möglicherweise Verfügungen über das gemeinsame Vermögen der Ehegatten tätigen kann und so eine Beeinträchtigung der Eheführungsfreiheit gegeben ist, welche von Art. 6 I GG geschützt wird.[737] Zudem besteht die Möglichkeit, dass dem Betreuer das Aufenthaltsbestimmungsrecht übertragen wird, sodass er den Betroffenen in ein Heim verlegen kann und so in Art. 6 I GG eingreift, indem er die eheliche Gemeinschaft auflöst.[738] Auch kann ein Eingriff durch die mögliche Kündigung der Ehewohnung erfolgen.[739] Aus diesem Grund muss die Nachforschungspflicht bzgl. des Ehegatten für das Gericht intensiviert sein. Nur, wenn eine Benachrichtigung nach Ausschöpfung aller möglichen Mittel nicht erfolgreich ist, kann von dieser abgesehen werden. Der Umstand, dass der Eingriff in Art. 6 GG bei einer Betreuerbestellung gerechtfertigt ist, führt zu keiner anderen Betrachtung.

ii) *Die Rechtsmittel im Verfahren*

Gegen den Beschluss des Familiengerichts bestehen als Rechtsmittel die Beschwerde beim Familiengericht gem. §§ 59 ff. FamFG und die Rechtsbeschwerde an den BGH gem. §§ 70 ff. FamFG. Beschwerdeberechtigt ist grundsätzlich der Betroffene gem. § 59 I FamFG, Angehörige und die Vertrauenspersonen des Betroffenen gem. § 303 II FamFG, der Verfahrenspfleger gem. § 303 III FamFG, die zuständige Betreuungsbehörde gem. § 303 I FamFG sowie der Betreuer und der Vorsorgebevollmächtigte gem. § 303 IV 1 FamFG, wobei diese beiden sowohl im Namen des Betroffenen, als auch im eigenen Namen Beschwerde einlegen können. Allerdings setzt der BGH für das eigene Beschwerderecht des Betreuers und des Vorsorgebevollmächtigten bei Nichtvorliegen der Voraussetzungen des § 59 FamFG voraus, dass diese Vertrauenspersonen i.S.v. § 303 II Nr. 2 FamFG sind, sodass sich das Beschwerderecht nicht aus § 303 IV FamFG, sondern aus § 303 II Nr. 2 FamFG ergeben soll, da sich aus § 303 IV 1 FamFG nicht ergebe, dass der Betreuer und der Vorsorgebevollmächtigte eine eigene Beschwerdeberechtigung besitzen.[740] Gegen diese Ansicht könnte allerdings das Wort „auch“ in § 303 IV 1 FamFG sprechen. Dieses suggeriert, dass der Betreuer oder Vorsorgebevollmächtigte im Namen des Betroffenen und auch im eigenen Namen beschwerdeberechtigt sei, wenn sein Aufgabenkreis betroffen

737 Stern/Becker-*Kotzur/Vasel*, Art. 6 GG Rn. 25.

738 Damrau/Zimmermann-*Damrau/W. Zimmermann*, § 303 FamFG Rn. 110.

739 Prütting/Helms-*Fröschle*, § 303 FamFG Rn. 27.

740 BGH, NJOZ 2017, 1703, 1703 f.

ist, und er somit ein Wahlrecht besitze. Dies muss jedoch abgelehnt werden, da für ein solches Wahlrecht schon kein sinnvoller Grund ersichtlich ist.[741] Das Wort „auch“ kann nur so verstanden werden, dass es hervorheben soll, dass dem Betreuer oder Vorsorgebevollmächtigten, neben der Einlegung der Beschwerde im Namen des Betroffenen, ein eigenes Beschwerderecht zustehen kann.[742] Das Wort „auch“ kann nicht so verstanden werden, dass bei Verletzung des Aufgabenkreises, diese im Namen des Betroffenen im Wege der Beschwerde gerügt werden kann. Es besteht nur eine Berechtigung das Betreuers oder Vorsorgebevollmächtigten, eine bestehende Verletzung von Rechten des Betroffenen i.S.v. § 59 I FamFG im Wege der Beschwerde geltend zu machen.[743] Allerdings schließt dies nicht die Beschwerdeberechtigung gem. § 303 II Nr. 2 FamFG aus, wenn der Betreuer oder Vorsorgebevollmächtigte eine Vertrauensperson des Betroffenen ist und die Beschwerde im Interesse des Betroffenen erfolgt. Der Ansicht des BGHs ist somit vollumfänglich zuzustimmen. Für die Qualifizierung als Vertrauensperson ist nach richtiger Ansicht der Rechtsprechung und Teilen der Literatur nicht erforderlich, dass der Betreuer oder Vorsorgebevollmächtigte vom Betroffenen als Vertrauensperson ausdrücklich benannt wird.[744] Widerspricht der Betroffene allerdings der Hinzuziehung einer vermeintlichen Vertrauensperson, zeigt dies, dass er diese Person nicht mehr als Vertrauensperson ansieht und diese Person kann zudem schon nach den obigen Ausführungen nicht als Beteiligter hinzugezogen werden, da dies einen Verstoß gegen das objektive Interesse des Betroffenen darstellen würde,

Bei dem Beschwerderecht der Angehörigen aus § 303 II Nr. 1 FamFG ist zu beachten, dass dieses nur im Interesse des Betroffenen und nur bei Beteiligung im ersten Rechtszug besteht. Problematisch ist der Fall, wenn das Gericht die Benachrichtigungspflicht aus § 7 IV FamFG ermessensfehlerhaft missachtet oder übersehen hat und der Angehörige auf Grund dessen nicht am Verfahren im ersten Rechtszug beteiligt war. In diesem Fall kann dem Angehörigen das Beschwerderecht, schon auf Grund des klaren Wortlauts von § 303 II a.E.

---

741 So auch: Prütting/Helms-*Fröschle*, § 303 FamFG Rn. 41; Damrau/Zimmermann-*Damrau/W. Zimmermann*, § 303 FamFG Rn. 158.

742 MüKo-*Schmidt-Recla*, § 303 FamFG Rn. 15.

743 Damrau/Zimmermann-*Damrau/W. Zimmermann*, § 303 FamFG Rn. 158.

744 Argumentation siehe: BGH, NJOZ 2017, 1703, 1704 f.; in der Literatur folgend: BeckOK FamFG-*Günter*, § 274 FamFG Rn. 12; Bienwald/Sonnenfeld/Harm/Bienwald-*Sonnenfeld*, § 274 FamFG Rn. 25; Jurgeleit-*Bučić*, § 274 FamFG Rn. 23; Dutta/Jacoby/Schwab-*Schneider*, § 274 FamFG Rn. 9.

FamFG, nicht zustehen.[745] Möglicherweise kann er allerdings die Wiederaufnahme des Verfahrens im ersten Rechtszug gem. § 48 I FamFG verlangen, um so eine Beteiligtenstellung zu erlangen.[746] Das Wiederaufnahmeverfahren würde in diesem Fall erfolgreich sein, da ein Verstoß gegen die Pflicht aus § 7 IV FamFG einen Verfahrensfehler darstellt. Jedoch ist § 48 I FamFG im Betreuungsverfahren nicht anwendbar, da § 294 FamFG eine Sonderregelung darstellt und § 48 I FamFG somit sperrt.[747] Allerdings steht dem nicht beteiligten Angehörigen die Möglichkeit des Verfahrens gem. § 7 V 2 FamFG zu, wenn ihm das Verfahren bekannt war.[748] Zudem ist § 303 II FamFG, mit Blick auf Art. 103 I GG, verfassungskonform dahin auszulegen, dass in der Beschwerde eines ohne sein Verschulden nicht beteiligten Angehörigen zugleich ein Antrag auf Beteiligung im Verfahren i.S.v. § 7 IV 1 FamFG zu sehen ist, über welchen im Abhilfeverfahren gem. § 68 I FamFG zu entscheiden ist.[749] Räumt das Gericht daraufhin im Verfahren gem. § 7 V FamFG dem zunächst nicht beteiligten Angehörigen eine Beteiligtenstellung ein, erhält er nachträglich die Beschwerdebefugnis.[750]

In Österreich besteht gem. § 45 S. 1 AußStrG die Möglichkeit, einen Rekurs als Rechtsmittel gegen den Beschluss des Gerichts zu erheben. Dies steht nach § 127 III AußStrG auch einem gem. § 127 I AußStrG verständigten Angehörigen in Bezug auf die Person des gerichtlichen Erwachsenenvertreters zu. Er kann keinen Rekurs gegen die generelle Bestellung eines Erwachsenenvertreters oder den Umfang der Vertretungsmacht erheben.[751] Ist der Angehörige auf Grund von § 127 IV AußStrG wie eine nicht aktenkundige Partei zu behandeln, so steht ihm gem. § 46 II AußStrG das Rekursrecht nur so lange zu, wie eine aktenkundige Partei einen Rekurs erheben bzw. eine Rekursbeantwortung erstatten kann.

---

745 So auch: BGH, FamRZ 2015, 572, 573; LG Frankenthal, BeckRS 2010, 11855; LG Landau, NJW 2011, 439, 440; *Müther*, FPR 2012, 1, 2.

746 So: *Müther*, FPR 2012, 1, 2; Keidel-*Budde*, § 303 FamFG Rn. 28.

747 BT-Drucks. 16/6308 S. 198; Bassenge/Roth-*Gottwald*, § 48 FamFG Rn. 3; MüKo-*Ulrici*, § 48 FamFG Rn. 4.

748 LG Landau, FamRZ 2011, 60, 61; Dutta/Jacoby/Schwab-*Schneider*, § 303 FamFG Rn. 11.

749 LG Saarbrücken, FamRZ 2010, 1371, 1372; Damrau/Zimmermann-*Damrau/W. Zimmermann*, § 303 FamFG Rn. 128.

750 LG Saarbrücken, FamRZ 2010, 1371, 1372; Keidel-*Budde*, § 303 FamFG Rn. 28.

751 ErlRV 1461 BlgNR XXV. GP. S. 69.

6. Teil. Ergebnisse der Untersuchungen

In diesem abschließenden Kapitel sollen kurz die Erkenntnisse der Untersuchungen festgehalten werden und es soll mit Blick auf das österreichische Recht dargestellt werden, welche Gesetzesänderungen dem deutschen Gesetzgeber anzuraten sind und von welchen ihm abzuraten ist.

A. Erkenntnisse der Untersuchungen

I. Das Erwachsenenschutzrecht in Österreich und die Regelungen zur rechtlichen Unterstützung eines Erwachsenen in Deutschland haben sich in den vergangenen Jahrzehnten stark gewandelt. In der Vergangenheit bestanden Rechtsinstitute, welche dem Betroffenen die Möglichkeit der Teilnahme am Rechtsverkehr vollkommen entzogen. So führten in Deutschland das Rechtsinstitut der Entmündigung und in Österreich das Rechtsinstitut der Sachwalterschaft zum Verlust bzw. zur Beschränkung der Geschäftsfähigkeit.

Diese Einschränkungen der Rechte des betroffenen Erwachsenen wurden sowohl in Deutschland, als auch in Österreich in den letzten Jahren immer weiter aufgehoben. In Deutschland erfolgte dies am 01.01.1992 mit dem Betreuungsgesetz, durch welches unter anderem die Entmündigung und ihre Auswirkung auf die Geschäftsfähigkeit abgeschafft und das Rechtsinstitut der Betreuung eingeführt wurde. In Österreich wurden im Jahr 2006 zunächst durch das Sachwalterrechts-Änderungsgesetz die Rechtsinstitute der Vorsorgevollmacht und der gesetzlichen Vertretung durch nächste Angehörige eingeführt. Am 01.07.2018 trat im Folgenden das 2. Erwachsenenschutz-Gesetz in Kraft, durch welches das Rechtsinstitut der gewählten Erwachsenenvertretung eingeführt und die Sachwalterschaft und die Rechtsfolgen für die Geschäftsfähigkeit abgeschafft und durch die gerichtliche Erwachsenenvertretung ersetzt wurden. (S. 6 ff.)

II. Großen Einfluss auf die Entwicklung des Erwachsenenschutzrechts hatte in Österreich die UN-Behindertenrechtskonvention. Dieser Einfluss wird sich in den nächsten Jahren auch in Deutschland zeigen. Die am 03.05.2008 in Kraft getretene UN-BRK, trat in Österreich nach vorbehaltloser Ratifizierung am 26.10.2008 und in Deutschland am 26.03.2009 in Kraft.

Als Inhalt wird in Art. 12 II UN-BRK zunächst die Rechts- und Handlungsfähigkeit für Menschen mit Behinderung gewährleistet. Die maßgebliche Regelung für das Erwachsenenschutzrecht und die Regelungen zur rechtlichen

Unterstützung eines Erwachsenen enthält Art. 12 III UN-BRK. Nach diesem muss gewährleistet sein, dass immer eine unterstützende Entscheidungsfindung („supported decision-making") vorliegt und keine ersetzende Entscheidung („substitute decision-making"). Ziel ist immer eine Selbstbestimmung des Betroffenen und keine Fremdbestimmung. Bei der Erfüllung ihrer Verpflichtung aus Art. 12 III UN-BRK sind die Mitgliedstaaten frei und können unterschiedliche Einrichtungen und Systeme wählen. (S. 13 ff.)

III. Auswirkungen der UN-BRK zeigten sich in Österreich nach der Prüfung der Vereinbarkeit des Erwachsenenschutzrechts mit der UN-BRK durch das UN-Komitee im Wege der Staatenprüfung am 02. und 03.09.2013. Das UN-Komitee sah den automatischen Verlust der Geschäftsfähigkeit bei der Bestellung eines Sachwalters, den Umfang der Vertretungsmacht des Sachwalters und die unbeschränkte Dauer der Sachwalterschaft als nicht vereinbar mit Art. 12 UN-BRK. Folge dieser Staatenprüfung ist das 2. Erwachsenenschutz-Gesetz. (S. 17 ff.)

IV. Auch Deutschland musste sich im Jahr 2015 einer Staatenprüfung durch das UN-Komitee unterziehen. Im Wege dieser vertrat das UN-Komitee die Ansicht, dass das Rechtsinstitut der Betreuung, als gesetzliche Vertretungsform, nicht mit Art. 12 UN-BRK vereinbar sei, da dies keine „supported decision-making" beinhalte. Allerdings ist diese Ansicht, einer generellen Unzulässigkeit einer gesetzlichen Vertretungsform, schon aus dem Grund abzulehnen, dass die Mitgliedstaaten frei in der Erfüllung ihrer Verpflichtung aus Art. 12 UN-BRK sind und die Maßnahmen gem. Art. 12 IV BRK nur den Willen des Betroffen beachten müssen, verhältnismäßig sein müssen und regelmäßig überprüft werden müssen, sodass Modelle der gesetzlichen Vertretungsmacht diesen Vorgaben nicht a priori widersprechen. (S. 19 ff.)

V. Ein Erwachsener in Deutschland ist unterstützungsbedürftig, wenn er geschäftsunfähig oder auf Grund einer psychischen Krankheit bzw. einer körperlichen, geistigen oder seelischen Behinderung nicht mehr in der Lage ist, seine Angelegenheiten selbst zu besorgen.

Ein Erwachsener in Österreich ist unterstützungsbedürftig, wenn er seine Entscheidungsfähigkeit verliert oder auf Grund einer psychischen Krankheit oder einer vergleichbaren Beeinträchtigung seiner Entscheidungsfähigkeit seine Angelegenheiten nicht ohne einen Nachteil für sich selbst besorgen kann. (S. 22 ff.)

VI. Nach dem 2. Erwachsenenschutzgesetz besteht in Österreich ein viersäuliges System zur rechtlichen Unterstützung eines Erwachsenen. Die einzelnen Rechtsinstitute sind nach der Reihenfolge ihrer Nennung im Gesetz subsidiär zueinander. Es existieren die Vorsorgevollmacht in den §§ 260 ff. ABGB (S. 24 ff.), die gewählte Erwachsenenvertretung in den §§ 264 ff. ABGB (S. 30 ff.), die gesetzliche Erwachsenenvertretung in den §§ 268 ff. ABGB (S. 34 ff.) und die gerichtliche Erwachsenenvertretung in den §§ 271 ff. ABGB (S. 38 ff.).

VII. In Deutschland existiert kein spezielles Erwachsenenschutzrecht. Es besteht die Möglichkeit der Erteilung einer als Vorsorgevollmacht ausgestalteten Vollmacht nach den §§ 168 ff. BGB (S. 44 ff.) und die gerichtliche Bestellung eines Betreuers nach den §§ 1896 ff. BGB (S. 122 ff.).

VIII. Durch eine als Vorsorgevollmacht ausgestaltet Vollmacht kann ein Erwachsener seinen rechtlichen Vertreter für den Fall seiner Unterstützungsbedürftigkeit bestimmen und den Umfang der Vertretungsmacht festlegen. Er kann selbstbestimmt für seine Unterstützungsbedürftigkeit vorsorgen. Auf Grund dessen stellt die Vorsorgevollmacht das primäre und vorzugswürdigste Rechtsinstitut zur rechtlichen Unterstützung eines Erwachsenen dar.

Die Vorsorgevollmacht hat nach der aktuellen Rechtslage in Deutschland allerdings Schwachpunkte. Zunächst besteht kein Schriftformerfordernis, sodass sie auch mündlich oder in privatschriftlicher Form erteilt werden kann (S. 45 f.). Dies kann dazu führen, dass die Vorsorgevollmacht auf Grund einer laienhaften Erteilung unwirksam ist oder für den betroffenen Aufgabenbereich nicht gilt (S. 65 f.). Zudem kann eine Vorsorgevollmacht, die nicht notariell beurkundet wurde, zu Rechtsunsicherheiten führen, da kein Nachweis zur Geschäftsfähigkeit bei Erteilung der Vollmacht erbracht werden kann. Diese muss bei der Vollmachtserteilung vorliegen und könnte bei einem unterstützungsbedürftigen Erwachsenen angezweifelt werden. (S. 65 ff.)

Ein weiterer Schwachpunkt besteht darin, dass die als Vorsorgevollmacht ausgestaltete Vollmacht bereits sofort ab Erteilung wirksam ist. Eine Bedingung der Vollmacht (S. 47 ff.), eine Weisung zur Aushändigung der Vollmachtsurkunde erst im Fall der Unterstützungsbedürftigkeit durch den Notar (S. 53) oder eine interne Weisung an den Bevollmächtigten (S. 53 f.) kommen nicht in Betracht. Die Vorsorgevollmacht ist in der Regel eine sofort wirksame Generalvollmacht (S. 54 f.). Eine echte, erst ab dem Vorsorgefall wirksame Vorsorgevollmacht ist in Deutschland gesetzlich nicht geregelt. Diese Rechtslage führt zu einem erhöhten Missbrauchsrisiko, da der Bevollmächtigte ab Erteilung der Vollmacht uneingeschränkt für den Vollmachtgeber handeln kann und vernachlässigt den Wunsch der Gesellschaft, dass die Vollmacht erst zum Zeitpunkt der Unterstützungsbedürftigkeit und nicht bereits vorher wirksam sein soll.

IX. Die Betreuung stellt in Deutschland das Pendant zu der gerichtlichen Erwachsenenvertretung in Österreich dar und ist in den §§ 1896 ff. BGB geregelt. Voraussetzung für die Bestellung eines Betreuers ist gem. § 1896 I 1 BGB, dass ein Volljähriger auf Grund einer psychischen Krankheit oder einer körperlichen, geistigen oder seelischen Behinderung seine Angelegenheiten ganz oder teilweise nicht besorgen kann. Zu beachten ist des Weiteren § 1896 Ia BGB, welcher vorschreibt, dass gegen den Willen des Betroffenen, wenn dieser die Fähigkeit zur freien Willensbildung besitzt, kein Betreuer bestellt werden darf. Die Fähigkeit zur freien Willensbildung sollte nur angenommen werden, wenn der Betroffene seine Defizite wenigstens im Wesentlichen einschätzen kann, weil er ansonsten nicht die für und gegen die Betreuung sprechenden Umstände abwägen kann. (S. 125 f.)

Eine der wesentlichen Prinzipien im Betreuungsrecht ist der in § 1896 II 1 BGB statuierte Erforderlichkeitsgrundsatz. Nach diesem ist die konkrete Feststellung erforderlich, dass die Bestellung eines Betreuers notwendig ist, weil der Betroffene auf diese Hilfe angewiesen ist und keine milderen Mittel in Betracht kommen. (S. 126 f.) Ein Betreuer sollte nur bestellt werden können, wenn ein konkreter Betreuungsbedarf besteht. Die abstrakte Möglichkeit eines zukünftigen Betreuungsbedarfs darf mit Blick auf das Selbstbestimmungsrecht des Betroffenen nicht ausreichen. (S. 128 f.)

Der Erforderlichkeitsgrundsatz ist zudem bei der Festlegung der Aufgabenkreise des Betreuers durch das Gericht zu beachten. Bei dieser Bestimmung, welche Aufgabenkreise von der Vertretungsmacht umfasst sein sollen, sollten die Betreuungsgerichte von Standardaufgabenkreisen ausgehen und die für den Einzelfall nicht zu übertragenden Angelegenheiten konkret benennen (S. 130). Es muss gefordert werden, dass die Befugnis zum Abschluss eines Heimvertrages bzw. zur Vertretung gegenüber einem Heim immer konkret als Aufgabenkreis oder ausdrücklich bei dem Aufgabenkreis der Aufenthaltsbestimmung genannt werden muss (S. 130 f.).

Auf die Schwachpunkte der Betreuung und des Betreuungsverfahrens soll im nächsten Abschnitt eingegangen werden, indem aufgezeigt werden soll, welche Gesetzesänderungen dem Gesetzgeber anzuraten sind.

B. Vorgeschlagene Gesetzesänderungen

Nach den vorstehenden Erkenntnissen ist festzuhalten, dass die UN-BRK großen Einfluss auf die Rechte in Österreich und Deutschland hat und auch in Zukunft haben wird. Die deutschen Regelungen sind an vielen Stellen lückenhaft und gewähren keinen ausreichenden Schutz für unterstützungsbedürftige Erwachsene. Das österreichische Erwachsenenschutzrecht bietet nach dem 2. Erwachsenenschutz-Gesetz einen deutlich besseren Schutz und bessere Unterstützungsmöglichkeiten für Erwachsene. Allerdings ist auch dieses nicht fehlerfrei, kann aber an einigen Stellen Impulse für den deutschen Gesetzgeber geben. Im Folgenden soll kurz dargestellt werden, welche Gesetzänderungen dem

Gesetzgeber anzuraten sind und von welchen ihm mit Blick auf das Erwachsenenschutzrecht in Österreich abzuraten ist.

I. Die Vorsorgevollmacht

1. Der Gesetzgeber sollte einen neuen Vollmachts-Typus der „echten" Vorsorgevollmacht als weitere Säule zur rechtlichen Unterstützung eines Erwachsenen gesetzlich statuieren. Da in § 1896 II 2 BGB der Ausschluss der Betreuung auf Grund einer Bevollmächtigung angeordnet wird, bietet es sich an, einen neuen § 1896a BGB einzuführen, in welchem die Vorsorgevollmacht legal definiert wird. Bei der Definition der Vorsorgevollmacht kann die Legaldefinition aus § 260 S. 1 ABGB als Beispiel herangezogen werden. (S. 64 ff.)
2. Neben der Legaldefinition sollte der Gesetzgeber Wirksamkeitsvoraussetzungen für diese neue Vorsorgevollmacht gesetzlich statuieren. Dies könnte ebenso in dem neu einzuführenden § 1896a BGB erfolgen.
   Es sollte die obligatorische Beurkundung der Vorsorgevollmacht durch einen Notar als Voraussetzung statuiert werden. So kann gewährleistet werden, dass eine wirksame für den individuellen Fall passende Vorsorgevollmacht erteilt wird. Zudem ist bei einer notariellen Beurkundung praktisch ausgeschlossen, dass Zweifel an der Geschäftsfähigkeit des Vollmachtgebers bei Erteilung der Vollmacht bestehen, da der Notar gem. § 11 BeurkG verpflichtet ist, die Geschäftsfähigkeit des Vollmachtgebers festzustellen. (S. 65 ff.)
   Die Eintragung der Vorsorgevollmacht in das ZVR sollte verpflichtend sein, denn so kann in einem Betreuungsverfahren durch das Gericht schnell und effektiv geprüft werden, ob eine Vorsorgevollmacht des Betroffenen besteht. Besteht eine Vorsorgevollmacht, wurde diese aber nicht eingetragen, sollte der Rechtsschein gelten, dass keine Vorsorgevollmacht existiert. (S. 72 ff.)
   Die Vorsorgevollmacht sollte erst Wirksamkeit erlangen, wenn der Vorsorgefall eingetreten ist und in das ZVR eingetragen wurde. Dies würde dem Wunsch der Gesellschaft entsprechen und es läge eine echte Vorsorgevollmacht vor, welche nur für den Vorsorgefall gilt. Der Vorsorgefall sollte den Eintritt der Voraussetzungen des § 1896 I 1 BGB meinen. So kann ein Einklang mit dem Rechtsinstitut der Betreuung und ein einheitliches System geschaffen werden. Der Eintritt des Vorsorgefalls sollte durch die Betreuungsgerichte festgestellt werden. (S. 74 ff.)
   Zur Nachweisbarkeit der Vertretungsmacht im Rechtsverkehr sollte das ZVR verpflichtet werden, dem Bevollmächtigten nach Eintragung des Eintritts des Vorsorgefalls eine Urkunde über seine Vertretungsmacht auszustellen.

Zudem sollte aus der Urkunde hervorgehen, für welche Aufgabenkreise die Vertretungsmacht besteht. (S. 77 f.)

3. Dieses neue Rechtsinstitut der „echten“ Vorsorgevollmacht sollte keine Auswirkungen auf eine einfache Vollmacht haben, welche auch im Vorsorgefall gilt.

II. Die gewählte Erwachsenenvertretung

Das Rechtsinstitut der gewählten Erwachsenenvertretung oder ein damit vergleichbares Rechtsinstitut sollte in Deutschland nicht eingeführt werden, da ein solches dem Schutz des unterstützungsbedürftigen Erwachsenen zuwiderläuft. Mit Blick auf Österreich, wo für die gewählte Erwachsenenvertretung eine verminderte Entscheidungsfähigkeit erforderlich ist, müsste in Deutschland eine verminderte Geschäftsfähigkeit vorliegen. Eine solche festzustellen erscheint schon höchst problematisch. Zudem kann nicht mit Sicherheit davon ausgegangen werden, dass der Vollmachtgeber im Zustand der verminderten Geschäftsfähigkeit versteht, was er mit der Vollmacht erklärt und was dies für ihn bedeutet. (S. 83 ff.)

III. Die gesetzliche Erwachsenenvertretung

Eine Vertretung durch nächste Angehörige ipso iure mit dem Umfang der Vertretungsmacht wie in Österreich gem. § 269 ABGB sollte ebenfalls nicht eingeführt werden, da schon keine Notwendigkeit für eine solches Rechtsinstitut besteht und die bestehenden Rechtsinstitute der als Vorsorgevollmacht ausgestalteten Vollmacht und der Betreuung ausreichen. Zudem würde die geforderte „echte“ Vorsorgevollmacht den Erwachsenen ebenfalls besser schützen. (S. 94 ff.)

Des Weiteren besitzt eine solche gesetzliche Erwachsenenvertretung für Angehörige ein zu hohes Missbrauchsrisiko (S. 103 ff.) und verstößt gegen die UN-BRK (S. 111 ff.) sowie gegen Art. 2 I GG i.V.m. Art. 1 I GG (S. 115 ff.) und Art. 6 I GG (S. 118 ff.).

IV. Die Betreuung

1. *Die Betreuung im materiellen Sinn*

a) § 1897 VI BGB sollte gestrichen werden, sodass kein gesetzlich statuierter Vorrang der ehrenamtlichen Betreuung vor der beruflichen Betreuung mehr besteht. Der gesetzliche Vorrang der ehrenamtlichen Betreuung vor einer beruflichen Betreuung ist nicht nur bei einem Wunsch eines bestimmten Betreuers durch den Betroffenen nicht haltbar (S. 134 f.), sondern generell abzulehnen. Zunächst kann das Ziel der Kostensenkung durch diesen Paragraphen nicht erreicht werden, da auch der ehrenamtliche Betreuer eine Aufwandsentschädigung durch die Staatskasse erhält (S. 135 f.). Zudem widerspricht es dem Sinn und Zweck einer Betreuung, den Betreuten bestmöglich rechtlich zu unterstützen, wenn er nicht die qualifizierte Betreuung erhält, die er erhalten könnte (S. 137). Des Weiteren besteht die Gefahr, dass die Berufsbetreuer in finanzielle Schwierigkeiten geraten, da sie nicht mehr bestellt werden und so ihre Tätigkeit als Berufsbetreuer nicht mehr ausüben können (S. 137).

b) Es sollte ein Stufensystem zwischen der ehrenamtlichen und der beruflichen Betreuung vom Gesetzgeber eingeführt werden, wobei für die Auswahl des Betreuers der Einzelfall entscheidend sein sollte. (S. 138 ff.)
Ein ehrenamtlicher Betreuer sollte bestellt werden, wenn die Betreuung weniger verantwortungs- und anspruchsvolle Angelegenheiten umfasst. Sind hingegen vertiefte juristische oder sonstige Kenntnisse erforderlich, sollte ein beruflicher Betreuer bestellt werden. (S. 139 f.)

c) Es sollten gewisse Qualifikationen für ehrenamtliche und vor allem berufliche Betreuer statuiert werden.
Ehrenamtliche Betreuer sollten verpflichtet werden, Schulungs- und Fortbildungsseminare zu besuchen, welche von den Betreuungsvereinen durchgeführt werden sollten. (S. 140)
Um als beruflicher Betreuer arbeiten zu können, sollte gesetzlich vorausgesetzt werden, dass ein entsprechendes Studium absolviert wurde. Es bietet sich an, den Bachelorstudiengang „gesetzlicher Berufsbetreuer“ bundesweit an Fachhochschulen einzuführen. (S. 140 f.)

d) Aus dem geforderten Stufensystem zwischen ehrenamtlicher und beruflicher Betreuung und der verpflichtenden Ausbildung für berufliche Berufsbetreuer folgt eine notwendige Anpassung der Betreuervergütung im VBVG. (S. 141 f.)

e) Die Einführung einer festen Höchstzahlbegrenzung für die Übernahme von Betreuungen, wie in Österreich bei den Erwachsenenvertretungen, sollte nicht vorgenommen werden, sondern die Gerichte sollten im Einzelfall entscheiden, ob es dem Betreuer möglich ist, die Betreuung zu übernehmen. (S. 143 f.)

f) Die Gerichte sollten verpflichtet werden, die Betreuung zu befristen. Eine starre Frist, wie in Österreich, sollte jedoch nicht eingeführt werden, da es keinen klassischen Betreuungsfall gibt, sondern die Betreuungsfälle einzelfallabhängig sind, sodass eine starre Frist nicht sachdienlich ist. (S. 144 ff.)

g) Der Begriff des „Wohls“ in § 1901 II 1 BGB sollte vom Gesetzgeber legal definiert werden. Es bietet sich folgende Definition an: Das Wohl des Betroffenen ist es, sein Leben nach seinen eigenen Vorstellungen und Wünschen zu gestalten. Diese Definition könnte in § 1901 II 2 BGB statuiert werden. In § 1901 III 1 BGB könnte dann statuiert werden, dass der Betreuer gegen das Wohl des Betreuten handeln kann, wenn ansonsten ein erheblicher Nachteil für diesen droht, das Selbstbestimmungsrecht des Betroffenen eingeschränkt werden würde oder ein Handeln dem Betreuer nicht zuzumuten ist. (S. 148 ff.)
h) Um das Handeln nach dem Wohl des Betroffenen ausrichten zu können, sollte eine monatliche Besuchspflicht für die Betreuer durch den Gesetzgeber statuiert werden. (S. 155 ff.)
i) Es sollte eine Verschwiegenheitspflicht für Betreuer gesetzlich statuiert werden und der Betreuer in § 203 I Nr. 3 StGB als taugliches Tatsubjekt aufgenommen werden. Eine Ausnahme von dieser Verschwiegenheitspflicht sollte gegenüber dem Ehegatten, den Eltern und den Kindern des Betroffenen gelten, wobei die Auskunft nur allgemeine Informationen über den gesundheitlichen und geistigen Zustand des Betroffenen, sowie über dessen aktuellen Wohnsitz umfassen sollte. Zudem sollte der Betreuer gesetzlich zur Weitergabe von Informationen berechtigt sein, wenn der Betroffene ihn von seiner Verschwiegenheitspflicht entbunden hat, eine gesetzliche Offenlegungspflicht besteht oder die Weitergabe von Informationen zur ordnungsgemäßen Vertretung des Betroffenen erforderlich ist. (S. 153 ff.)

2. *Das Betreuungsverfahren*

a) Der Ablauf des Betreuungsverfahrens sollte vom Gesetzgeber ausdrücklich geregelt werden. Nach Einleitung des Verfahrens sollten die Gerichte zunächst verpflichtet werden, durch Anfrage beim ZVR zu überprüfen, ob eine Vorsorgevollmacht vom Betroffenen erteilt wurde. Liegt keine Vorsorgevollmacht vor, sollte der Sozialbericht durch die Betreuungsbehörden verfasst werden. Erst danach sollte die Anhörung des Betroffenen erfolgen. Im vierten Schritt sollte dann ein Sachverständiger beauftragt und im Folgenden angehört werden. (S. 163 ff.)
b) Es sollten Mindestqualifikationen für die Betreuungsrichter statuiert werden. So sollte die Verpflichtung für diese bestehen, sich durch Seminare bei den Betreuungsbehörden in medizinscher und sozialer Sicht fortzubilden. (S. 172 ff.)

c) Der Gesetzgeber sollte den gesetzlichen Vorrang der ehrenamtlichen vor der beruflichen Verfahrenspflegschaft in § 276 III FamFG streichen und § 277 II FamFG entsprechend anpassen. Dies ergibt sich schon daraus, dass im Betreuungsverfahren juristische Kenntnisse erforderlich sind, welche ein ehrenamtlicher Verfahrenspfleger in den meisten Fällen nicht besitzen wird. (S. 175 f.)
d) Ehrenamtliche Verfahrenspfleger sollten verpflichtet werden, eine umfassende Schulung zu absolvieren. Berufliche Verfahrenspfleger sollten verpflichtet werden, an Fortbildungen teilzunehmen. (S. 176)
e) § 274 IV Nr. 1 FamFG sollte in der Hinsicht geändert werden, dass bei der Hinzuziehung eines Angehörigen zu dem Verfahren die subjektiven Interessen und Wünsche des Betroffenen die objektiven Kriterien überwiegen müssen. Sollte der Betroffene zur freien Willensbildung nicht in der Lage sein, sollte ein Angehöriger auch gegen den Willen des Betroffenen zum Verfahren herangezogen werden, wenn ihm dies objektiv von Nutzen ist. (S. 178 f.)
f) Die Benachrichtigungspflicht der Gerichte sollte sich auf die Angehörigen beschränken, welche dem Gericht auf Grundlage der Akten bekannt und durch eine einfache Melderegisterauskunft auffindbar sind sowie auf die Angehörigen, die nach Einleitung des Verfahrens im Sozialbericht durch die Betreuungsbehörden benannt werden. Ferner auf solche, von welchen das Gericht in sonstiger Weise erfährt und es für erforderlich hält, diese als Beteiligte hinzuziehen. Nur die Nachforschungspflicht bzgl. des Ehegatten sollte intensiviert sein. (S. 179 ff.)

V. Stärkung der Betreuungsbehörden und -vereine

Um Betreuungen effektiv zu verhindern, die Betreuungsgerichte zu entlasten und Kosten zu sparen, ist es neben der Stärkung des Rechtsinstituts der Vorsorgevollmacht unerlässlich, dass die Betreuungsbehörden und -vereine gestärkt werden. Die Mindestfinanzierung dieser muss gesetzlich gesichert werden. Nur so können die Vorgaben aus Art. 12 UN-BRK erfüllt und zudem Kosten gespart werden. So paradox es klingen mag: Wollen Kosten im Betreuungsrecht gespart werden, so müssen die Kosten für die Betreuungsbehörden und -vereine erhöht werden.

7. Teil. Ausblick

Nach Abgabe der Arbeit legte die Bundesregierung am 18.11.2020 den Gesetzentwurf zur Reform des Vormundschafts- und Betreuungsgesetzes vor.[752] Mit diesem soll das Betreuungsrecht grundlegend überarbeitet werden. In einem kurzen Ausblick soll untersucht werden, ob dieser Gesetzentwurf die in dieser Arbeit aufgezeigten Probleme und Schwachstellen angemessen zu lösen vermag.

A. Vorsorgevollmacht

Die Voraussetzungen für die Erstellung einer Vorsorgevollmacht sollen nach dem Willen des Gesetzgebers so einfach wie möglich bleiben, sodass keine Formerfordernisse oder sonstigen Wirksamkeitsvoraussetzungen eingeführt werden sollen.[753] Alle Bestimmungen, welche die Vorsorgevollmacht betreffen, sollen in § 1820 BGB-E[754] zusammengefasst werden.[755] Allerdings soll das BGB weiterhin keine Definition der Vorsorgevollmacht enthalten. Dies ist auch nicht möglich, da das BGB, wie in den Untersuchungen dargestellt, gar keine echte Vorsorgevollmacht kennt. Eine solche sollte aber, wie dargestellt, mit bestimmten Wirksamkeitsvoraussetzungen eingeführt werden.[756] Weiterhin soll keine Ablieferungspflicht der Vollmacht für den Bevollmächtigten an das Betreuungsgericht während eines Betreuungsverfahrens statuiert werden. Nach § 1820 I BGB-E soll aber eine Unterrichtungspflicht des Bevollmächtigten über seine Bevollmächtigung gegenüber dem Betreuungsgericht bestehen. Er soll auf Verlangen des Gerichts verpflichtet sein, eine Abschrift der Vollmacht vorzulegen. Jedoch kann eine solche formlose Unterrichtungspflicht des Bevollmächtigten den Sinn und Zweck einer Vorsorgevollmacht, der Verhinderung einer Betreuung, nicht wirksam erreichen. Es bleibt für die Betreuungsgerichte weiterhin schwer von einer Vollmacht zu erfahren, wenn diese nicht im ZVR eingetragen ist. Die Möglichkeit der Vorlegung einer einfachen Abschrift der Vollmachtsurkunde birgt zudem eine hohe Missbrauchsgefahr, denn eine solche Abschrift

752 BT-Drucks. 19/24445.

753 BT-Drucks. 19/24445 S. 244.

754 Alle nachfolgenden Paragraphen mit der Bezeichnung „BGB-E“ sind die Gesetzesentwürfe aus der BT-Drucks. 19/24445.

755 BT-Drucks. 19/24445 S. 33.

756 Siehe S. 64 ff.

kann leicht gefälscht werden und es ist für das Gericht nur schwer erkennbar, ob diese Vollmacht nicht schon vernichtet oder widerrufen wurde.[757] Dies alles spricht weiter dafür, ein neues Rechtsinstitut der „echten Vorsorgevollmacht“ mit der Verpflichtung zur Eintragung in das ZVR einzuführen.

Begrüßenswert ist die gewünschte Statuierung der neuen Möglichkeit des Gerichts der vorläufigen Suspendierung einer als Vorsorgevollmacht ausgestalteten Vollmacht mit der möglichen Verbindung der Anordnung der Herausgabe der Vollmacht in § 1820 IV BGB-E. Dadurch muss die Vollmacht nicht sofort endgültig widerrufen werden, sondern das Gericht kann so den Vertretenen und den Rechtsverkehr vorübergehend schützen, während es untersucht, ob die Vollmacht endgültig widerrufen werden soll.

B. Ehegattenvertretung

Die wohl bedeutsamste Änderung stellt die gewollte Einführung der Möglichkeit der Vertretung unter Ehegatten in Angelegenheiten der Gesundheitssorge gem. § 1358 BGB-E dar.[758] Danach ist vorgesehen, dass Ehegatten ein auf Gesundheitsangelegenheiten eingeschränktes Vertretungsrecht für einander haben sollen, wenn der andere Ehegatte nicht mehr in der Lage ist, selbst Entscheidungen zu treffen. Dieser Fall soll nach § 1358 I BGB-E gegeben sein, wenn der Ehegatte bewusstlos ist oder auf Grund einer Krankheit seine Angelegenheiten der Gesundheitssorge rechtlich nicht besorgen kann. § 1358 I BGB-E führt zudem auf, welche Angelegenheiten von der Vertretung umfasst sein sollen. Ausnahmen von dieser Berechtigung zur Vertretung sieht § 1358 III BGB-E vor. So soll eine Vertretung unter anderem ausgeschlossen sein, wenn die Ehegatten getrennt leben (§ 1358 III Nr. 1 BGB-E), dem Arzt oder dem Ehegatten bekannt ist, dass der Ehegatten die Vertretung ablehnt (§ 1358 III Nr. 2a BGB-E) oder ein Vorsorgebevollmächtigter oder Betreuer mit dem Aufgabenkreis aus § 1358 I BGB-E befasst ist (§ 1358 III Nr. 2b, 3 BGB-E). Nach § 78a BNotO-E soll jeder Ehegatte die Möglichkeit besitzen, einen Widerspruch gegen die mögliche Vertretung durch seinen Ehegatten in das ZVR eintragen zu können.[759] Der Arzt soll berechtigt werden, Einblick in das ZVR nehmen zu können. Zudem soll die Vertretung nach § 1358 III Nr. 4 BGB-E auf drei Monate beschränkt sein. Der Arzt, gegenüber dem das Vertretungsrecht ausgeübt wird, soll nach § 1358 IV BGB-E

757 *Horn*, ZEV 2020, 748, 750.
758 BT-Drucks. 19/24445 S. 12 ff.
759 BT-Drucks. 19/24445 S. 61.

verpflichtet sein, dem vertretenden Ehegatten ein Dokument auszuhändigen, in welchem er die Voraussetzungen des § 1358 I BGB-E und den Zeitpunkt dieser Voraussetzungen schriftlich bestätigt. Der Ehegatte, welcher den anderen Ehegatten vertritt, soll nach § 1358 IV Nr. 3 BGB-E verpflichtet sein, gegenüber dem behandelnden Arzt schriftlich zu versichern, dass er die sich aus § 1358 I BGB-E ergebende Vertretungsrechte bisher nicht ausgeübt hat und keine Ausschlussgründe für die Vertretung vorliegen.

Die Einführung einer solchen gesetzlichen Vertretungsmacht für Ehegatten ist, wie zuvor in den Untersuchungen dargestellt, generell kritisch zu sehen und abzulehnen.[760] An dieser Sichtweise ändert sich auch nichts mit Blick auf die Beschränkung der Vertretungsmacht auf Angelegenheiten der Gesundheitssorge. Zudem ist die gesetzliche Ausgestaltung des Vertretungsrechts in § 1358 BGB-E dem Gesetzgeber nicht gelungen und kann nicht überzeugen. Das Vertretungsrecht für Ehegatten beinhaltet in der Form des § 1358 BGB-E eine hohe Missbrauchsgefahr. Es gibt keine Mechanismen zur Kontrolle des vertretenden Ehegattens. Hofft der Ehegatte z.B. auf ein schnelles Erbe, kann er jederzeit, ohne richtige Kontrolle, lebenserhaltende Maßnahmen einstellen lassen oder notwendige Behandlungen untersagen. Auch sind die Ausschlussgründe für die Vertretungsmacht sehr schwach ausgestaltet. Ein Widerspruch ist, wie zuvor in den Untersuchungen dargestellt, kein wirksamer Schutzmechanismus.[761] Auch die anderen Ausschlussgründe stellen ein hohes Missbrauchsrisiko dar. Bei der Frage nach einem Getrenntleben der Ehegatten oder einer Ablehnung der Vertretung durch zu vertretenden Ehegatten, kann der vertretende Ehegatte einfach lügen. Es gibt keine Möglichkeit diese Ausschlussgründe zu kontrollieren, wenn kein Widerspruch in das ZVR eingetragen wurde. Darüber hinaus ist die alleinige Feststellung der Voraussetzungen des § 1358 I BGB-E durch den behandelnden Arzt kritisch zu sehen. Außer in einigen Ausnahmefällen, kann der Arzt wohl nur bei Bewusstlosigkeit des Betroffenen sicher feststellen, dass er seine rechtliche Angelegenheit der Gesundheitssorge nicht mehr selbst wahrnehmen kann. Bei vielen Erkrankungen wird nicht direkt ersichtlich sein, ob diese Voraussetzung vorliegt, sodass auch eine juristische Einschätzung erforderlich sein wird. Es besteht die Gefahr, dass der behandelnde Arzt die Voraussetzungen der Vertretungsmacht bestätigt, obwohl der Betroffene noch fähig ist, seine rechtlichen Angelegenheiten der Gesundheitssorge selbst zu besorgen. Auch birgt die Ausstellung eines einfachen Dokuments durch den Arzt ein hohes

---

760 Siehe S. 94 ff.

761 Siehe S. 103 ff.

Fälschungsrisiko. Des Weiteren ist die Vertretungsmacht nach § 1358 I BGB-E nicht auf unaufschiebbare Angelegenheiten der Gesundheitssorge begrenzt, sodass im Grunde jede ärztliche Maßnahme von der Vertretungsmacht umfasst ist.[762] Bei der Statuierung einer Vertretungsmacht für Ehegatten für den Ausnahmefall ist es nicht nachvollziehbar, weshalb der Gesetzgeber nicht auch die von der Vertretungsmacht umfassten Angelegenheiten begrenzt. Wie schon zuvor in den Untersuchungen dargestellt, ist damit zu rechnen, dass die Vorsorgevollmacht an Bedeutung verlieren wird, da Ehegatten sich auf Grund der möglichen Vertretung gem. § 1358 BGB-E abgesichert fühlen. Zudem unterliegt der Gesetzgeber einer Wunschvorstellung der allseits intakten Ehe bzw. Familie. Die Regelung des § 1358 BGB-E ist erkennbar nur für die gewünschte intakte Ehe bestimmt.[763] Sie enthält ein hohes Missbrauchsrisiko für nicht intakte Ehen, in denen z.B. ein Ehegatte den anderen Ehegatten unterdrückt. Die Bemühungen der Einführungen einer gesetzlichen Vertretungsmacht für Ehegatten sollten endgültig eingestellt werden. Es sollte vielmehr das primäre Rechtsinstitut des Erwachsenenschutzes, die als Vorsorgevollmacht ausgestaltete Vollmacht, gestärkt werden, denn durch diese können individuelle Regelungen für den Einzelfall geschaffen werden.[764]

C. Betreuung

Die rechtliche Betreuung soll nach dem Gesetzentwurf neuerdings in den §§ 1814–1881 BGB-E geregelt werden.[765] § 1896 BGB soll dabei in zwei Normen aufgeteilt werden: § 1814 BGB-E und § 1815 BGB-E. § 1814 BGB-E soll die allgemeinen Voraussetzungen für die Betreuerbestellung und § 1815 BGB-E den Umfang der Betreuung regeln. Begrüßenswert ist dabei, dass § 1814 BGB-E als erste Voraussetzung nun die Unfähigkeit eigene Angelegenheiten zu regeln nennt. Die medizinischen Voraussetzungen für eine Betreuung rücken dahinter. Somit soll ein Stufensystem eingeführt werden, welches auch Auswirkungen auf das betreuungsrechtliche Verfahren hat.

Nach § 1815 I BGB-E soll der Aufgabenkreis eines Betreuers aus einem oder mehreren Aufgabenkreisen bestehen. Daraus ergibt sich, dass eine Betreuung für alle Angelegenheiten künftig nicht mehr zulässig sein soll. Oberbegriffe wie

762 *Müller-Engels*, DNotZ 2021, 84, 100; *Dutta*, FamRZ 2020, 1881, 1882.
763 So auch: *Müller-Engels*, DNotZ 2021, 84, 102.
764 So auch: *Müller-Engels*, DNotZ 2021, 84, 102.
765 BT-Drucks. 19/24445 S. 30 ff.

„Vermögenssorge" sollen damit allerdings nicht völlig ausgeschlossen werden. Eine grundsätzliche Ablehnung der Betreuung für alle Angelegenheiten ist, wie zuvor in den Untersuchungen dargestellt, allerdings nicht zweckdienlich, da diese in bestimmten schwerwiegenden Fällen die Vertretung des Betroffenen erheblich vereinfachen kann und Rechtssicherheit schafft.[766] Durch § 1815 I 1 BGB-E soll deutlich gemacht werden, dass auch ganz eingeschränkte Anordnungen von Aufgabenbereichen, die sich etwa nur auf einzelne Maßnahmen beziehen, möglich sein sollen. Eine zu konkrete Bezeichnung des Aufgabenkreises bei Rechtsgeschäften mit Dritten kann allerdings zu Rechtunsicherheiten führen, weil fraglich sein kann, ob das Geschäft von der Vertretungsmacht erfasst ist. Die vom Gesetzgeber vorgesehene Ausgestaltung der Aufgabenkreise in § 1815 I BGB-E ist, wie zuvor in den Untersuchungen herausgearbeitet, somit kritisch zu sehen.[767]

In § 1816 IV, V BGB-E soll weiterhin das gesetzliche Leitbild der ehrenamtlichen Betreuung statuiert sein.[768] Dies ist wie schon zuvor festgestellt nicht zweckdienlich und sollte abgeschafft werden.[769] Der Grund für den Vorrang der ehrenamtlichen Betreuung liegt nach der Begründung des Gesetzgebers auch darin, dass berufliche Betreuer für ihre Tätigkeit als Betreuer eine Vergütung verlangen können, während ehrenamtliche Betreuer die Betreuung grundsätzlich unentgeltlich führen.[770] Ein solches Abstellen auf monetäre Gründe ist vor allem im Familienrecht nicht akzeptabel. Begrüßenswert ist jedoch, dass alle ehrenamtlichen Betreuer, ausgenommen den „Angehörigenbetreuern" im Regelfall nur bei einer engen Anbindung an die Betreuungsvereine, als Betreuer bestellt werden sollen.[771] Diese geforderte Verbindung soll durch den verpflichtenden Abschluss einer Vereinbarung nach § 15 I Nr. 4 BtOG-E[772] geschaffen werden. Durch diese Vereinbarung soll eine regelmäßige Beratung und Unterstützung von ehrenamtlichen Betreuern erreicht werden, wobei die ehrenamtlichen Betreuer gleichzeitig verpflichtet werden sollen, bestimmte Angebote auch in Anspruch zu nehmen.[773] Um aber auch Betreuern mit einer familiären Beziehung oder sonstigen persönlichen Bindung zum Betreuten die Möglichkeit des

766 Siehe S. 129.
767 Siehe S. 128 ff.
768 BT-Drucks. 19/24445 S. 238.
769 Siehe S. 133 ff.
770 BT-Drucks. 19/24445 S. 239.
771 BT-Drucks. 19/24445 S. 238 f.
772 BT-Drucks. 19/24445 S. 80 f.
773 BT-Drucks. 19/24445 S. 146, 363.

Abschlusses einer Vereinbarung zur Unterstützung und Begleitung zu eröffnen, soll eine solche Vereinbarung auch dann zwischen Betreuer und Betreuungsverein abgeschlossen werden können, wenn dies von dem „Angehörigenbetreuer" gewünscht wird.[774] So soll auch für Betreuer mit familiärem Hintergrund die Möglichkeit bestehen, eine Unterstützung durch die Betreuungsvereine zu erhalten. Dadurch soll und wird die Qualität der ehrenamtlichen Betreuung verbessert werden. In § 15 II BtOG-E statuiert der Gesetzgeber die Verpflichtung des ehrenamtlichen Betreuers zur Teilnahme an der Einführung über die Grundlagen der Betreuungsführung (§ 15 II Nr. 1 BtOG-E), die Verpflichtung des ehrenamtlichen Betreuers zur regelmäßiger Teilnahme an Fortbildungen (§ 15 II Nr. 2 BtOG-E) und die notwendige Benennung eines Mitarbeiters des Betreuungsvereins als fester Ansprechpartner (§ 15 II Nr. 3 BtOG-E). Der Gesetzgeber setzt die in dieser Arbeit geforderte Mindestqualifikation und Steigerung der Qualität der ehrenamtlichen Betreuung somit im neuen Gesetzentwurf um.[775]

In § 1816 V 2 BGB-E wird die Verpflichtung der Betreuungsgerichte eingeführt, bei der Auswahl eines Betreuers auch die bereits von diesen geführten Betreuungen nach Anzahl und Umfang zu berücksichtigen. Auch dies führt zu in dieser Arbeit geforderte Verbesserung der Qualität der Betreuungen, da so kontrolliert werden kann, ob der Betreuer noch ausreichend Kapazität für eine sachgemäß durchgeführte weitere Betreuung besitzt.[776] Eine zahlenmäßige Begrenzung der Betreuungen wird vom Gesetzgeber, wie auch in dieser Arbeit, abgelehnt.[777]

Nach § 1820 V BGB-E soll das Recht des Betreuers zum Widerruf einer als Vorsorgevollmacht ausgestalteten Vollmacht statuiert werden, wobei ein Genehmigungsvorbehalt des Gerichts bestehen soll.[778] Dabei soll es möglich sein, dass der Betreuer auch schon bei seiner Bestellung die Befugnis zum Widerruf einer bestehenden Vollmacht übertragen wird.[779] Diese Rechtsverlagerung zum Betreuer ist nicht hinnehmbar. Die Vorsorgevollmacht wird dadurch stark geschwächt, denn der Betreuer kann die Vollmacht jederzeit widerrufen. Es besteht die Gefahr, dass die Gerichte den Widerruf vorschnell genehmigen. Da der Widerruf irreversibel ist, erlischt die Vollmacht in diesem Fall endgültig.

774 BT-Drucks. 19/24445 S. 363.
775 Siehe S. 138 ff.
776 Siehe S. 143 f.
777 BT-Drucks. 19/24445 S. 239 f., siehe S. 143 f.
778 BT-Drucks. 19/24445 S. 33.
779 BT-Drucks. 19/24445 S. 248.

Dies widerspricht klar der Privatautonomie des Betreuten, der mit der Vollmacht seine Angelegenheiten für den Fall der Betreuungsbedürftigkeit selbst geregelt hat. Durch diese gesetzliche Ausgestaltung des Widerrufsrechts des Betreuers besteht somit die Gefahr eines erheblichen Eingriffs in das Selbstbestimmungsrecht des Betroffenen. Begrüßenswert ist, dass der Gesetzgeber in § 299 S. 1 FamFG-E die Betreuungsgerichte verpflichten möchte, den Betreuten vor der möglichen Genehmigung des Widerrufs anzuhören.[780] Dadurch wird der Betreute stärker in das betreuungsrechtliche Verfahren einbezogen und kann seine Sichtweise schildern. Die Gerichte entscheiden somit nicht mehr über ihn hinweg. Jedoch kann dies nicht die grundsätzliche Gefahr bei der Übertragung des Widerrufsrechts auf den Betreuer bei dessen Bestellung ausgleichen.

Der Gesetzgeber gibt in § 1821 II 1 BGB-E vor, dass der Betreuer die Betreuung so führen soll, dass der Betreute im Rahmen seiner Möglichkeiten sein Leben nach seinen Wünschen gestalten kann. Dabei sollen subjektive Kriterien und nicht das objektive Wohl entscheidend sein, sodass nach § 1821 III BGB-E auch nur unter bestimmten Voraussetzungen von solchen Wünschen, die krankheitsbedingt gebildet sind und deren Befolgung den Betreuten schädigen würden, zum Schutz des Betreuten abgewichen werden darf.[781] Diese Statuierung des Abstellens auf die subjektiven Kriterien, entspricht der vorgeschlagenen Definition „des Wohls" in dieser Arbeit und ist somit vollumfänglich zu begrüßen.[782] Auf ein Abstellen auf das „Wohl" des Betroffenen, wie es zur Zeit in § 1901 II 1 BGB der Fall ist, soll allerdings in § 1821 BGB-E verzichtet werden, da bei diesem Begriff die Gefahr einer Auslegung an objektiven Kriterien besteht.[783] Nach der in dieser Arbeit vorgeschlagenen Definition des Begriffs „Wohl", wäre dies nicht notwendig, ist aber aus Klarstellungsgründen nachvollziehbar.

Begrüßenswert ist weiterhin, dass der Gesetzgeber in § 1821 V BGB-E die Verpflichtung des Betreuers mit dem Betreuten persönlichen Kontakt zu halten statuieren möchte.[784] Jedoch soll auf die Statuierung einer Mindestbesuchssequenz verzichtet werden.[785] Dies ist mit Blick auf die Rechtsstellung des Betreuten nicht verständlich. Der persönliche Kontakt ist für die ordnungsgemäße Durchführung unerlässlich. Deswegen wäre es wünschenswert gewesen, wenn

780 BT-Drucks. 19/24445 S. 71.
781 BT-Drucks. 19/24445 S. 249 f.
782 Siehe S. 148 ff.
783 BT-Drucks. 19/24445 S. 252.
784 BT-Drucks. 19/24445 S. 34.
785 BT-Drucks. 19/24445 S. 255.

der Gesetzgeber, wie in den Untersuchungen dargestellt, eine Mindestbesuchssequenz statuiert hätte.[786]

In § 1822 BGB-E möchte der Gesetzgeber eine Auskunftspflicht des Betreuers gegenüber nahestehenden Angehörigen des Betreuten statuieren.[787] Dadurch werden die Angehörigen begrüßenswerter Weise mehr in die Betreuung einbezogen. Dieser Anspruch soll allerdings nur Angehörigen zustehen, die dem Betreuten tatsächlich nahestehen.[788] Dabei ist schon fraglich, wie dieses Näheverhältnis nachgewiesen werden soll. Ist der Betreute auf Grund einer Erkrankung nicht mehr vollumfänglich in der Lage seine Wünsche und seinen Willen zu äußern, liegt es im Endeffekt im Ermessen des Betreuers über das Näheverhältnis zu entscheiden und er kann eine Auskunft einfach verweigern. Liegt eine solche Auskunftsverweigerung vor, soll gem. § 1862 III BGB-E das Betreuungsgericht eine entsprechende Weisung an den Betreuer erteilen können, die auch mit einem Zwangsgeld durchgesetzt werden kann.[789] Allerdings soll § 1822 BGB-E keinen Rechtsanspruch von Angehörigen darstellen, welcher zivilgerichtlich durchgesetzt werden kann.[790] Die in § 1822 BGB-E statuierte Auskunftspflicht steht somit fast vollumfänglich in der Macht des Betreuers. Er kann die Auskunft jederzeit verweigern. Die Statuierung eines Anspruchs auf Auskunft würde den nahestehenden Angehörigen eine stärkere Rechtsposition verschaffen und zudem besser dem Schutz des Betreuten dienen.

§ 1859 I, II BGB-E soll die Befreiung der geraden Verwandten, der Geschwister und der Ehegatten von der Rechnungslegungspflicht aus § 1865 BGB-E enthalten.[791] Die befreiten Verwandten sollen nur verpflichtet sein, dem Betreuungsgericht jährlich eine Vermögensübersicht einzureichen. Das Betreuungsgericht soll allerdings bestimmen können, dass diese Vermögensübersicht in längeren Zeiträumen einzureichen ist, wobei der Zeitraum bis zu 15 Jahre betragen kann. Diese Befreiung der Verwandten von der Rechnungslegungspflicht ist, wie in den Untersuchungen dargestellt, strikt abzulehnen.[792]

In § 1862 II BGB-E soll bestimmt werden, dass das Betreuungsgericht den Betreuten anhören soll, wenn Anhaltspunkte dafür bestehen, dass der Betreuer

786 Siehe S. 150 ff.
787 BT-Drucks. 19/24445 S. 34.
788 BT-Drucks. 19/24445 S. 257.
789 BT-Drucks. 19/24445 S. 49.
790 BT-Drucks. 19/24445 S. 257.
791 BT-Drucks. 19/24445 S. 48.
792 Siehe S. 109 ff.

der Betreuung nicht pflichtgemäß nachkommt und insbesondere die Wünsche des Betreuten missachtet.[793] So wird der Betreute begrüßenswerter Weise auch durch die Regelung stärker in das Betreuungsverfahren einbezogen.

Der Gesetzgeber gibt in § 1863 BGB-E den Umfang der Berichtspflicht des Betreuers vor.[794] So soll die Verpflichtung des Betreuers bestehen, mit Übernahme der Betreuung einen Anfangsbericht (§ 1863 I, II BGB-E), während der Betreuung einen Jahresbericht (§ 1863 III BGB-E) und nach Beendigung der Betreuung einen Abschlussbericht (§ 1863 IV BGB-E) vorzulegen. Dies führt zu einer besseren Möglichkeit des Einblicks für die Betreuungsgerichte in die durchgeführte Betreuung. Die wichtigste Neuerung stellt § 1863 III Nr. 5 BGB-E dar, wonach der Betreuer verpflichtet werden soll, im Jahresbericht auch über die Sichtweise des Betreuten zu berichten. Auch wenn die Gefahr besteht, dass der Betreuer dort unrichtige Angaben macht, wird der Betreute durch diese Verpflichtung weiter stärker in das Betreuungsverfahren eingebunden, wodurch sein Selbstbestimmungsrecht gestärkt wird.

D. Das Betreuungsverfahren

Auch das Betreuungsverfahren im FamFG soll nach dem Willen des Gesetzgebers überarbeitet werden.

In § 275 FamFG-E soll das Betreuungsgericht verpflichtet werden bereits bei Einleitung des Betreuungsverfahrens den Betroffenen von gewissen Rechtsfolgen der Betreuung zu unterrichten.[795] In § 278 FamFG-E soll weiterhin ausdrücklich geregelt werden, welche Inhalte bei der Anhörung des Betroffenen mit diesem erörtert werden sollen.[796] Insgesamt stärkt der Gesetzgeber mit diesen Regelungen begrüßenswerter Weise das Selbstbestimmungsrecht des Betroffenen.

§ 279 II 2 FamFG-E soll ausdrücklich regeln, dass die Anhörung der Betreuungsbehörde vor der Einholung eines Sachverständigengutachtens erfolgen soll.[797] Dadurch wird die in der Untersuchung geforderte Reihenfolge des Ablaufs des Betreuungsverfahrens statuiert.[798]

In § 285 I FamFG-E soll geregelt werden, dass die Betreuungsgerichte vor Bestellung eines Betreuers Auskunft beim ZVR einholen sollen, ob eine als

793 BT-Drucks. 19/24445 S. 49.
794 BT-Drucks. 19/24445 S. 50.
795 BT-Drucks. 19/24445 S. 66.
796 BT-Drucks. 19/24445 S. 67.
797 BT-Drucks. 19/24445 S. 68.
798 Siehe S. 164 ff.

Vorsorgevollmacht ausgestaltete Vollmacht oder eine Betreuungsverfügung für den Betroffenen eingetragen ist.[799] Unverständlich ist, weshalb der Gesetzgeber diese Vorschrift als „Soll-Vorschrift" ausgestaltet und nicht eine ausdrückliche Verpflichtung der Betreuungsgerichte statuiert. Sinn und Zweck der als Vorsorgevollmacht ausgestalteten Vollmacht ist es, dass eine Betreuung verhindert werden soll. Die Eintragung der Vollmacht in das ZVR soll dabei Rechtssicherheit schaffen. Diese Rechtssicherheit wird aber nicht erreicht, wenn das Betreuungsgericht im Betreuungsverfahren nicht verpflichtet wird, Einsicht in das ZVR zu nehmen. Das ZVR wurde geschaffen, damit die Betreuungsgerichte überprüfen können, ob der Bestellung eines bestimmten Betreuers einer Vollmacht oder eine Betreuungsverfügung entgegensteht. Auf Grund dessen sollte eine Verpflichtung der Betreuungsgerichte zur Einsichtnahme bestehen. Die Wirkung der Eintragung der Vollmacht in das ZVR wird durch die Regelung in § 285 I FamFG-E stark abgeschwächt und der Sinn und Zweck der als Vorsorgevollmacht ausgestalteten Vollmacht nicht erreicht.

Nach § 295 II FamFG-E soll über die erstmalige Verlängerung einer rechtlichen Betreuung, die gegen den erklärten Willen des Betreuten angeordnet wurde, bereits spätestens nach drei Jahren zu entscheiden sein.[800] Wie zuvor in den Untersuchungen festgestellt, erscheint eine Frist von drei Jahren allerdings zu knapp und es sollte von der Festsetzung einer starren Frist zur Überprüfung der Betreuung abgesehen werden.[801]

E. Das Betreuungsorganisationsgesetz

Das Betreuungsbehördengesetz soll nach dem Gesetzentwurf durch das Betreuungsorganisationsgesetz ersetzt werden.[802] Insgesamt soll die Stellung der Betreuungsbehörden im Betreuungsverfahren durch die Regelungen im BtOG-E begrüßenswerter Weise stark gestärkt werden.

Nach § 8 BtOG-E soll die der Betreuungsbehörde zugewiesene Unterstützungs- und Filterfunktion im Vorfeld einer rechtlichen Betreuung weiter gestärkt werden, um eine noch effektivere Umsetzung des Erforderlichkeitsgrundsatzes bei Betreuungen zu erreichen.[803] Nach § 8 I BtOG-E soll die Betreuungsbehörde

799 BT-Drucks. 19/24445 S. 68.
800 BT-Drucks. 19/24445 S. 70.
801 Siehe S. 144 ff.
802 BT-Drucks. 19/24445 S. 341.
803 BT-Drucks. 19/24445 S. 77 f., 351.

Betroffenen, bei denen im Einzelfall Anhaltspunkte für den Bedarf einer Betreuung bestehen, mit deren Einverständnis bei der Suche nach Hilfen, welche eine Betreuung vermeiden können, aktiv unterstützen. Die behördlichen Beratungs- und Unterstützungsbemühungen müssen dabei immer auf das Ziel der Vermeidung einer Betreuerbestellung ausgerichtet sein.[804]

In bestimmten Fällen soll für die Betreuungsbehörden nach § 8 II BtOG-E zudem die Möglichkeit bestehen, den Betroffenen im Einzelfall eine noch weitergehende Unterstützung zu bieten, welche über § 8 I BtOG-E hinausgehende Maßnahmen umfasst und geeignet sind eine Betreuung zu verhindern. Durch diese Regelungen wird der Erforderlichkeitsgrundsatz und damit vor allem das Selbstbestimmungsrecht der Betroffenen deutlich gestärkt.

Auch durch § 11 BtOG-E soll die Stellung der Betreuungsbehörden gestärkt werden.[805] Nach § 11 I 2 Nr. 1 BtOG-E soll die Betreuungsbehörde weiterhin vor der Bestellung eines Betreuers einen Sozialbericht für das Betreuungsgericht anfertigen, wobei der Sozialbericht durch die Gesetzesänderung nun auch ausdrücklich im Gesetz so benannt wird. Besonders begrüßenswert ist die vorgesehene Neuregelung in § 11 I 2 Nr. 2 BtOG-E, wonach die Betreuungsbehörde verpflichtet sein soll dem Betreuungsgericht im Betreuungsverfahren einen geeigneten Betreuer vorzuschlagen. Nach § 12 BtOG-E soll der Vorschlag des Betreuers gemeinsam mit dem Sozialbericht erfolgen. Die Betreuungsbehörde soll dabei nur dann einen Betreuer vorschlagen, wenn sie im Rahmen des Sozialberichts von der Erforderlichkeit einer Betreuung ausgeht oder diese jedenfalls nicht von vornherein ausschließt. Allerdings soll die im Rahmen des Betreuervorschlags vorab gebotene Prüfung der Eignung des Betreuers für den konkreten Einzelfall durch die Betreuungsbehörde die Prüfung des Gerichts nach § 1816 I BGB-E nicht ersetzen.[806] Auf Grund des Kontakts mit den Betreuern können die Betreuungsbehörden am besten einschätzen, welcher Betreuer im Einzelfall am geeignetsten erscheint. Zudem werden sie auf Grund der Anfertigung des Sozialberichts und der dadurch erforderlichen tiefgehenden Prüfung des Einzelfalls besser als das Betreuungsgericht einschätzen können, ob im konkreten Fall eine Betreuung erforderlich ist. Diese deutliche Stärkung der Betreuungsbehörden im Betreuungsverfahren ist vollumfänglich zu begrüßen.

804 BT-Drucks. 19/24445 S. 351 f.
805 BT-Drucks. 19/24445 S. 78 f.
806 BT-Drucks. 19/24445 S. 359.

In § 15 BtOG-E sollen die Aufgaben der Betreuungsvereine statuiert werden, wobei vor allem der oben dargestellte Abschluss der Vereinbarung mit den ehrenamtlichen Betreuern große Relevanz haben wird.

Der Gesetzgeber möchte in § 17 BtOG-E eine allgemeine Regelung zur finanziellen Ausstattung von anerkannten Betreuungsvereinen schaffen.[807] In § 17 S. 1 BtOG-E soll festgelegt werden, dass anerkannte Betreuungsvereine zur Wahrnehmung ihrer Aufgaben aus § 15 I BtOG-E öffentliche Mittel erhalten. In § 17 S. 2 BtOG-E soll klargestellt werden, dass die Länder im Landesrecht für die Umsetzung der finanziellen Förderungsverpflichtung sorgen müssen. Wie zuvor in den Untersuchungen dargestellt, ist eine solche Finanzierung unumgänglich und es ist erfreulich, dass der Gesetzgeber diese in dieser Form ausdrücklich gesetzlich festhalten möchte.

Aus § 23 BtOG-E sollen sich zukünftig die Voraussetzungen für die Registrierung als beruflicher Betreuer ergeben.[808] Erforderlich soll dabei nach § 23 I Nr. 2 BtOG-E vor allem die Sachkunde sein, welche in § 23 III BtOG-E konkretisiert werden soll. Der Nachweis über die Sachkunde soll künftig durch Unterlagen, insbesondere durch Zeugnisse über erfolgreich abgelegte Ausbildungs- und Studiengänge sowie geeignete Lehrgänge erfolgen.[809] Die Statuierung dieser Mindestvoraussetzungen für die Qualifikation als beruflicher Betreuer war dringend erforderlich. Allerdings erscheint, wie in der vorangegangen Untersuchung dargestellt, die Einführung eines obligatorischen speziellen Studiengangs für berufliche Betreuer zweckmäßiger.[810]

F. Vormünder- und Betreuungsvergütungsgesetz

Für die Vergütung der beruflichen Betreuer sehen die §§ 7 ff. VBVG-E weiterhin Fallpauschalen vor.[811] Zur Sicherung der Unterstützung der Betroffenen und der Qualität der Betreuung muss jedoch, wie schon zuvor in den Untersuchungen dargestellt, verlangt werden, dass die Vergütung der beruflichen Betreuer sich nach der tatsächlich geleisteten Arbeit und dem Umfang der konkreten Betreuung richtet.[812]

807 BT-Drucks. 19/24445 S. 81.
808 BT-Drucks. 19/24445 S. 83.
809 BT-Drucks. 19/24445 S. 377.
810 Siehe S. 140 ff.
811 BT-Drucks. 19/24445 S. 89 ff.
812 Siehe S. 141 f.

G. Fazit

Der Gesetzgeber schlägt mit dem Gesetzentwurf die richtige Richtung ein, löst aber die in dieser Arbeit aufgezeigten Probleme und Schwachstellen des deutschen Erwachsenenschutzrechts an vielen Stellen nicht oder nicht konsequent. Von einem Gesetzentwurf der das Betreuungsrechts grundlegend ändern und verbessern will, war mehr zu erwarten.

Unverständlich ist, weshalb der Gesetzgeber weiterhin nicht die bestehenden Schwächen einer als Vorsorgevollmacht ausgestalteten Vollmacht angeht. Neben der Überarbeitung des Betreuungsrechts hätte er vor allem auch das primäre Rechtsinstitut der Vollmacht überarbeiten und stärken können. Durch einige Regelungen im Gesetzentwurf wird die Vollmacht hingegen sogar noch geschwächt. Der Gesetzentwurf kann die in dieser Arbeit aufgezeigte Notwendigkeit eines neuen Rechtsinstituts der „echten Vorsorgevollmacht" nicht beseitigen.

Das neu eingeführte Rechtsinstitut der gesetzlichen Vertretungsmacht für Ehegatten in § 1358 BGB-E kann in keinster Weise überzeugen. Generell besteht keine Notwendigkeit für die Einführung eines solchen Rechtsinstituts. Zudem schwächt es die Bedeutung der Vollmacht, welche das primäre Rechtsinstitut des Erwachsenenschutzrechts sein soll. Des Weiteren ist die Ausgestaltung der gesetzlichen Vertretungsmacht in § 1358 BGB-E lückenhaft und beinhaltet ein großes Missbrauchsrisiko.

Positiv hervorzuheben ist die deutliche Stärkung der Betreuungsbehörden und -vereine. Der Gesetzgeber erscheint erkannt zu haben, dass diese im Betreuungsverfahren das zentrale Bindeglied zwischen dem Selbstbestimmungsrecht des Betroffenen und der gerichtlichen Entscheidung des Betreuungsgerichts darstellt. Zudem können sie die Qualität der Betreuungen durch Angebote an die Betreuer fördern.

Auch ist positiv hervorzuheben, dass durch den Gesetzentwurf das Selbstbestimmungsrecht des Betroffenen und dessen Stellung im Betreuungsverfahren erheblich gestärkt wird.

Insgesamt wirkt der Gesetzentwurf allerdings wie ein unausgegorener Kompromiss, welcher die bestehenden Probleme und Schwachstellen des Erwachsenenschutzrechts nicht richtig und konsequent zu lösen vermag.

Literaturverzeichnis

Adler, Rainer, Die ehrenamtliche Betreuung – eine Erfolgsgeschichte? Evaluation aus betreuungssoziologischer Perspektive, FPR 2012, S. 36–41 (zitiert: *Adler*, FPR 2012, 36).

Ahrend, Katrin, Interview: Berufsbegleitendes Hochschulstudium für rechtliche Betreuer, Sinn und Nutzen aus Sicht zweier Absolventen, BtPrax 2010, S. 221–222 (zitiert: *Ahrend*, BtPrax 2010, 221).

Aichele, Valentin, Die UN-Behindertenrechtskonvention in der gerichtlichen Praxis, AnwBl 2011, S. 727–730 (zitiert: *Aichele*, AnwBl 2011, 727).

Aichele, Valentin, Die UN-Behindertenrechtskonvention und ihr Fakultativprotokoll, Ein Beitrag zur Ratifikationsdebatte, 2008 (zitiert: *Aichele*, Die UN-Behindertenrechtskonvention und ihr Fakultativprotokoll).

Bamberger, Heinz Georg/Roth, Herbert, Bürgerliches Gesetzbuch Band 4, Kommentar, 4. Auflage, hrsg. von Heinz Georg Bamberger, Herbert Roth, München 2019 (zitiert: Bamberger/Roth-*Bearbeiter*).

Bamberger, Heinz Georg/Roth, Herbert/Hau, Wolfgang/Poseck, Roman, Bürgerliches Gesetzbuch Band 1, Kommentar, 4. Auflage, hrsg. von Heinz Georg Bamberger, Herbert Roth, Wolfgang Hau u.a., München 2019 (zitiert: Bamberger/Roth-*Bearbeiter*).

Barth, Peter, Das 2. Erwachsenenschutz-Gesetz, Eine Annäherung, iFamZ 2017, S. 143–147 (zitiert: *Barth*, iFamZ 2017, 143).

Barth, Peter, Ein Gesetz und seine Kosten, iFamZ 2017, S. 73 (zitiert: *Barth*, iFamZ 2017, 73).

Barth, Peter, Vom Sachwalterrecht zum Erwachsenenschutz – Was ändert sich durch das 2. Erwachsenenschutz-Gesetz?, in: Peter Barth (Hrsg.), Das neue Erwachsenenschutzrecht, Schriftenreihe der Interdisziplinären Zeitschrift für Familienrecht Band 10, Wien 2017, S. 28–47 (zitiert: *Barth*, Vom Sachwalterrecht zum Erwachsenenschutz – Was ändert sich durch das 2. Erwachsenenschutz-Gesetz?).

Bassenge, Peter/Roth, Herbert, Gesetz über das Verfahren in Familiensachen und in den Angelegenheiten der freiwilligen Gerichtsbarkeit, Rechtspflegergesetz; Kommentar, 12. Auflage, Heidelberg 2009 (zitiert: Bassenge/Roth-*Bearbeiter*).

Bayer, Walter/Schmitz, Peter/Vossius, Oliver/Wendt, Roland, bericht aus berlin, notar 2017, S. 226–227 (zitiert: *Bayer et al.*, notar 2017, 226).

Becker, Thorsten, Das Berufsrecht der Berufsbetreuer/innen, in: Winfried Kluth (Hrsg.), Jahrbuch des Kammer- und Berufsrechts 2015, 2015, S. 215–232 (zitiert: *Becker*, Das Berufsrecht der Berufsbetreuer/innen).

Bergen, Matthias, Das rechtliche Gehör, BWNotZ 1996, S. 137–144 (zitiert: *Bergen*, BWNotZ 1996, 137).

Berger, Christian, Gestaltungsrechte und Prozessführung bei Schlüsselgewaltgeschäften nach § 1357 BGB, FamRZ 2005, S. 1129–1134 (zitiert: *Berger*, FamRZ 2005, 1129).

Bienwald, Christa, Der Rechtsanwalt als Betreuer oder Vorsorgebevollmächtigter, FPR 2012, S. 28–31 (zitiert: *Bienwald*, FPR 2012, 28).

Bienwald, Werner, Die Vorsorgevollmacht – ein gleichwertiger Ersatz der Betreuerbestellung?, BtPrax 1998, S. 164–167 (zitiert: *Bienwald*, BtPrax 1998, 164).

Bienwald, Werner, Gesetzliche Vertretung von Partnern und nahen Angehörigen zur Vermeidung Rechtlicher Betreuung?, FamRZ 2002, S. 1453–1454 (zitiert: *Bienwald*, FamRZ 2002, 1453).

Bienwald, Werner, Metamorphose einer Behörde, Zum Entwurf eines Gesetzes zur Stärkung der Funktionen der Betreuungsbehörde, FamRZ 2013, S. 258–260 (zitiert: *Bienwald*, FamRZ 2013, 258).

Bienwald, Werner, Zum „Diskussions-Teilentwurf eines Gesetzes über die Betreuung Volljähriger (Betreuungsgesetz-BtG)“, FamRZ 1988, S. 902–909 (zitiert: *Bienwald*, FamRZ 1988, 902).

Bienwald, Werner/Sonnenfeld, Susanne/Harm, Uwe/Bienwald, Christa, Betreuungsrecht, Kommentar, 6. Auflage, Bielefeld 2016 (zitiert: Bienwald/Sonnenfeld/Harm/Bienwald-*Bearbeiter*).

Böckmann, Martin, Die Demenzerkrankung als Hauptursache für Vorsorgemaßnahmen, FPR 2004, S. 648–653 (zitiert: *Böckmann*, FPR 2004, 648).

Boecken, Winfried, BGB – Allgemeiner Teil, hrsg. von Winfried Boecken, Stefan Korioth, 3. Auflage, SR-Studienreihe Rechtswissenschaften, Stuttgart 2019.

Boemke, Burkhard/Ulrici, Bernhard, BGB Allgemeiner Teil, 2. Auflage, Springer-Lehrbuch, Berlin 2014 (zitiert: *Boemke/Ulrici*, BGB Allgemeiner Teil).

Böhm, Horst, Die neue Rolle der „anderen Hilfen“ im Betreuungsverfahren nach dem „Gesetz zur Stärkung der Funktionen der Betreuungsbehörde“, Gratwanderung zwischen legitimer Kostendämpfung und Beitrag zur Stärkung der Betreuung, FamRZ 2014, S. 1333–1337 (zitiert: *Böhm*, FamRZ 2014, 1333).

Bork, Reinhard, Allgemeiner Teil des Bürgerlichen Gesetzbuchs, 4. Auflage, Lehrbuch des Privatrechts, Tübingen 2016 (zitiert: *Bork*, Allgemeiner Teil des Bürgerlichen Gesetzbuchs).

Bracker, Ulrich/Schippel, Helmut, Bundesnotarordnung, Kommentar, 9. Auflage, München 2011 (zitiert: Schippel/Bracker-*Bearbeiter*).

Brauer, Daniel, Autonomie und Familie, Behandlungsentscheidungen bei geschäfts- und einwilligungsunfähigen Volljährigen, MedR Schriftenreihe Medizinrecht, Berlin 2013 (zitiert: *Brauer*, Autonomie und Familie).

Brauer, Daniel/Lipp, Volker, Patientenautonomie und Familie, MedR 2016, S. 231–236 (zitiert: *Brauer/Lipp*, MedR 2016, 231).

Brox, Hans/Henssler, Martin, Handelsrecht, Mit Grundzügen des Wertpapierrechts, 23. Auflage, Grundrisse des Rechts, München 2020 (zitiert: *Brox/Henssler*, Handelsrecht).

Brox, Hans/Walker, Wolf-Dietrich, Allgemeiner Teil des BGB, 45. Auflage, Academia iuris Lehrbücher der Rechtswissenschaft, München 2021 (zitiert: *Brox/Walker*, Allgemeiner Teil des BGB).

Buchner, Tobias, Das soziale Modell von Behinderung, „Supported Decision-Making“ und Sachwalterschaft: ein Spannungsfeld?, iFamZ 2011, S. 266–268 (zitiert: *Buchner*, iFamZ 2011, 266).

Bühler, Martin, Einführung einer gesetzlichen Vertretung durch Angehörige als Alternative zur Betreuung und zur Vorsorgevollmacht?, FamRZ 2002, S. 76–79 (zitiert: *Bühler*, FamRZ 2002, 76).

Bühler, Martin, Vollmachtserteilung zur Vermeidung einer Betreuerbestellung, Möglichkeiten und Grenzen der Vorsorgevollmacht, FamRZ 2001, S. 1585–1597 (zitiert: *Bühler*, FamRZ 2001, 1585).

Bühler, Martin, Vorsorgevollmacht zur Vermeidung einer Gebrechlichkeitspflege oder Betreuung, BWNotZ 1990, S. 1–5 (zitiert: *Bühler*, BWNotZ 1990, 1).

Bumiller, Ursula/Harders, Dirk/Schwamb, Werner, FamFG, Gesetz über das Verfahren in Familiensachen und in den Angelegenheiten der freiwilligen Gerichtsbarkeit, 12. Auflage, München 2019 (zitiert: Bumiller/Harders/Schwamb-*Bearbeiter*).

Bund, Norbert, Die Notarkosten bei Vorsorgevollmacht mit Betreuungs- und Patientenverfügung – Neue Sondervorschriften, Ergänzung des Beitrags in JurBüro 2004, 173 f., JurBüro 2004, S. 580–582 (zitiert: *Bund*, JurBüro 2004, 580).

Bund-Länder-Arbeitsgruppe „Betreuungsrecht“, Abschlussbericht, zur 74. Konferenz der Justizministerinnen und -minister vom 11. bis 12. Juni 2003 in Glücksburg, 2003 (zitiert: Bund-Länder-Arbeitsgruppe „Betreuungsrecht“, Abschlussbericht).

Bund-Länder-Arbeitsgruppe „Betreuungsrecht“, Zwischenbericht zur 73. Konferenz der Justizministerinnen und Justizminister, in: Karl-Ernst Brill (Hrsg.), Zehn Jahre Betreuungsrecht, Qualifizierung der Umsetzung oder erneute

Rechtsreform?, Betrifft: Betreuung Bd. 4, Recklinghausen 2002, S. 22–68 (zitiert: Bund-Länder-Arbeitsgruppe „Betreuungsrecht“, Zwischenbericht zur 73. Konferenz der Justizministerinnen und Justizminister).

Burchardi, Hilmar, Begrenzung oder Beendigung der Behandlung aus Sicht eines Intensivmediziners, Ein internationaler Vergleich der Richtlinien, in: Hans-Jürgen Ahrens (Hrsg.), Festschrift für Erwin Deutsch, Zum 70. Geburtstag, Köln 1999, S. 477–493 (zitiert: *Burchardi*, Begrenzung oder Beendigung der Behandlung aus Sicht eines Intensivmediziners).

Canaris, Claus-Wilhelm, Handelsrecht, 24. Auflage, München 2006 (zitiert: *Canaris*, Handelsrecht).

Chiusi, Tiziana J., Gesetzliche Vertretungsmacht für nahe Angehörige? – Kritische Bemerkungen zu dem „Entwurf eines Zweiten Gesetzes zur Änderung des Betreuungsrechts“, ZRP 2004, S. 119–123 (zitiert: *Chiusi*, ZRP 2004, 119).

Christl, Gerhard, Überforderung ehrenamtlicher Betreuer?, FamRZ 2019, S. 422–427 (zitiert: *Christl*, FamRZ 2019, 422).

Coeppicus, Rolf, Das Betreuungsgesetz schützt Betroffene nicht, FamRZ 1993, S. 1017–1026 (zitiert: *Coeppicus*, FamRZ 1993, 1017).

Coeppicus, Rolf, Die Betreuung mit dem Aufgabenkreis der Aufenthaltsbestimmung, das Selbstbestimmungsrecht der Betroffenen und ihr Wohl, FamRZ 1992, S. 741–753 (zitiert: *Coeppicus*, FamRZ 1992, 741).

Coeppicus, Rolf, Magische Zahlen im Betreuungsrecht – Zum Gesetz zur Stärkung der Funktionen der Betreuungsbehörden, NJW 2014, S. 3703–3709 (zitiert: *Coeppicus*, NJW 2014, 3703).

Cording, Clemens, Kriterien zur Feststellung der Testier(un)fähigkeit, ZEV 2010, S. 115–121 (zitiert: *Cording*, ZEV 2010, 115).

Cypionka, Bertram, Fortfall der Entmündigung Volljähriger – Auswirkungen auf den Rechtsverkehr, NJW 1992, S. 207–211 (zitiert: *Cypionka*, NJW 1992, 207).

Damrau, Jürgen, Das Österreichische Gesetz über die Sachwalterschaft für behinderte Personen, FamRZ 1984, S. 236–239 (zitiert: *Damrau*, FamRZ 1984, 236).

Damrau, Jürgen/Zimmermann, Walter, Betreuungsrecht, Kommentar zum materiellen und formellen Recht, 4. Auflage, Stuttgart 2011 (zitiert: Damrau/Zimmermann-*Bearbeiter*).

Degener, Theresia, Die UN-Behindertenrechtskonvention als Inklusionsmotor, RdJB 2009, S. 200–219 (zitiert: *Degener*, RdJB 2009, 200).

Deinert, Horst, Sachgerechte Stärkung der Vorsorgevollmacht – Aber wie?, BtPrax 2017, S. 59–62 (zitiert: *Deinert*, BtPrax 2017, 59).

Dethloff, Nina, Familienrecht, 32. Auflage, Juristische Kurz-Lehrbücher, München 2018 (zitiert: *Dethloff*, Familienrecht).

Deutscher Ethikrat, Demenz und Selbstbestimmung, Stellungnahme, Berlin 2012 (zitiert: Deutscher Ethikrat, Demenz und Selbstbestimmung).

Dieckmann, Jochen, Strukturreform des Betreuungsrechts, ZRP 2002, S. 425–430 (zitiert: *Dieckmann*, ZRP 2002, 425).

Diekmann, Andrea, Gesetzliche Vertretungsbefugnis für Angehörige?, in: Karl-Ernst Brill (Hrsg.), Zehn Jahre Betreuungsrecht, Qualifizierung der Umsetzung oder erneute Rechtsreform?, Betrifft: Betreuung Bd. 4, Recklinghausen 2002, S. 102–111 (zitiert: *Diekmann*, Gesetzliche Vertretungsbefugnis für Angehörige?).

Diekmann, Andrea, Gesetzliche Vertretungsbefugnis für Angehörige?, BtPrax 2003, S. 200 (zitiert: *Diekmann*, BtPrax 2003, 200).

Diekmann, Andrea, Überlegungen zur Vertretungsbefugnis für Angehörige, BtPrax 2015, S. 188–190 (zitiert: *Diekmann*, BtPrax 2015, 188).

Dodegge, Georg, Die Entwicklung des Betreuungsrechts bis Juli 2017, NJW 2017, S. 2655–2661 (zitiert: *Dodegge*, NJW 2017, 2655).

Dreier, Horst, Grundgesetz, Kommentar Band I: Präambel, Artikel 1–19, 3. Auflage, Tübingen 2013 (zitiert: Dreier-*Bearbeiter*).

Dreier, Horst, Grundgesetz, Kommentar Band III: Artikel 83–146, 3. Auflage, Tübingen 2018 (zitiert: Dreier-*Bearbeiter*).

Dutta, Anatol, Gesetzliche Beistandschaft unter Ehegatten und Lebenspartnern bei Handlungsunfähigkeit?, FamRZ 2017, S. 581–584 (zitiert: *Dutta*, FamRZ 2017, 581).

Dutta, Anatol, Handlungsbefugnisse von Ehegatten in Angelegenheiten der Gesundheitssorge – ein weiterer Versuch für einen neuen § 1358 BGB, FamRZ 2020, S. 1881–1883 (zitiert: *Dutta*, FamRZ 2020, 1881).

Dutta, Anatol/Jacoby, Florian/Schwab, Dieter, FamFG, Kommentar zum Gesetz über das Verfahren in Familiensachen und in den Angelegenheiten der freiwilligen Gerichtsbarkeit, 4. Auflage, hrsg. von Anatol Dutta, Florian Jacoby, Dieter Schwab, Bielefeld 2022 (zitiert: Dutta/Jacoby/Schwab-*Bearbeiter*).

Eickelmann, Sarah/Gomille, Christian/Heidebach, Martin/Schemmann, Till, FamFG, Gesetz über das Verfahren in Familiensachen und in den Angelegenheiten der freiwilligen Gerichtsbarkeit: Kommentar, 2. Auflage, hrsg. von Martin Haußleiter, München 2017 (zitiert: Haußleiter-*Bearbeiter*).

Engelfried, Ulrich, Erwartungen des Bertreuungsgerichts an die Qualität rechtlicher Betreuung – Eine kritische Betrachtung der real existierenden Praxis, BtPrax 2016, S. 137–139 (zitiert: *Engelfried*, BtPrax 2016, 137).

Epping, Volker, Grundrechte, 7. Auflage, Springer-Lehrbuch, Berlin 2017 (zitiert: *Epping*, Grundrechte).

Erman, Walter, Bürgerliches Gesetzbuch Band I, Handkommentar mit AGG, EGBGB (Auszug), ErbbauRG, HausratsVO, LPartG, ProdHaftG, UKlaG, VAHRG und WEG, 16. Auflage, hrsg. von Barbara Grunewald, Köln 2020 (zitiert: Erman-*Bearbeiter*).

Erman, Walter, Bürgerliches Gesetzbuch Band II, Handkommentar mit AGG, EGBGB (Auszug), ErbbauRG, HausratsVO, LPartG, ProdHaftG, UKlaG, VAHRG und WEG, 16. Auflage, hrsg. von Barbara Grunewald, Köln 2020 (zitiert: Erman-*Bearbeiter*).

Eschbach, Anna, Die Ratifizierungsprozesse in den EU-Mitgliedstaaten, Eine Darstellung unter besonderer Berücksichtigung der Freihandelsabkommen TTIP und CETA (zitiert: *Eschbach*, Die Ratifizierungsprozesse in den EU-Mitgliedstaaten).

Eylmann, Horst/Vaasen, Hans-Dieter, Bundesnotarordnung, Beurkundungsgesetz, Richtlinienempfehlungen der BNotK: Dienstordnung für Notarinnen und Notare: Kommentar, 4. Auflage, bearb. von Horst Eylmann, Hans-Dieter Vaasen, München 2016 (zitiert: Eylmann/Vaasen-*Bearbeiter*).

Faust, Florian, Bürgerliches Gesetzbuch, Allgemeiner Teil, 7. Auflage, Nomos-Lehrbuch, Baden-Baden 2021 (zitiert: *Faust*, Bürgerliches Gesetzbuch, Allgemeiner Teil).

Ferrari, Susanne, Die Vorsorgevollmacht nach dem 2. Erwachsenenschutz-Gesetz, Wichtige Änderungen im Überblick, iFamZ 2018, S. 287–296 (zitiert: *Ferrari*, iFamZ 2018, 287).

Ferrari, Susanne/Guggenberger, Tanja, Neues Erwachsenenschutzrecht in Österreich, FamRZ 2017, S. 1468–1473 (zitiert: *Ferrari/Guggenberger*, FamRZ 2017, 1468).

Fiala, Johannes/Deinert, Horst, Der Rechtsanwalt im Betreuungs- und Unterbringungsrecht, FamRZ 2017, S. 1899–1904 (zitiert: *Fiala/Deinert*, FamRZ 2017, 1899).

Fischer, Michael/Rohrmann, Albrecht, Der Sozialbericht der Betreuungsbehörde – Das unbekannte Wesen, BtPrax 2017, S. 99–102 (zitiert: *Fischer/Rohrmann*, BtPrax 2017, 99).

Fölsch, Peter, Beistandschaft unter Ehegatten statt Vorsorgevollmacht und Betreuung, notar 2017, S. 117 (zitiert: *Fölsch*, notar 2017, 117).

Förstl, Hans, Was ist Demenz, in: Hans Förstl (Hrsg.), Demenzen in Theorie und Praxis, 2., aktualisierte und überarbeitete Auflage, Berlin, Heidelberg 2009 (zitiert: *Förstl*, Was ist Demenz).

Förstl, Hans/Hartmann, Tobias, Die Alzheimer-Demenz, in: Hans Förstl (Hrsg.), Demenzen in Theorie und Praxis, 2., aktualisierte und überarbeitete Auflage, Berlin, Heidelberg 2009 (zitiert: *Förstl/Hartmann*, Die Alzheimer-Demenz).

Fritz, Romana, Das 2. Erwachsenenschutz-Gesetz in einfacher Sprache, in: Peter Barth (Hrsg.), Das neue Erwachsenenschutzrecht, Schriftenreihe der Interdisziplinären Zeitschrift für Familienrecht Band 10, Wien 2017, S. 48–55 (zitiert: *Fritz*, Das 2. Erwachsenenschutz-Gesetz in einfacher Sprache).

Fritz, Romana, Das Modellprojekt „Unterstützung zur Selbstbestimmung", Von der (neuen) Möglichkeit, selbst zu entscheiden, iFamZ 2014, S. 62–64 (zitiert: *Fritz*, iFamZ 2014, 62).

Fritz, Romana, Die Sachwalterrechtsreform nimmt Gestalt an, Der Entwurf des 2. Erwachsenenschutz-Gesetzes ist in Begutachtung, iFamZ 2016, S. 293–295 (zitiert: *Fritz*, iFamZ 2016, 293).

Fritz, Romana, Neuerungen im Verfahrensrecht nach dem 2. Erwachsenenschutz-Gesetz, Die Anpassungen im Überblick, iFamZ 2017, S. 177–181 (zitiert: *Fritz*, iFamZ 2017, 177).

Fröschle, Tobias, Anpassung der Vormünder- und Betreuervergütung, FamRZ 2019, S. 678–681 (zitiert: *Fröschle*, FamRZ 2019, 678).

Fröschle, Tobias, Qualitätsanforderungen an die Betreuung, ZRP 2018, S. 110–114 (zitiert: *Fröschle*, ZRP 2018, 110).

Fröschle, Tobias, Zur Qualitätssicherung und Strukturentwicklung in der rechtlichen Betreuung, NJOZ 2018, S. 801–806 (zitiert: *Fröschle*, NJOZ 2018, 801).

Fuchs, Walter/Hammerschick, Walter, Sachwalterschaft und Clearing, Ergebnisse einer empirischen Studie, iFamZ 2014, S. 71–73 (zitiert: *Fuchs/Hammerschick*, iFamZ 2014, 71).

Ganner, Michael, Rechtstatsächliches zu Patientenverfügung, Vorsorgevollmacht und gesetzlicher Vertretung durch nächste Angehörige, Erhebungen in Österreich und Deutschland zur Akzeptanz in der Bevölkerung, iFamZ 2009, S. 150–154 (zitiert: *Ganner*, iFamZ 2009, 150).

Ganner, Michael, Stand und Perspektiven des Erwachsenenschutzes in rechtsvergleichender Sicht, in: Dagmar Coester-Waltjen, Volker Lipp, Eva Schumann et al. (Hrsg.), Perspektiven und Reform des Erwachsenenschutzes Bd. 14, Göttingen 2013, S. 41–62 (zitiert: *Ganner*, Stand und Perspektiven des Erwachsenenschutzes in rechtsvergleichender Sicht).

Ganner, Michael/Barth, Peter, Die Auswirkungen der UN-Behindertenrechtskonvention auf das österreichische Sachwalterrecht, BtPrax 2010, S. 204–208 (zitiert: *Ganner/Barth*, BtPrax 2010, 204).

Geißendörfer, Sylke Edith, Die Selbstbestimmung des Entscheidungsunfähigen an den Grenzen des Rechts, Zur Debatte über „passive Sterbehilfe" durch

Behandlungsverzicht, vormundschaftliches Genehmigungsverfahren, Patientenverfügungen und deren gesetzliche Regelungsmöglichkeiten, Ethik in der Praxis Kontroversen 29, Berlin 2009 (zitiert: *Geißendörfer*, Die Selbstbestimmung des Entscheidungsunfähigen an den Grenzen des Rechts).

Gernhuber, Joachim/Coester-Waltjen, Dagmar, Familienrecht, 7. Auflage, München 2020 (zitiert: *Gernhuber/Coester-Waltjen*, Familienrecht).

Gietl, Andreas, Einwilligungsvorbehalt bei umfangreichem Vermögen des Betreuten, NZFam 2017, S. 1021 (zitiert: *Gietl*, NZFam 2017, 1021).

Gödicke, Patrick, Gesetzliche Vertretungsmacht für nahe Angehörige?, Zu dem Gesetzesvorschlag der Bund-Länder-Arbeitsgruppe „Betreuungsrecht“ und dem nunmehr verfolgten Entwurf eines 2. Betreuungsänderungsgesetz, FamRZ 2003, S. 1894–1900 (zitiert: *Gödicke*, FamRZ 2003, 1894).

Gröpl, Christoph, Staatsrecht I, Staatsgrundlagen, Staatsorganisation, Verfassungsprozess: mit Einführung in das juristische Lernen, 13. Auflage, Lernbücher Jura, München 2021 (zitiert: *Gröpl*, Staatsrecht I).

Grüneberg, Christian, Bürgerliches Gesetzbuch. Mit Nebengesetzen insbesondere mit Einführungsgesetz (Auszug) einschließlich Rom I-, Rom II- und Rom III-Verordnungen sowie Haager Unterhaltsprotokoll und EU-Erbrechtsverordnung, Allgemeines Gleichbehandlungsgesetz (Auszug), Wohn- und Betreuungsvertragsgesetz, BGB-Informationspflichten-Verordnung, Unterlassungsklagengesetz, Produkthaftungsgesetz, Erbbaurechtsgesetz, Wohnungseigentumsgesetz, Versorgungsausgleichsgesetz, Lebenspartnerschaftsgesetz, Gewaltschutzgesetz, 81. Auflage, München 2022 (zitiert: Grüneberg-*Bearbeiter*).

Grziwotz, Herbert, Gesundheitsvollmacht – leider misslungen, ZRP 2017, S. 88–90 (zitiert: *Grziwotz*, ZRP 2017, 88).

Grziwotz, Herbert, Risiken bei lediglich beglaubigten Vorsorgevollmachten, MDR 2019, S. 647–650 (zitiert: *Grziwotz*, MDR 2019, 647).

Grziwotz, Herbert, Vorsorgevollmacht und Betreuung, FamRB 2012, S. 352–358 (zitiert: *Grziwotz*, FamRB 2012, 352).

Hahne, Meo-Micaela/Schlögel, Jürgen/Schlünder, Rolf, Beck´scher Online-Kommentar FamFG, München 2019 (zitiert: BeckOK FamFG-*Bearbeiter*).

Hammerschick, Walter/Mayrhofer, Hemma, Clearing und Clearing Plus: wirksame Schritte zur Vermeidung von Sachwalterschaft, Erkenntnisse aus der Evaluierung des Modellprojekts „Unterstützung zur Selbstbestimmung“, iFamZ 2016, S. 92–97 (zitiert: *Hammerschick/Mayrhofer*, iFamZ 2016, 92).

Harm, Uwe, Die Rechte pflegebedürftiger Menschen in Einrichtungen der Pflege und ihre rechtliche Vertretung, in: Susanne Sonnenfeld (Hrsg.), Nichtalltägliche Fragen aus dem Alltag des Betreuungsrechts, Festschrift für Werner

Bienwald zum 70. Geburtstag am 6. Juli 2006, Bielefeld 2006, S. 99–109 (zitiert: *Harm*, Die Rechte pflegebedürftiger Menschen in Einrichtungen der Pflege und ihre rechtliche Vertretung).

Harm, Uwe, Stellungnahme zur Kritik des UN-Fachausschusses zum deutschen Betreuungsrecht, BtPrax 2015, S. 135–137 (zitiert: *Harm*, BtPrax 2015, 135).

Heckschen, Heribert/Herrler, Sebastian/Münch, Christof/Brambring, Günter/Jerschke, Hans-Ulrich, Beck'sches Notar-Handbuch, 7. Auflage, hrsg. von Heribert Heckschen, Sebastian Herrler, Christof Münch u.a., München 2019 (zitiert: BeckNotarHdb-*Bearbeiter*).

Heidel, Thomas/Hüßtege, Rainer/Mansel, Heinz-Peter/Noack, Ulrich/Dauner-Lieb, Barbara/Ring, Gerhard, Allgemeiner Teil, EGBGB, 4. Auflage, hrsg. von Thomas Heidel, Rainer Hüßtege, Heinz-Peter Mansel u.a., Baden-Baden 2021 (zitiert: NK-BGB-*Bearbeiter*).

Hibbeler, Birgit, Weltweit fast zehn Millionen Neuerkrankungen, DÄ 2015, S. 1470 (zitiert: *Hibbeler*, DÄ 2015, 1470).

Höfling, Wolfram (Hrsg.), TPG – Transplantationsgesetz, Kommentar, 2. Auflage, Berlin 2013 (zit. als Höfling-*Bearbeiter*).

Hohenauer-Hlebaina, Barbara, Rechtsanwälte als Sachwalter, Ergebnisse einer empirischen Untersuchung, iFamZ 2012, S. 291–295 (zitiert: *Hohenauer-Hlebaina*, iFamZ 2012, 291).

Hoppenz, Rainer (Hrsg.), Familiensachen, 9. Auflage, Heidelberg 2009 (zit. als Hoppenz-*Bearbeiter*).

Horn, Claus-Henrik, Die Reform des Vormundschafts- und Betreuungsrechts: fast der große Wurf, ZEV 2020, S. 748–752 (zitiert: *Horn*, ZEV 2020, 748).

Hufen, Friedhelm, In dubio pro dignitate – Selbstbestimmung und Grundrechtsschutz am Ende des Lebens, NJW 2001, S. 849–857 (zitiert: *Hufen*, NJW 2001, 849).

Hufen, Friedhelm, Staatsrecht II, Grundrechte, 9. Auflage, Grundrisse des Rechts, München 2021 (zitiert: *Hufen*, Staatsrecht II).

Ipsen, Jörn, Staatsrecht II, Grundrechte, 24. Auflage, Academia iuris Lehrbücher der Rechtswissenschaft / von Dr. Jörn Ipsen, Professor an der Universität Osnabrück, Präsident des Niedersächsischen Staatsgerichtshofs a.D; München 2021 (zitiert: *Ipsen*, Staatsrecht II).

Ipsen, Jörn/Kaufhold, Ann-Katrin/Wischmeyer, Thomas, Staatsrecht I, Staatsorganisationsrecht, 33. Auflage, Academia iuris Lehrbücher der Rechtswissenschaft / von Dr. Jörn Ipsen, Professor an der Universität Osnabrück, Präsident des Niedersächsischen Staatsgerichtshofs a.D.; München 2021 (zitiert: *Ipsen/Kaufhold/Wischmeyer*, Staatsrecht I).

Jarass, Hans D./Pieroth, Bodo, Grundgesetz für die Bundesrepublik Deutschland, Kommentar, 16. Auflage, München 2020 (zitiert: Jarass/Pieroth-*Bearbeiter*).

Jauernig, Othmar/Berger, Christian/Budzikiewicz, Christine/Mansel, Heinz-Peter/Stadler, Astrid/Teichmann, Arndt, Bürgerliches Gesetzbuch, Mit Rom-I-, Rom-II-VO, EuUnthVO/HUntProt und EuErbVO: Kommentar, 18. Auflage, hrsg. von Rolf Stürner, München 2021 (zitiert: Jauernig-*Bearbeiter*).

Jlussi, Dennis, Vorrang der ehrenamtlichen Betreuung auch gegen den Willen des bemittelten Betroffenen, NZFam 2016, S. 814 (zitiert: *Jlussi*, NZFam 2016, 814).

Jurgeleit, Andreas (Hrsg.), Betreuungsrecht, Handkommentar, 4. Auflage, Baden-Baden 2018 (zit. als Jurgeleit-*Bearbeiter*).

Jürgens, Andreas/Lesting, Wolfgang/Loer, Annette/Marschner, Rolf, Betreuungsrecht kompakt, Systematische Darstellung des gesamten Betreuungsrechts, 8. Auflage, Aktuelles Recht für die Praxis, München 2016 (zitiert: *Jürgens* et al., Betreuungsrecht kompakt).

Kaiser, Dagmar/Schnitzler, Klaus/Friederici, Peter/Dauner-Lieb, Barbara, Familienrecht, §§ 1297–1921, 4. Auflage, Baden-Baden 2021 (zitiert: NK-*Bearbeiter*).

Keidel, Theodor/Budde, Lutz/Giers, Michael/Heinemann, Jörn/Meyer-Holz, Ulrich/Weber, Albrecht/Zimmermann, Walter, FamFG, Gesetz über das Verfahren in Familiensachen und in den Angelegenheiten der freiwilligen Gerichtsbarkeit: Kommentar, 20. Auflage, hrsg. von Helmut Engelhardt, Werner Sternal, München 2020 (zitiert: Keidel-*Bearbeiter*).

Keilbach, Heinz, Vorsorgeregelungen zur Wahrung der Selbstbestimmung bei Krankheit, im Alter und am Lebensende, FamRZ 2003, S. 969–982 (zitiert: *Keilbach*, FamRZ 2003, 969).

Kingreen, Thorsten/Poscher, Ralf, Grundrechte Staatsrecht II, 34. Auflage, Schwerpunkte Pflichtfach, Heidelberg 2018 (zitiert: *Kingreen/Poscher*, Grundrechte Staatsrecht II).

Kirsch, Matthias, Ergänzende Bemerkungen zum Betreuungsgesetz-Entwurf, Rpfleger 1989, S. 485–487 (zitiert: *Kirsch*, Rpfleger 1989, 485).

Klein, Hubert, Schweigepflicht versus Offenbarungspflicht, RDG 2010, S. 172–178 (zitiert: *Klein*, RDG 2010, 172).

Klockgether, Thomas, Biologie und Klinik der Demenz, in: Mathias Schmoeckel (Hrsg.), Demenz und Recht, Bestimmung der Geschäfts- und Testierfähigkeit, Baden-Baden 2010, S. 25–30 (zitiert: *Klockgether*, Biologie und Klinik der Demenz).

Klose, Bernhard, Neugestaltung des Ehegattensplittings contra Freiheit der Familiengestaltung?, ZRP 2003, S. 128–131 (zitiert: *Klose*, ZRP 2003, 128).

Knittel, Bernhard, Betreuungsgesetz (BtG), Gesetz zur Reform des Rechts der Vormundschaft und Pflegschaft für Volljährige Kommentar, Köln (zitiert: *Knittel*, Betreuungsgesetz (BtG)).

Knittel, Bernhard, Der Beitrag des Bayerischen Obersten Landesgerichts zur Fortentwicklung des Betreuungs- und Unterbringungsrechts, in: Susanne Sonnenfeld (Hrsg.), Nichtalltägliche Fragen aus dem Alltag des Betreuungsrechts, Festschrift für Werner Bienwald zum 70. Geburtstag am 6. Juli 2006, Bielefeld 2006, S. 145–175 (zitiert: *Knittel*, Der Beitrag des Bayerischen Obersten Landesgerichts zur Fortentwicklung des Betreuungs- und Unterbringungsrechts).

Köhler, Helmut, BGB Allgemeiner Teil, Ein Studienbuch, 45. Auflage, Juristische Kurz-Lehrbücher, München 2021 (zitiert: *Köhler*, BGB Allgemeiner Teil).

Kollmer, Norbert, Selbstbestimmung im Betreuungsrecht, Zugl.: Regensburg, Univ., Diss., 1992, Rechtswissenschaftliche Forschung und Entwicklung 354, München 1992 (zitiert: *Kollmer*, Selbstbestimmung im Betreuungsrecht).

Korintenberg, Werner, GNotKG Gerichts- und Notarkostengesetz, Kommentar, 22. Auflage, hrsg. von Werner Korintenberg, Manfred Bengel, Klaus Otto u.a., 2022 (zitiert: Korintenberg-*Bearbeiter*).

Krammer, Norbert, Sachwalterschaften für das Erwachsenenschutzrecht vorbereiten, Überprüfungs- und Vorbereitungsschritte im Vorfeld, iFamZ 2018, S. 13–15 (zitiert: *Krammer*, iFamZ 2018, 13).

Kropp, Gabriela, Die Vorsorgevollmacht, FPR 2012, S. 9–13 (zitiert: *Kropp*, FPR 2012, 9).

Kunz, Melanie, Gesetzliche Vertretungsbefugnis von nahen Angehörigen für Volljährige, Eine Auseinandersetzung mit den aktuellen Gesetzesvorschlägen zur Änderung des Betreuungsrechts, Familienrechtliche Untersuchungen 8, Frankfurt am Main 2006 (zitiert: *Kunz*, Gesetzliche Vertretungsbefugnis von nahen Angehörigen für Volljährige).

Kurze, Dietmar, Die Kontrollbetreuung, NJW 2007, S. 2220–2224 (zitiert: *Kurze*, NJW 2007, 2220).

Kurze, Dietmar (Hrsg.), Vorsorgerecht, Vollmacht, Patientenverfügung, lebzeitige Verfügungen: Kommentar, München 2017 (zit. als Kurze-*Bearbeiter*).

Lamplmayr, Alexander, Vom Sachwalterrecht zur Erwachsenenvertretung, Gesetzgebung unter Einbindung betroffener Menschen, iFamZ 2016, S. 158–162 (zitiert: *Lamplmayr*, iFamZ 2016, 158).

Leeb, Christina-Maria/Weber, Martin, Der Verfahrenspfleger, „Pflichtverteidiger“ in Unterbringungs- und Betreuungsverfahren, NJOZ 2014, S. 1201–1210 (zitiert: *Leeb/Weber*, NJOZ 2014, 1201).

Leenen, Detlef/Häublein, Martin, BGB Allgemeiner Teil: Rechtsgeschäftslehre, 3. Auflage, de Gruyter Studium, Berlin 2021 (zitiert: *Leenen/Häublein*, BGB Allgemeiner Teil: Rechtsgeschäftslehre).

Leipold, Dieter, BGB I: Einführung und Allgemeiner Teil, Ein Lehrbuch mit Fällen und Kontrollfragen, 10. Auflage, Mohr Lehrbuch, Tübingen 2019 (zitiert: *Leipold*, BGB I: Einführung und Allgemeiner Teil).

Lerch, Klaus, Beurkundungsgesetz, Dienstordnung, Richtlinienempfehlungen BNotK, 5. Auflage, Köln 2016 (zitiert: Lerch-*Bearbeiter*).

Limmer, Peter et al. (Hrsg.), Würzburger Notarhandbuch, 6. Auflage, Köln 2022 (zitiert: WürzNotarHdB-*Bearbeiter*) (zit. als Limmer/Hertel/Frenz/Mayer-*Bearbeiter*).

Lipp, Volker, Assistenzprinzip und Erwachsenenschutz, Zur Kritik des Fachausschusses zur UN-Behindertenrechtskonvention am Betreuungsrecht, FamRZ 2017, S. 4–11 (zitiert: *Lipp*, FamRZ 2017, 4).

Lipp, Volker, Betreuungsrecht und UN-Behindertenrechtskonvention, FamRZ 2012, S. 669–679 (zitiert: *Lipp*, FamRZ 2012, 669).

Lipp, Volker, Die Betreuungsverfügung als Instrument privater Vorsorge, in: Susanne Sonnenfeld (Hrsg.), Nichtalltägliche Fragen aus dem Alltag des Betreuungsrechts, Festschrift für Werner Bienwald zum 70. Geburtstag am 6. Juli 2006, Bielefeld 2006, S. 177–193 (zitiert: *Lipp*, Die Betreuungsverfügung als Instrument privater Vorsorge).

Lipp, Volker, UN-Behindertenrechtskonvention und Betreuungsrecht, BtPrax 2010, S. 263–267 (zitiert: *Lipp*, BtPrax 2010, 263).

Locher, Matthias, Vorsorge durch Vollmachtserteilung, FamRB 2004, S. 30–34 (zitiert: *Locher*, FamRB 2004, 30).

Löhnig, Martin, Probleme der Vorsorgevollmacht nach deutschem Recht, in: Martin Löhnig (Hrsg.), Vorsorgevollmacht und Erwachsenenschutz in Europa, Beiträge zum europäischen Familienrecht Band 13, Bielefeld 2011, S. 15–26 (zitiert: *Löhnig*, Probleme der Vorsorgevollmacht nach deutschem Recht).

Löhnig, Martin, Staatliche Schutzpflichten bei betreuungsersetzenden Rechtsgeschäften, in: Dagmar Coester-Waltjen, Volker Lipp, Eva Schumann et al. (Hrsg.), Perspektiven und Reform des Erwachsenenschutzes Bd. 14, Göttingen 2013, S. 83–91 (zitiert: *Löhnig*, Staatliche Schutzpflichten bei betreuungsersetzenden Rechtsgeschäften).

Lünsmann, Gabriela, Wir gehören nicht den Angehörigen – Kritische Überlegungen zu einem gesetzlichen Angehörigenvertretungsrecht, BtPrax 2015, S. 221–223 (zitiert: *Lünsmann*, BtPrax 2015, 221).

Manssen, Gerrit, Staatsrecht II, Grundrechte, 18. Auflage, Lernbücher Jura, München 2021 (zitiert: *Manssen*, Staatsrecht II).

Matta, Vanita/Engels, Dietrich/Köller, Regine/Schmitz, Alina/Maur, Christine, Kapitel 10 – Zentrale Ergebnisse und Handlungsempfehlungen, in: Bundesministerium der Justiz und für Verbraucherschutz (BMJV) (Hrsg.), Qualität in der rechtlichen Betreuung, Abschlussbericht, (zitiert: *Matta* et al., Kapitel 10 – Zentrale Ergebnisse und Handlungsempfehlungen).

Maurer, Hartmut, Staatsrecht I, Grundlagen, Verfassungsorgane, Staatsfunktionen, 6. Auflage, Grundrisse des Rechts, München 2010 (zitiert: *Maurer*, Staatsrecht I).

Mayrhofer, Hemma, Begriffsbestimmungen und entscheidende Fragen an eine gute Praxis unterstützter Entscheidungsfindung, Anregung für die Implementierung dieses Unterstützungsmodells, iFamZ 2014, S. 64–67 (zitiert: *Mayrhofer*, iFamZ 2014, 64).

Mayrhofer, Hemma/Hammerschick, Walter, Soziologische Begleitforschung und Evaluierung des Modellprojekts „Unterstützung zur Selbstbestimmung“, Endbericht – Executive Summary, 2015 (zitiert: *Mayrhofer/Hammerschick*, Soziologische Begleitforschung und Evaluierung des Modellprojekts „Unterstützung zur Selbstbestimmung“).

Medicus, Dieter/Petersen, Jens, Allgemeiner Teil des BGB, 11. Auflage, Jura auf den /Punkt] gebracht, Heidelberg 2016 (zitiert: *Medicus/Petersen*, Allgemeiner Teil des BGB).

Mensch, Sebastian, Die Kontrollbetreuung – Neue Herausforderungen und alte Probleme, BtPrax 2016, S. 92–96 (zitiert: *Mensch*, BtPrax 2016, 92).

Milzer, Lutz, Die adressatengerechte Vorsorgevollmacht, NJW 2003, S. 1836–1840 (zitiert: *Milzer*, NJW 2003, 1836).

Milzer, Lutz, Erfordernis der ausdrücklichen Erteilung der Befugnis zum Widerruf einer Vorsorgevollmacht bei einer Kontrollbetreuung, NZFam 2015, S. 982 (zitiert: *Milzer*, NZFam 2015, 982).

Mock, Sebastian, Grundfälle zum Stellvertretungsrecht, JuS 2008, S. 391–395 (zitiert: *Mock*, JuS 2008, 391).

Morlok, Martin/Michael, Lothar, Staatsorganisationsrecht, 5. Auflage, Baden-Baden 2021 (zitiert: *Morlok/Michael*, Staatsorganisationsrecht).

Müller, Gabriele, Altersvorsorgevollmacht – Gestaltung ihres Inkrafttretens, DNotZ 1997, S. 100–113 (zitiert: *Müller*, DNotZ 1997, 100).

Müller, Gabriele, Betreuung und Geschäftsfähigkeit, Schriften zum deutschen und europäischen Zivil-, Handels- und Prozeßrecht 179, Bielefeld 1998 (zitiert: *Müller*, Betreuung und Geschäftsfähigkeit).

Müller, Gabriele/Renner, Thomas, Betreuungsrecht und Vorsorgeverfügungen in der Praxis, 5. Auflage, Köln 2018 (zitiert: *Müller/Renner*, Betreuungsrecht und Vorsorgeverfügungen in der Praxis).

Müller, Robert, Fürsorge versus Selbstbestimmung, Spannungsfeld im Erwachsenenschutz, iFamZ 2017, S. 327–335 (zitiert: *Müller*, iFamZ 2017, 327).

Müller-Engels, Gabriele, Vorsorgevollmacht und Betreuung – Update und Ausblick, DNotZ 2021, S. 84–102 (zitiert: *Müller-Engels*, DNotZ 2021, 84).

Muscheler, Karlheinz, Familienrecht, 4. Auflage, Academia Iuris, München 2017 (zitiert: *Muscheler*, Familienrecht).

Musielak, Hans-Joachim, Familiengerichtliches Verfahren, 1. und 2. Buch: Kommentar, 6. Auflage, München 2018 (zitiert: Musielak-*Bearbeiter*).

Müther, Peter-Hendrik, Verfahrensrechtliche Probleme des Betreuungsverfahrens, FPR 2012, S. 1 (zitiert: *Müther*, FPR 2012, 1).

Nedden-Boeger, Claudio, Der Widerruf der Vorsorgevollmacht durch den Kontrollbetreuer, FamRZ 2014, S. 1589–1596 (zitiert: *Nedden-Boeger*, FamRZ 2014, 1589).

Nedopil, Norbert, Betreuungs- und Unterbringungrechts, in: Clemens Cording, Norbert Nedopil (Hrsg.), Psychiatrische Begutachtungen im Zivilrecht, Ein Handbuch für die Praxis, Lengerich 2014 (zitiert: *Nedopil*, Betreuungs- und Unterbringungrechts).

Neuhausen, Matthias, Rechtsgeschäfte mit Betreuten, RNotZ 2003, S. 158–182 (zitiert: *Neuhausen*, RNotZ 2003, 158).

Neuner, Jörg, Allgemeiner Teil des Bürgerlichen Rechts, 12. Auflage, München 2020 (zitiert: *Neuner*, Allgemeiner Teil des Bürgerlichen Rechts).

Olzen, Dirk/Uzunovic, Haris, Die Auswirkungen der UN-Behindertenrechtskonvention auf die Unterbringung und Zwangsbehandlung nach § 1906 BGB und §§ 10 ff. PsychKG NRW, Gutachten, 2009 (zitiert: *Olzen/Uzunovic*, Die Auswirkungen der UN-Behindertenrechtskonvention auf die Unterbringung und Zwangsbehandlung nach § 1906 BGB und §§ 10 ff. PsychKG NRW).

Paino-Staber, Angela, Gesetzliche Stellvertretung naher Angehöriger im Bereich der Gesundheitssorge, Leipziger Juristische Studien / Medizinrechtliche Abteilung 4, Leipzig 2007 (zitiert: *Paino-Staber*, Gesetzliche Stellvertretung naher Angehöriger im Bereich der Gesundheitssorge).

Parapatitis, Felicitas/Perner, Stefan, Die Neuregelung der Geschäftsfähigkeit im 2. Erwachsenenschutz-Gesetz, iFamZ 2017, S. 160–168 (zitiert: *Parapatitis/Perner*, iFamZ 2017, 160).

Pardey, Karl-Dieter, Schutz persönlicher Daten Betreuter, BtPrax 1998, S. 92–97 (zitiert: *Pardey*, BtPrax 1998, 92).

Pardey, Karl-Dieter/Kieß, Peter, Betreuungs- und Unterbringungsrecht, 7. Auflage, NomosPraxis, Baden-Baden 2022 (zitiert: *Pardey/Kieß*, Betreuungs- und Unterbringungsrecht).

Pohlenz, Mira, Gesetzliche Vertretungsmacht für nahe Angehörige, Düsseldorfer rechtswissenschaftliche Schriften 53, Baden-Baden 2007 (zitiert: *Pohlenz*, Gesetzliche Vertretungsmacht für nahe Angehörige).

Prange, Hilmar, Selbstbestimmung bei Wachkoma und Demenz, in: Dietrich Kettler, Alfred Simon, Reiner Anselm et al. (Hrsg.), Selbstbestimmung am Lebensende, Göttingen 2006, S. 69–88 (zitiert: *Prange*, Selbstbestimmung bei Wachkoma und Demenz).

Probst, Martin/Knittel, Bernhard, Gesetzliche Vertretung durch Angehörige – Alternative zur Betreuung?, ZRP 2001, S. 55–60 (zitiert: *Probst/Knittel*, ZRP 2001, 55).

Prütting, Hanns/Helms, Tobias, FamFG, Gesetz über das Verfahren in Familiensachen und in den Angelegenheiten der freiwilligen Gerichtsbarkeit: Kommentar, 5. Auflage, Köln 2020 (zitiert: Prütting/Helms-*Bearbeiter*).

Pufhan, Barbara/Maaßen, Angelika, Angehörige als Betreuer: Kompetenzen und Grenzen, in: Karl-Ernst Brill (Hrsg.), „Zum Wohl des Betreuten“, Zehn Jahre nach einer Jahrhundertreform: Schutzgarantien und Qualität im Betreuungswesen: [8. Vormundschaftsgerichtstag], Betrifft: Betreuung Bd. 5, Recklinghausen 2003, S. 167–169 (zitiert: *Pufhan/Maaßen*, Angehörige als Betreuer: Kompetenzen und Grenzen).

Ramser, Claudia, Grenzüberschreitende Vorsorgevollmachten in Europa im Licht des Haager Übereinkommens über den internationalen Schutz von Erwachsenen vom 13. Januar 2000, Europäische Hochschulschriften Reihe 2, Rechtswissenschaft 5050, Frankfurt am Main 2010 (zitiert: *Ramser*, Grenzüberschreitende Vorsorgevollmachten in Europa im Licht des Haager Übereinkommens über den internationalen Schutz von Erwachsenen vom 13. Januar 2000).

Ratzel, Rudolf/Lippert, Hans-Dieter/Prütting, Jens, Kommentar zur (Muster-) Berufsordnung für die in Deutschland tätigen Ärztinnen und Ärzte – MBO-Ä 1997, 7. Auflage, hrsg. von Rudolf Ratzel, Hans-Dieter Lippert, Jens Prütting, Berlin, Heidelberg 2018 (zitiert: Ratzel/Lippert/Prütting-*Bearbeiter*).

Rauscher, Thomas, Münchener Kommentar zum FamFG Band 1: §§ 1–270 FamFG, Gesetz über das Verfahren in Familiensachen und in den Angelegenheiten der freiwilligen Gerichtsbarkeit (FamFG) mit Internationalem und Europäischem Zivilverfahrensrecht in Familiensachen (IZVR, EuZVR), 3. Auflage, hrsg. von Thomas Rauscher, München 2018 (zitiert: MüKo-*Bearbeiter*).

Rauscher, Thomas, Münchener Kommentar zum FamFG, Band 2: §§ 271–493, IZVR, EuZVR, Gesetz über das Verfahren in Familiensachen und in den Angelegenheiten der freiwilligen Gerichtsbarkeit (FamFG) mit Internationalem und Europäischem Zivilverfahrensrecht in Familiensachen (IZVR, EuZVR), 3. Auflage, hrsg. von Thomas Rauscher, München 2019 (zitiert: MüKo-*Bearbeiter*).

Rothmann, Laura, Beurkundung und Bezugnahme, Zum verfahrensrechtlichen Umgang mit komplexen Vertragswerken, Nomoos Universitätsschriften – Recht Band 932, 2017 (zitiert: *Rothmann*, Beurkundung und Bezugnahme).

Sachs, Michael, Grundgesetz, Kommentar, 9. Auflage, München 2021 (zitiert: Sachs-*Bearbeiter*).

Sachs, Michael, Verfassungsrecht II – Grundrechte, 3. Auflage, Springer-Lehrbuch, Berlin, Heidelberg 2017 (zitiert: *Sachs*, Verfassungsrecht II – Grundrechte).

Säcker, Jürgen/Rixecker, Roland/Oettger, Hartmut/Limperg, Bettina, Münchener Kommentar zum Bürgerlichen Gesetzbuch, Band 9: Familienrecht II §§ 1589–1921, SGB VIII, 7. Auflage, hrsg. von Jürgen Säcker, Roland Rixecker, Hartmut Oettger u.a., München 2017 (zitiert: MüKo-*Bearbeiter*).

Säcker, Jürgen/Rixecker, Roland/Oettger, Hartmut/Limperg, Bettina, Münchener Kommentar zum Bürgerlichen Gesetzbuch, Band 1: Allgemeiner Teil §§ 1–240, AGG, 8. Auflage, hrsg. von Jürgen Säcker, Roland Rixecker, Hartmut Oettger u.a., München 2018 (zitiert: MüKo-*Bearbeiter*).

Sahm, Stephan/Will, Regina, Angehörige als „natürliche" Stellvertreter, Eine empirische Untersuchung zur Präferenz von Personen als Bevollmächtigte für die Gesundheitssorge bei Patienten, Gesunden und medizinischem Personal, Ethik in der Medizin 2005, S. 7–20 (zitiert: *Sahm/Will*, Ethik in der Medizin 2005, 7).

Scharf, Melanie, Die Kosten der gesetzlichen Betreuung, Was kostet die Betreuung und wer muss zahlen?, FPR 2012, S. 32–36 (zitiert: *Scharf*, FPR 2012, 32).

Schauer, Martin, 2006 bis 2015: Zehn Jahre Sachwalterrecht im Spiegel der iFamZ, Beachtliche Dynamik in der Rechtsentwicklung, iFamZ 2015, S. 97–99 (zitiert: *Schauer*, iFamZ 2015, 97).

Schauer, Martin, Das UN-Übereinkommen über die Behindertenrechte und das österreichische Sachwalterrecht, Auswirkungen und punktueller Anpassungsbedarf, iFamZ 2011, S. 258–266 (zitiert: *Schauer*, iFamZ 2011, 258).

Schauer, Martin, Die vier Säulen des Erwachsenenschutzrechts, Vorsorgevollmacht, gewählte, gesetzliche und gerichtliche Erwachsenenvertretung, iFamZ 2017, S. 148–157 (zitiert: *Schauer*, iFamZ 2017, 148).

Scheffer, Simone/Busch, Golo, Betreuungsvereine: Rechtsgrundlagen, Anerkennung und Aufgaben, DStR 2015, S. 2451–2454 (zitiert: *Scheffer/Busch*, DStR 2015, 2451).

Schlüter, Wilfried, BGB – Familienrecht, 14. Auflage, Jura auf den Punkt gebracht, Heidelberg, Hamburg 2012 (zitiert: *Schlüter*, BGB – Familienrecht).

Schmahl, Stefanie, Grund- und menschenrechtliche Anforderungen an den Erwachsenenschutz, in: Dagmar Coester-Waltjen, Volker Lipp, Eva Schumann et al. (Hrsg.), Perspektiven und Reform des Erwachsenenschutzes, 2013, S. 11–39 (zitiert: *Schmahl*, Grund- und menschenrechtliche Anforderungen an den Erwachsenenschutz).

Schmidt, Gerd/Böcker, Felix, Betreuungsrecht, Eine systematische Einführung aus juristischer und psychiatrischer Sicht, 2. Auflage, München 1993 (zitiert: *Schmidt/Böcker*, Betreuungsrecht).

Schmidt, Torsten, Die Entmündigung von den Anfängen des BGB bis zu ihrer Ablösung durch das Institut der Betreuung, Zugl.: Kiel, Univ., Diss., 1998, Rechtshistorische Reihe 181, Frankfurt am Main 1998 (zitiert: *Schmidt*, Die Entmündigung von den Anfängen des BGB bis zu ihrer Ablösung durch das Institut der Betreuung).

Schmitz, Stefan D. J., bericht aus berlin, notar 2017, S. 291–292 (zitiert: *Schmitz*, notar 2017, 291).

Schmoeckel, Mathias, Die Geschäfts- und Testierfähigkeit von Demenzerkrankten, NJW 2016, S. 433–439 (zitiert: *Schmoeckel*, NJW 2016, 433).

Schmoeckel, Mathias/Rückert, Joachim/Zimmermann, Reinhard, Historisch-kritischer Kommentar zum BGB, Band IV Familienrecht §§ 1297–1921, Tübingen 2018 (zitiert: HKK-BGB-*Bearbeiter*).

Schulte, Bernd, Genügt das aktuelle Betreuungsrecht den Anforderungen einer alternden Gesellschaft?, FPR 2012, S. 24–28 (zitiert: *Schulte*, FPR 2012, 24).

Schulz, Werner/Hauß, Jörn (Hrsg.), Familienrecht, Handkommentar, 3. Auflage, Baden-Baden 2018 (zit. als Schulz/Hauß-*Bearbeiter*).

Schulze, Marianne, Chancengleichheit durch Verwirklichung von Menschenrechten, Assistenz in der Entscheidungfindung, iFamZ 2011, S. 269–270 (zitiert: *Schulze*, iFamZ 2011, 269).

Schwab, Dieter, Das neue Betreuungsrecht, Bericht über die verabschiedete Fassung des Betreuungsgesetzes (BtG), FamRZ 1990, S. 681–693 (zitiert: *Schwab*, FamRZ 1990, 681).

Schweighofer, Michaela, Das 2. Erwachsenenschutz-Gesetz, Gerichtliche Erwachsenenvertretung statt Sachwalterschaft, EF-Z 2017, S. 196–199 (zitiert: *Schweighofer*, EF-Z 2017, 196).

Seibl, Maximilian, Die Bestimmtheit von Vorsorgevollmachten und Patientenverfügungen, NJW 2016, S. 3277–3280 (zitiert: *Seibl*, NJW 2016, 3277).

Seichter, Jürgen, Einführung in das Betreuungsrecht, Ein Leitfaden für Praktiker des Betreuungsrechts, Heilberufe und Angehörige von Betreuten, 4. Auflage, s.l. 2010 (zitiert: *Seichter*, Einführung in das Betreuungsrecht).

Seifert, Karl-Heinz/Hömig, Dieter, Grundgesetz für die Bundesrepublik Deutschland, Handkommentar, 13. Auflage, bearb. von Karl-Heinz Seifert, Baden-Baden 2022 (zitiert: Seifert/Hömig-*Bearbeiter*).

Soergel, Hans Theodor (Hrsg.), Bürgerliches Gesetzbuch Allgemeiner Teil 2, 13. Auflage, Stuttgart 1999 (zit. als Soergel-*Bearbeiter*).

Soergel, Hans Theodor (Hrsg.), Bürgerliches Gesetzbuch Familienrecht 1/1, 13. Auflage, Stuttgart 2013 (zit. als Soergel-*Bearbeiter*).

Soergel, Hans Theodor (Hrsg.), Bürgerliches Gesetzbuch Familienrecht 4, 13. Auflage, Stuttgart 2000 (zit. als Soergel-*Bearbeiter*).

Sorg, Wolfgang, Geschichtliche Entwicklung des Betreuungsrechts, 2009 (zitiert: *Sorg*, Geschichtliche Entwicklung des Betreuungsrechts).

Spernath, Valentin, Übergeberrechte und Altersdemenz, MittBayNot 2012, S. 449–454 (zitiert: *Spernath*, MittBayNot 2012, 449).

Stadler, Astrid, Allgemeiner Teil des BGB, 20. Auflage, Grundrisse des Rechts, München 2020 (zitiert: *Stadler*, Allgemeiner Teil des BGB).

Staudinger, Julius von/Bienwald, Werner/Albrecht, Karl-Dieter, J. von Staudingers Kommentar zum Bürgerlichen Gesetzbuch: Buch 4: Familienrecht §§ 1896–1921 (Rechtliche Betreuung und Pflegschaft), Mit Einführungsgesetz und Nebengesetzen, hrsg. von Michael Coester, Berlin 2017 (zitiert: Staudinger-*Bearbeiter*).

Staudinger, Julius von/Coester, Michael/Heilmann, Stefan/Salgo, Ludwig/Albrecht, Karl-Dieter, J. von Staudingers Kommentar zum Bürgerlichen Gesetzbuch: Buch 4: Familienrecht §§ 1638–1683 (Elterliche Sorge 2 – Vermögenssorge, Kindesschutz, Sorgerechtswechsel), Mit Einführungsgesetz und Nebengesetzen, Saarbrücken, Berlin 2020 (zitiert: Staudinger-*Bearbeiter*).

Staudinger, Julius von/Gursky, Karl-Heinz/Herrler, Sebastian/Albrecht, Karl-Dieter, J. von Staudingers Kommentar zum Bürgerlichen Gesetzbuch: Buch 1: Allgemeiner Teil §§ 164–240 (Allgemeiner Teil 5), Mit Einführungsgesetz und Nebengesetzen, Saarbrücken, Berlin 2014 (zitiert: Staudinger-*Bearbeiter*).

Staudinger, Julius von/Thiele, Burkhard, J. von Staudingers Kommentar zum Bürgerlichen Gesetzbuch: Buch 4: Familienrecht §§ 1363–1407 (Eheliches Güterrecht 1 – Gesetzliches Güterrecht), Mit Einführungsgesetz und Nebengesetzen, hrsg. von Christian von Bar, Berlin 2017 (zitiert: Staudinger-*Bearbeiter*).

Staudinger, Julius von/Thiele, Burkhard/Albrecht, Karl-Dieter, J. von Staudingers Kommentar zum Bürgerlichen Gesetzbuch: Buch 4: Familienrecht §§ 1408–1563 (Eheliches Güterrecht 2 – Vertragliches Güterrecht), Mit

Einführungsgesetz und Nebengesetzen, hrsg. von Christian von Bar, Berlin 2018 (zitiert: Staudinger-*Bearbeiter*).

Staudinger, Julius von/Voppel, Reinhard, J. von Staudingers Kommentar zum Bürgerlichen Gesetzbuch: Buch 4: Familienrecht §§ 1353–1362 (Wirkung der Ehe im Allgemeinen), Mit Einführungsgesetz und Nebengesetzen, bearb. von Julius von Staudinger, Berlin 2018 (zitiert: Staudinger-*Bearbeiter*).

Stern, Klaus/Becker, Florian, Grundrechte-Kommentar, 3. Auflage, hrsg. von Hermann-Josef Blanke, Köln 2019 (zitiert: Stern/Becker-*Bearbeiter*).

Strätling, Meinolfus/Strätling-Tölle, Helga/Scharf, Volker E./Schmucker, Peter, „Automatische" gesetzliche Stellvertretung nicht entscheidungsfähiger Patienten durch „nahe Angehörige"?, MedR 2003, S. 372–379 (zitiert: *Strätling et al.*, MedR 2003, 372).

Thar, Jürgen, Gesprächsführung mit verwirrten Menschen im Betreuungsverfahren, FPR 2012, S. 41–44 (zitiert: *Thar*, FPR 2012, 41).

Thier, Andreas, Entmündigung, Betreuung und Handlungsfähigkeit: Rechtshistorische Perspektiven, in: Mathias Schmoeckel (Hrsg.), Demenz und Recht, Bestimmung der Geschäfts- und Testierfähigkeit, Baden-Baden 2010, S. 75–87 (zitiert: *Thier*, Entmündigung, Betreuung und Handlungsfähigkeit: Rechtshistorische Perspektiven).

Tschersich, Roman, Die Definition des vermögensrechtlichen Missbrauchs von General- und Vorsorgevollmachten, Schriften zum Betreuungsrecht v. 3, Berlin 2015 (zitiert: *Tschersich*, Die Definition des vermögensrechtlichen Missbrauchs von General- und Vorsorgevollmachten).

Universität Innsbruck, Gutachten über die aus dem UN-Übereinkommen über die Rechte von Menschen mit Behinderungen erwachsenden Verpflichtungen Österreichs, 2014 (zitiert: Universität Innsbruck, Gutachten über die aus dem UN-Übereinkommen über die Rechte von Menschen mit Behinderungen erwachsenden Verpflichtungen Österreichs).

VormundschaftsGerichtsTag e.V, Abschlussbericht der Bund-Länder-Arbeitsgruppe „Betreuungsrecht" zur 74. Konferenz der Justizministerinnen und -minister, Vom 11. bis 12. Juni 2003 in Glückburg, Betrifft: Betreuung Bd. 6, Recklinghausen 2003 (zitiert: VormundschaftsGerichtsTag e.V, Abschlussbericht der Bund-Länder-Arbeitsgruppe „Betreuungsrecht" zur 74. Konferenz der Justizministerinnen und -minister).

Vossler, Norbert, Bindungswirkung von Patientenverfügungen?, Gesetzgeberischer Handlungsbedarf?, ZRP 2002, S. 295–298 (zitiert: *Vossler*, ZRP 2002, 295).

Vossler, Norbert, Gesetzliche Vertretungsmacht für Angehörige – eine Alternative zur Betreuung?, Eine Erwiderung auf Probst/Knittel, ZRP 2001, 55, BtPrax 2003, S. 6–11 (zitiert: *Vossler*, BtPrax 2003, 6).

Waldner, Wolfram, Der Anspruch auf rechtliches Gehör, 2. Auflage, Schriften für die Prozeßpraxis 3, Köln 2000 (zitiert: *Waldner*, Der Anspruch auf rechtliches Gehör).

Walter, Ute, Das Betreuungsrechtsänderungsgesetz und das Rechtsinstitut der Vorsorgevollmacht, FamRZ 1999, S. 685–695 (zitiert: *Walter*, FamRZ 1999, 685).

Walter, Ute, Die Vorsorgevollmacht, Grundprobleme eines Rechtsinstituts unter besonderer Berücksichtigung der Frage nach Vorsorge im personalen Bereich, Schriften zum deutschen und europäischen Zivil-, Handels- und Prozeßrecht 171, Bielefeld 1997 (zitiert: *Walter*, Die Vorsorgevollmacht).

Weber, Martin, Die Entwicklung des Betreuungsrechts seit 2016 – Teil 1, NZFam 2017, S. 247–252 (zitiert: *Weber*, NZFam 2017, 247).

Weber, Martin, Die Entwicklung des Betreuungsrechts seit 2016 – Teil 2, NZFam 2017, S. 289–294 (zitiert: *Weber*, NZFam 2017, 289).

Weber, Oskar, Zur Beglaubigungsbefugnis der Behörden, Auslegung des Artikel 7 Absatz 3 NMMaßnG, DNotZ 1962, S. 22–29 (zitiert: *Weber*, DNotZ 1962, 22–29).

Wedemann, Frauke, Die Geschäftsunfähigkeit, Jura 2010, S. 587–594 (zitiert: *Wedemann*, Jura 2010, 587).

Wesche, Otto, Neuregelung des Betreuunsgrechts, Gedanken eines Rechtspflegers zu Änderungen des Vormundschafts- Pflegschafts- und Entmündigungsrechts, Rpfleger 1988, S. 227–231 (zitiert: *Wesche*, Rpfleger 1988, 227).

Wetterling, T./Neubauer, H./Neubauer, W., Psychiatrische Gesichtspunkte zur Beurteilung der Testierfähigkeit Dementer, ZEV 1995, S. 46–50 (zitiert: *Wetterling/Neubauer/Neubauer*, ZEV 1995, 46).

Winkler, Karl, Beurkundungsgesetz, Kommentar, 19. Auflage, München 2019 (zitiert: Winkler-*Bearbeiter*).

Winkler, Matthias, Vorsorgeverfügungen, Patientenverfügung, Vorsorgevollmacht, Betreuungs- und Organverfügung, 5. Auflage, Beck'sche Musterverträge, München 2016 (zitiert: *Winkler*, Vorsorgeverfügungen).

Winterstein, Peter/Thar, Jürgen, Gesetzliche Vertretungsberechtigung für Angehörige, Erweiterung der Rechte oder Bevormundung?, in: Karl-Ernst Brill (Hrsg.), Zehn Jahre Betreuungsrecht, Qualifizierung der Umsetzung oder erneute Rechtsreform?, Betrifft: Betreuung Bd. 4, Recklinghausen 2002, S. 90–101 (zitiert: *Winterstein/Thar*, Gesetzliche Vertretungsberechtigung für Angehörige).

Zenz, Gisela, Autonomie und Abhängigkeit – familienrechtliche Schutzbelange im Alter, in: Gerhard Igl, Thomas Klie, Vera Gerling (Hrsg.), Das Recht der älteren Menschen, Baden-Baden 2007 (zitiert: *Zenz*, Autonomie und Abhängigkeit – familienrechtliche Schutzbelange im Alter).

Zimmermann, Theodor, Juristische und psychiatrische Aspekte der Geschäfts- und Testierfähigkeit, BWNotZ 2000, S. 97–108 (zitiert: *Zimmermann*, BWNotZ 2000, 97–108).

Zimmermann, Walter, Anmerkung zu BGH, Urt. v. 28.07.2015 – XII ZB 674, 14, FamRZ 2015, S. 1702–1706 (zitiert: *Zimmermann*, FamRZ 2015, 1702).

Zimmermann, Walter, Das neue Verfahren in Betreuungssachen, FamRZ 1991, S. 270–279 (zitiert: *Zimmermann*, FamRZ 1991, 270).

Zimmermann, Walter, Die Formulierung der Vorsorgevollmacht, NJW 2014, S. 1573–1576 (zitiert: *Zimmermann*, NJW 2014, 1573).

Zimmermann, Walter, Die Vergütung des Berufsbetreuers, FPR 2002, S. 431–436 (zitiert: *Zimmermann*, FPR 2002, 431).

Zimmermann, Walter, Die Vorsorgevollmacht im Bankgeschäft, BKR 2007, S. 226–232 (zitiert: *Zimmermann*, BKR 2007, 226).

Zimmermann, Walter, Vorsorgevollmacht, Betreuungsverfügung, Patientenverfügung, Für die Beratungspraxis, 3. Auflage, Berlin 2017 (zitiert: *Zimmermann*, Vorsorgevollmacht, Betreuungsverfügung, Patientenverfügung).

www.ingramcontent.com/pod-product-compliance
Ingram Content Group UK Ltd.
Pitfield, Milton Keynes, MK11 3LW, UK
UKHW021934290926
8980IPUK00016B/1612

9 783631 884676